山东省人民政府研究室调研成果 **2016**

山东新型智库建设研究

——基于政府决策服务视角

刘险峰 / 主编

山东人民出版社

国家一级出版社 全国百佳图书出版单位

出版说明

山东省人民政府研究室,主要负责组织或参与经济社会改革发展重大问题的调查研究、文稿起草和决策咨询。具体包括:负责起草《政府工作报告》和省政府领导重要讲话;组织或协调有关方面起草、修改省政府有关重要文件;参与有关重要会议的文件起草工作;参与有关政务活动;研究分析国内外经济形势和主要国家经济社会发展的重要信息、动态,为省政府决策提供参考依据;组织、协调全省政府系统的调查研究工作;承办中共山东省委、省政府交办的其他事项。

近年来,山东省人民政府研究室在省委、省政府的坚强领导下,紧紧围绕山东经济社会改革发展中的重大问题和热点、难点问题,理论联系实际,深入调查研究,组织完成了一批具有较高政策价值的新政策、新举措,对服务省委、省政府民主科学决策、推进经济文化强省建设发挥了积极的作用。为了进一步加强调研成果的交流应用,发挥更大的社会作用,更好地服务经济社会改革发展,山东省人民政府研究室从完成的可以公开发表的调研课题中,选出部分优秀成果,以"山东省人民政府研究室调研成果2016"的形式分别结集出版发行。

这些成果的调研和形成,得到了省委、省政府领导的关怀和指导,得到了省直部门、各市县政府办公室和研究室的大力支持和密切配合。在此,一并表示诚挚感谢!

山东省人民政府研究室

2016 年 10 月

CONTENTS 目录

加强智库研究　当好参谋助手
推动经济文化强省建设

山东省人民政府研究室

智库是国家软实力的重要载体，是科学决策的重要支撑。当前我国改革处于攻坚期和深水区，经济发展进入新常态。同时我省正处在加快建设经济文化强省、全面建成小康社会的关键时期，智库地位和作用更加重要、更加突出。政府研究室系统要加强智库建设研究，积极发挥中枢作用，用好社会智库，不断提高服务决策的能力和水平。

一、认真学习领会习近平总书记关于中国特色新型智库建设重要论述，深入贯彻落实中央和省委意见精神

注重加强智库建设，积极发挥智库在决策咨询中的作用，是我党的优良传统，也是我国改革开放取得重大成就的重要原因之一。党的十八大以来，我党不仅越来越重视发挥智库作用，在政策出台前听取智库意见，组织智库对政策进行第三方评估，而且更加重视智库建设，努力建设与国际接轨、与时代发展相适应的新型智库。党的十八届三中全会将中国特色新型智库建设列入全面深化改革重大任务。习近平总书记多次作出重要指示、提出明确要求。2013年4月，习近平总书记指出，智

库是国家软实力的重要组成部分，提出建设"中国特色新型智库"的战略目标。2014年10月，习近平总书记强调指出："我们进行治国理政，必须善于集中各方面智慧、凝聚最广泛力量。改革发展任务越是艰巨繁重，越需要强大的智力支持。要从推动科学决策、民主决策，推进国家治理体系和治理能力现代化、增强国家软实力的战略高度，把中国特色新型智库建设作为一项重大而紧迫的任务切实抓好。"习近平总书记关于智库建设的系列重要论述，为中国特色新型智库建设指明了方向，提供了遵循。

智库建设理论认识上的深化、成熟，有力推动了智库建设的顶层设计和实际工作。2015年1月，中办、国办印发《关于加强中国特色新型智库建设的意见》（以下简称《意见》），这是新中国成立以来第一个关于智库建设的纲领性文件。《意见》明确提出建设中国特色新型智库的指导思想、基本原则和总体目标，科学谋划了如何构建中国特色新型智库发展新格局，并以改革创新精神深入推进管理体制改革，加强保障体系建设，既为中国特色新型智库建设指明了方向，也提供了有效的制度保障，优化了发展环境。应该讲，《意见》坚持问题导向，对智库发展的一些共性问题提出了改革方向和明确要求，有力地促进了智库建设的规范化、制度化，有利于促使各类智库"百花齐放、百家争鸣"，有利于增强我国智库的国际影响力和国际话语权，掀开了我国智库建设的新篇章。我国智库建设的春天来临了。就我省而言，2015年9月，省委办公厅、省政府办公厅制定印发了《关于加强中国特色新型智库建设的实施意见》（以下简称《实施意见》），明确提出，到2020年打造一批直接为党委和政府决策服务、在省内外有重大影响的高端专业智库，造就一支坚持正确政治方向、具有高度社会责任、善于联系实际、富于创新精神的公共政策研究和决策咨询队伍，建立一套治理完善、充满活力、监管有力的智库管理运行机制，推出一批具有决策影响力和社会公信力的标志性智库产品，基本形成与山东"走在前列"进程相适应、与经济文化强省建设相匹配，富有山东特点的新型智库发展格局。围绕这一目标，《实施意见》从明确功能定位、构建智库发展新格局、健全制度保障体系、优化发展环境以及加强组织领导等方面提出一系列符合中央精神、紧贴山东实际的政策措施。应该讲，中央和省里的政策设计已为智库发展创造了良好制度环境，我省智库建设已进入了蓬勃发展的新的历史阶段。

作为服务政府决策的重要职能部门，政府研究室系统要充分认识到，新形势、新任务对发挥自身参谋助手作用提出了新的更高要求，亟需采取有力措施，不断增强自身实力。因此，务必要在学习贯彻落实中央、省委关于智库建设重要精神上走在前面，做到先学一步、学深一层，发挥带头作用。要重点把握好三个方面：

一是充分认识建设中国特色新型智库的重大意义。中央《意见》和我省《实施意见》都深刻阐述了建设中国特色新型智库的重大意义，明确指出中国特色新型智库是党和政府科学民主依法决策的重要支撑，是国家治理体系和治理能力现代化的重要内容，也是国家软实力的重要组成部分。之所以这样讲，是因为智库具有专业性、客观性的优势，可以帮助决策者制定和推行政策，并就有关政策进行论证、评估；可以生产高质量的思想产品，成为政策思想和理论创新的重要源泉；可以向社会传播和普及政策，壮大主流舆论，凝聚社会共识，等等。当前我们进入全面建成小康社会的决胜期和全面深化改革的攻坚期，机遇前所未有，挑战也前所未有，新事物、新情况、新问题层出不穷，单凭经验或者仅靠传统的个人拍板式决策，很难应付复杂多变的新形势新要求，而且极易出现决策失误。主动适应经济发展新常态，破解改革发展稳定中的深层次矛盾和问题，迫切需要健全决策支撑体系，增强决策咨询服务能力，以科学咨询支撑科学决策，以科学决策引领科学发展，实现治理体系和治理能力现代化。因此，要充分认识到，智库建设事关中华民族伟大复兴，已经跟中国人民和中华民族的命运紧密结合在一起。实现两个"一百年"的奋斗目标，必须要从党和国家事业发展全局的战略高度，把中国特色新型智库建设作为一项重大而紧迫的任务，采取有力措施，切实抓紧抓好。

二是深刻领会中国特色新型智库建设的原则要求。中国特色新型智库"特"就特在原则要求上。这使得我国新型智库既不同于传统智库，也不同于国外智库。中央《意见》提出的智库建设的指导思想和基本原则，既继承了我国智库建设的优良传统，又借鉴了国外智库建设的成功经验，在智库建设中必须始终坚持而不能有丝毫动摇。当前有观点认为，智库应该彻底独立于党委政府，党委政府一点不能干预智库的研究活动，这种观点忽视了智库要为党委政府决策服务这一主要目标。有些专家学者没有主动讲好中国故事。有的单纯从事理论研究，没有和实际问题相结合，不注重调查研究，提出的一些对策建议空洞无物，难以起到服务决策作用，等等。要深刻认识到，中央《意见》强调中国特色新型智库建设必须坚持党的领导，坚持中国特色社会主义方向，充分体现了中国特色、中国风格、中国气派，充分体现了坚持中国特色社会主义道路自信、理论自信、制度自信、文化自信。推进中国特色新型智库建设，应深刻领会中央关于智库建设的指导思想，牢牢坚持智库建设的基本原则，把坚持党的领导、把握正确导向，坚持围绕大局、服务中心工作，坚持科学精神、鼓励大胆探索，坚持改革创新、规范有序发展等要求落到实处，严格智库基本标准，推动智库建设沿着健康正确轨道发展，确保按时实现智库建设 2020 年总体目标。

三是准确把握政府研究室系统在中国特色新型智库格局中的定位。

中央《意见》提出，要统筹推进党政部门、社科院、党校行政学院、高校、军队、科研院所和企业、社会智库协调发展，形成定位明晰、特色鲜明、规模适度、布局合理的中国特色新型智库体系。在这一体系中，党政机关政策研究机构处于特殊而重要的位置，一方面由于贴近决策者、直接服务决策者，因而承担重要的决策服务职能；另一方面则与一般意义上的智库不同，侧重于引导、协调相关智库开展政策研究、决策评估、政策解读等工作。正因如此，中央《意见》特别强调："中央政研室、中央财办、中央外办、国务院研究室、国务院发展研究中心等机构要加强与智库的沟通联系，高度重视、充分运用智库的研究成果。"我省《实施意见》明确指出："充分发挥省委政研室、省政府研究室服务省委、省政府重要决策的中枢作用。"应该讲，这既是对省政府研究室也是对全省政府研究室系统的准确定位。因此，要深刻领会中央《意见》和我省《实施意见》精神，找准政府研究室系统在中国特色新型智库格局中的位置，做到不越位、不缺位。要认识到自身属于党政智库，但又不同于一般智库。应坚持以服务重大决策为导向，加强对重大问题的前瞻性、战略性、综合性研究，提升对重大问题的综合研判和决策谋划水平，超前谋划、精选一批涉及改革发展稳定的重大课题和人民群众关注的热点难点问题，开展深入调研，充分发挥贴近决策实际、研究成果直达领导的优势，真正做到"出大主意、当大参谋"，为地方党委政府及时高效提供最急需、最有针对性、最管用的研究成果，为经济文化强省建设提供高质量的智力支撑。同时要加强与智库沟通联系，探索利用自身特殊优势服务政府决策的方式方法，创新体制机制，更好发挥好决策咨询作用。

二、加强对新型智库建设的研究

他山之石，可以攻玉。加强新型智库建设研究，必须注重对国内外智库的研究。不仅要关注智库类型、资金来源、管理方式等，还要深入总结国内外利用智库研究成果推动经济社会发展，以及智库研究成果影响政府决策的规律，深刻把握智库本质，最大程度形成新型智库建设的共识，为推动我省政府研究室系统智库建设提供有益借鉴。

（一）国内外智库建设的主要经验

1.德国、美国智库的主要特征。国外智库以德国、美国最具代表性，引领世界智库发展方向。德国智库起步较早，美国智库后来居上，都有较为成熟的发展经验和行业规范。

德国智库方面。德国智库发展始于1900年，在冷战结束后呈现稳定、快速的发展势头，目前已有近200家智库，形成了一系列世界著名的大型综合性咨询公司。德国智库以政府投资为主，又具有必要的独立性，决策咨询服务能力和水平高，国际影响力和话语权强。德国智库按研究领域主要分为四类：一类是政府决策的咨询机构，主要为政府部门提供新兴技术和行业发展方向等方面的咨询报告，对一些重大课题进行论证，同时将科研部门的研究成果向企业推广转让；第二类是兼有投资功能的咨询机构，属于集团性的咨询机构，通常以协会或科技部门作后盾，一方面为企业提供各种咨询活动，另一方面又对有发展前景的企业提供资金，扮演投资人角色；第三类是以技术转让为主的咨询机构，将科研部门和大学院校的最新科研成果及时而有效地向企业推广，促进科研成果快速产业化；第四类是纯盈利性咨询机构，主要是为企业服务，帮助企业研究产品促销，预测市场发展，探索新技术发展方向，协助企业提高管理水平等。①可以看出，德国智库研究领域多样，能够满足来自政府、政党、企业、个人等多方面的咨询需求。

---

① 王佩亨、李国强等：《海外智库：世界主要国家智库考察报告》，中国财政经济出版社2013年版。

德国智库在联系政府和社会方面发挥着不可替代的作用，是德国社会市场经济体制的必要构成部分，为推动德国经济社会发展起到了重要作用，有着突出的特色：（1）前瞻性。德国智库主要着眼于研究长期性问题，预见未来的发展趋势，或者针对将来可能出现的情况提前作出判断，提出相应策略储备。（2）竞争性。德国智库一般为私立性质的非营利性法人机构，大多采取有限责任公司等市场化的组织形式、市场化的管理模式，公开参与市场竞争，获取研究课题和经费支持。（3）开放性。德国智库研究某一领域的重大问题，能"跳出德国看德国"，站在欧盟和全球的高度，以国际化视野分析研判问题。同时，非常注重吸收借鉴同行业、同领域先进研究成果，积极与国内外研究机构和顶级专家学者密切沟通合作。（4）独立性。主要表现在法律赋予智库独立地位，不受国内政治因素和资助方影响；研究思维独立，建立在科学基础上，强调借助科学的研究方法、工具模型开展研究，提出中立、公正、客观的见解。（5）科学性。在选题上，多方面征求意见，确保研究方向的科学性；研究方法上，充分利用现代数量方法，用数据说话，体现严谨性；研究成果上，精心组织中期评估，随时开展第三方评估，全程向媒体和社会公布。（6）应用性。德国智库十分重视研究成果转化，通过发行通俗易懂出版物、在媒体开设专栏、举办各种会议等方式，扩大社会影响力，推动成果实际应用。

美国智库方面。美国智库虽然起步比欧洲晚，但发展很快。20世纪90年代至今，美国智库逐渐成为全球智库发展的中心，并形成成熟的智库市场，资金、制度、需求、人才等各方面都已具有相当完备的基础。目前，美国是国际上公共政策研究与咨询业最发达的国家，拥有近2000家智库，约占全球的1/3，在美国内政外交政策制定中具有重要作用，影响着美国政治、经济、社会、军事、外交、科技等各方面的重大决策走向，常常被称为"影子内阁""影子政府""美国政府的外脑"等。美国大型咨询公司实力雄厚，经费充足，机构庞大，人才集中，经常从事全局性、战略性、综合性的研究课题，竞争力很强，经济效益也很好，可以说是全球智库中的"巨无霸"，在国际智库舞台上具有强大的话语权和影响力，强有力地推动美国文化和当代美国价值观念走向世界。总体上看，美国智库既有与政府关系密切的，也有相对独立的，还有为特定利益集团服务的。主要分为四类：第一类是官方设立的政策研究机构。如白宫的总统经济顾问委员会、联邦各部门设立的政策分析机构、较大的州市政府设立的政策分析机构。第二类是政府合同型政策研究机构。由政府提供研究经费和委托合同，为政府提供政策咨询研究报告。如兰德公司、哈德逊研究所、城市研究所以及很多大学设立的政策研究中心。第三类为独立型政策研究机构。没有政府资助，也不接受可能影响其研究独立性的利益团体的捐助，主要由独立的公益性团体或个人设立和资助，就公共政策发表独立的研究报告。如布鲁金斯学会、卡内基研究会等。第四类是游说推销型政策研究机构。由特定的利益团体设立，或接受特定利益团体的资助委托，发表的政策分析报告更多地代表了特定利益团体的观点。非常热衷于向政府、媒体和社会公众游说推销自己的观点和主张，以达到影响政策决策的目的。这四类政策研究机构构成了美国公共政策专家咨询的基础。①

美国作为咨询业最发达的国家，智库运行具有明显特点：第一，相对独立性。美国智库既依托政府又独立于政府。美国智库和政府保持着密切的联系，依靠政府的政策支持，得到政府的优惠资助，优先获得政府的咨询项目。但是，美国智库又不隶属于政府部门，具有相当的独立

---

① 王佩亨、李国强等：《海外智库：世界主要国家智库考察报告》，中国财政经济出版社 2013 年版。

性，强调中立的态度，其研究过程、研究结论均不受制于政府，政府部门无权干预智库的研究咨询工作。政府部门需要咨询服务时，一般采用招标方式，委托智库自主进行。美国智库的这种独立性确保咨询行业的自主立场和超脱态度，保证了咨询服务结果的客观性和科学性，从而使其社会影响力得到提升。第二，强大的服务能力。美国是市场经济高度发达的国家，竞争异常激烈，充满了发展机遇，社会生活和经济生活面临激烈的挑战，企业、单位、组织、团体随时面临着发展过程中的决策选择，这就使智库的服务成为一种客观需要。在美国，从个人生活到企业发展，从党派活动到政府决策，从技术、工程、管理、咨询到会计、法律、医药等各方面，从军事战略到外交决策，都能找到相应的智库提供优质的服务。因此，美国的咨询业一方面专业分工越来越细，服务越来越多样化，另一方面综合性越来越强，以应对复杂性、综合性的大型课题的咨询需要，为大型企业和政府部门提供关于重大课题的咨询服务。同时，美国咨询业对从业人员的要求非常严格，不但要求从业人员有较高的专业知识，还要求从业人员要有法律、心理、社会、文化等方面的相关知识，又要有职业道德和咨询经验，人才优势非常明显。第三，规范的行业管理。美国设有"咨询协会"，协助政府管理咨询产业，咨询协会一方面将政府的法规、政策转化为具体的行业制度，对会员行为进行约束，实行自律性管理；另一方面又负责与政府及相关团体进行联系协调，为咨询机构服务，维护咨询机构的权利。[①] 第四，国际化的研究视野。随着世界经济一体化和贸易的自由化，美国咨询业也越来越国际化，积极开展国际交流合作，举办国际学术会议和讲座，组织跨国项目研究，拓展研究领域和业务范围，获得来自不同国家和地区的真实信息，

---

①　许共城：《欧美智库比较及对中国智库发展的启示》《经济社会体制比较》2010年第 2 期。

并站在不同的视野和角度研究问题，推动决策咨询国际化发展，增强智库的国际话语权和国际竞争力。一些大型的咨询公司纷纷把触角伸到世界各地，在国外许多地方设立办事处和分支机构，拓展海外业务，第五，独特的"旋转门"机制。美国智库"旋转门"人才流动机制是其一大特色，即智库成员的身份在政要与研究者之间变换。一方面，智库的研究者很多到政府担任要职，由研究者变为决策者；另一方面，卸任的官员很多会到智库从事政策研究，从而为智库蓄积了广泛的人脉资源。这种"旋转门"机制使得智库的舆论影响力渗透到政策制定的方方面面。

通过观察可以看出，各国智库建设虽呈现不同特点，具有差异性，但也存在共性。主要有：一是政府均投资设立智库，或为智库运行提供资金支持，这类智库自然坚持为政府决策服务，服务于国家整体利益；二是智库坚持相对独立的运行机制，按智库规律办事，大多采取法人形式，按公司模式运行；三是坚持问题导向，以重大现实问题为研究重点，注重影响政府决策；四是坚持满足多方面决策需求，培育和发展面向企业的智库，推动科技创新和科技推广；五是坚持成果开放，加强媒体宣传，注重影响民众观念，等等。应该讲，这些是智库建设的普遍规律，具有广泛的适应性，值得学习借鉴。

2.国内兄弟省区市智库建设方面。2014年，中办、国办印发《意见》后，我国智库建设迎来了新的发展时期。各地越来越重视发挥智库在决策咨询中的作用，并且结合自身实际，制定出台了贯彻落实意见，有效发挥了智库在推动经济社会发展中的作用。主要做法：一是将决策咨询纳入法定程序。为贯彻落实党的十八届四中全会提出的"要健全依法决策机制，把公众参与、专家论证、风险评估、合法性审查、集体讨论决定确定为重大行政决策法定程序，确保决策制度科学、程序正当、过程公开、责任明确。"各级行政机关十分重视发挥专家咨询在决策科学化和民主化中的作用，积极将重大政策和重大项目决策咨询纳入法定程序，把专业性、技术性问题交给专家论证，尊重专家意见，杜绝拍脑袋、凭感觉和经验决策。二是建立了较为完善的组织机构，以便有充足人力来保障各项工作的顺利开展。许多省（区、市）建立专门的组织联络机构来管理智库，主要由党委宣传部门或社科规划部门来负责统筹。三是有较广泛的专家来源。不仅有本地区的专家，更有国家层面甚至国际方面的专家；不仅有理论方面的专家，更有工作在企业等一线具有丰富实践经验的专家、企业家等。四是建立了常规的咨询建议提出制度及激励机制，使决策咨询专家愿意参与到决策咨询工作中去，发挥了专家决策咨询机构的作用。五是有较充足的经费保障，保障决策咨询、课题研究、交流活动等各项工作顺利开展。应该讲，智库经费保障既提供了智库赖以生存的资金需求，也有效保障了智库为党政决策服务。从国内部分省（区、市）贯彻中央《意见》的实施意见来看，均设立新型智库建设专项资金，为新型智库建设提供资金保障。如广东将设 1 亿基金帮助智库发展。

（二）我省政府系统智库建设现状

顾名思义，政府系统智库主要指政府部门所属政策研究机构，不仅包括各级政府研究室，还包括政府部门或直属机构内部的研究机构。之所以要梳理政府系统智库状况，主要原因在于政府研究室不仅自身承担调查研究、决策咨询功能，还承担着组织、协调开展政府系统重大调研课题的任务，政府部门或直属机构内部的研究机构是参与全省政府系统重大课题调研的重要力量。因此，摸清政府系统智库建设现状，有利于更好地履行政府研究室系统智库职能。

总体而言，我省政府系统智库围绕党政决策积极组织开展调研，献言献策，服务决策的能力和水平不断提高，研究成果进入决策的数量和质量持续提升，对重大决策的影响力不断增强，为推动经济社会发展做出了重要贡献。一是注重上下联动、相互协作，加强联系沟通，形成一盘棋。不论是全省政府系统重大、专项调研课题研究，还是市、县级政府系统各项重大课题研究，大多开展联合调研，形成工作合力。2010年以来，全省政府系统调研课题90%以上是政府系统智库相互协作完成的。二是注重与其他智库加强协作，建立战略联盟。不仅当地智库相互之间建立协作关系，而且与外省市智库甚至国际著名智库之间建立合作关系，用好外脑。2015年12月，我省临沂、潍坊、枣庄、济宁、日照、菏泽六市与江苏徐州、连云港、淮安、宿迁四市政府研究室共同发起成立鲁南苏北区域智库联盟，努力建设多层次、宽领域区域智库建设合作新平台。潍坊市政府研究室先后与安永、德勤、毕马威、马利克等国际智库建立战略合作。三是建立调研基地。不仅省政府研究室建立了调研联系点，有的市也建立了调研联系点。省政府研究室共建立了39个调研基地，涉及县、乡镇、企业、社会组织等。四是加强优秀调研成果评选交流。多年来全省政府系统组织党政部门有关负责同志、高等院校、科研院所专家学者评选优秀调查成果，有效激发了政府系统智库人员工作热情和干劲。

同时，也要清醒地看到，政府系统智库存在诸多不足。一是政务服务占用了大量人力、时间，开展专题研究不够。这个问题越往基层越突出。二是资源整合不到位，信息沟通不畅，课题重复现象较为严重，成果没有实现共享。有时多家政府部门同时开展同一专题调研，假设开展合作，效果会更佳。三是各类专家库作用有待提高。有些地方尽管组织成立了各类专家库，往往开始热闹一阵，很快就凉了下来，决策咨询作用发挥远远不够。四是各地智库主要为当前地方经济社会发展服务，研究课题大多短平快，前瞻性、战略性课题不多。五是购买服务机制尚未形成，购买的有些研究成果质量不高，等等。这些因素严重制约了政府系统智库决策咨询作用的发挥，亟需破解。

（三）政府系统智库建设的战略定位

政府系统智库作为政府智囊，不同于社科院、党校、行政学院、高校、科研院所和企业、社会组织的智库，既属于智库序列，又承担部分行政职能。尽管承担着决策咨询和政策研究职能，任务繁重，但机构设置本身又要求严格控制人员数量。因此，政府系统智库应着眼于满足政府决策需求，加大调查研究，并充分利用社会力量开展调研，为政府决策及时提供有效咨询服务。这是政府系统智库履行自身职能的必然要求。

1.公共决策服务的重要平台。政府系统智库主要职能就是服务公共决策。因此，要把为公共决策提供咨询服务的能力和状况作为评价自身履职情况的主要标准。要加强对现实问题的研究，提高决策咨询的针对性、实用性、有效性。

2.重大课题研究组织平台。对于事关经济社会发展的重大决策课题，政府系统智库不仅自身要开展调研，而且要组织社会力量开展联合调研，整合资源，形成合力。每年要统筹协调，将事关当地经济社会发展、领导关注的问题确定为政府重大或专项课题，加强课题的选题、组织、管理工作，组织各部门选派精兵强将开展调研，确保及时为领导决策提供管用的咨询服务，最大限度地利用好各类智库资源。

3.决策信息服务平台。一方面及时向智库传递政府决策需求信息，另一方面建立强大的信息库、数据库、资料库，为智库研究提供有力支撑。

4.人才培养交流平台。智库是人才汇集之地。政府系统智库不仅自身要拥有一大批研究人员，加强自己的人才培养，还要积极吸纳人才，努力集聚和吸引一批政策研究领域的领军人才。可参照国外智库建设经验，加强政府系统智库人员与其他行业或部门人员的交流。在这方面，江苏省《关于加强新型智库建设的实施意见》明确提出："鼓励和支持有较高理论素养和政策水平的党政、企事业单位领导干部参与智库研究工作。建立完善智库专家到党政部门挂职机制，推荐具有高级职称、决策咨询成果显著的智库专家，打破体制壁垒与身份障碍到党政部门和基层单位任职。"

5.成果推广应用平台。智库研究成果不仅要服务决策，还要加大宣传力度，增强社会影响力。要充分利用自身网站和主办主管的相关刊物，展示智库成果、推介智库专家。通过多种形式，对自身研究成果进行宣传。

（四）开展新型智库研究要结合当地实际

研究新型智库的目的在于增强自身实力，更好地服务当地政府决策。因此，开展新型智库研究应立足当地、研究当地、服务当地。

一是全面深入了解当地经济社会发展情况。各地资源禀赋、区域特色、发展状况等不尽相同，决策需求有所不同。同时各地发展阶段和亟需破解的难题不同，有的地方传统产业产能过剩、新兴产业支撑不强、服务业发展不快，结构调整缓慢；而有的地方产业转型升级起步较早，结构调整步伐较快。只有对当地情况了然于胸，才能聚焦决策需求，为当地发展提供专业化、建设性、切实管用的政策建议。

二是结合自身特点，实行灵活多样的决策咨询服务方式。当前各地政府研究室不论是机构设置、运行机制还是服务对象、工作侧重点上各有特点。有的独立运转，有的属于政府办公室内设机构；有的侧重文稿起草，有的侧重调查研究；有的主要为政府主要领导服务，有的为政府多位领导服务，等等，所以各地政府研究室发挥决策服务功能的形式不尽相同。要结合自身机构特点和工作要求，积极探索符合实际的决策服务形式，在提升决策服务能力上取得新突破。

三是要把推动和促进地方经济社会发展作为决策服务的出发点和落脚点，出更多实招、谋更多良策。要着力研究和把握好当地经济社会发展的规律和特点，着重回答好当地干部群众关心的重大理论问题和实践问题。要将中央、省委精神和当地经济社会发展实际结合起来，使研究成果既"连天线"，更"接地气"；既具前瞻性、战略性，又具有针对性、可操作性。

三、发挥中枢作用，用好社会智库

根据我省《实施意见》，省政府研究室作为新型智库联席会议成员单位，要充分发挥服务省政府重要决策的中枢作用，建立智库成果专报制度，完善决策部门与智库之间制度化、常态化联系沟通机制。同理，各市、县政府研究室也要发挥当地政府重要决策的中枢作用。

（一）搭好交流平台

应该讲，当前社会智库为政府决策贡献智慧和力量的热情很高，决策服务能力和水平也不断提高，但服务的针对性、及时性、有效性还需进一步提高。原因在于，政府部门与社会智库的信息沟通渠道不畅通，一方面社会智库不能准确、及时地掌握政府决策需求，或对地区情况缺乏全面深入了解，研究成果的及时性、针对性不强，决策服务供给与需求不匹配较为严重；另一方面智库有效实用的研究成果不能及时提供给政府部门，不能有效转化为政府决策。因此，搭建政府研究室系统与社会智库之间的信息交流平台，建立常态化的交流机制至关重要。应将政府关注的热点问题及时通报给智库，为智库开展咨询服务提供引导。同时，切实落实好研究成果交流制度，政府研究室系统出版的调研报告集、社会智库研究成果可随时相互交流，深化双方交流沟通。

（二）组织好专家队伍

政府研究室系统服务政府决策，专家队伍不可或缺。而且，如果不把当地高水平专家联合起来，根据专业特长组建各类专家库，就会造成社会智库资源的严重浪费。近年来，省政府研究室建立了较高水平的专家咨询委员会。同时从省有关单位、大专院校、社会研究机构聘请了专家学者为特邀研究员，截至2015年，已先后聘请特邀研究员110名。实践证明，这种做法有效发挥了专家学者在决策咨询、课题评估、课题调研中的重要作用。各地政府研究室也针对当地经济社会发展中的重大课题，组建了各类专家智库，积极为政府决策献言献策。这些专家库有的以本地专家为主，有的以外地专家为主，引进高端人才，利用国际智力资源，均取得了明显成效。全省政府研究室系统应建好各自的专家库，把全省研究资源有效整合起来、组织起来，加大引进高端智库力度，充分发挥专家学者在服务决策中的作用。

（三）创新合作方式

我省《实施意见》明确指出，要完善重大决策意见征集制度，建立政府购买决策咨询服务制度。这为利用社会智库专家指明了方向。近些年全省政府研究室系统创新思路，拓展渠道，积极发挥社会智库的作用。就省政府研究室而言，先后与山东财经大学、山东行政学院等研究单位签署战略合作协议，在合作研究、人才培养、资源共享等方面展开深入合作。依托省委党校、山东社会科学院、山东省宏观经济研究院、山东大学、山东师范大学、山东财经大学等机构的研究力量，通过公开招标、委托研究、合作调研、课题论证、决策咨询等多种形式，逐步构建起多层次、多形式并举的决策服务新格局。仅2015年就委托社会智库开展调研课题21项，参与重大课题评估、成果论证的专家达40多人次。就市级政府研究室而言，有的积极探索按需购买、以事定费、公开择优、合同管理的购买机制，采用多种方式购买由智库提供的咨询报告、政策方案、规划设计、调研数据等，满足多层次、多方面的决策需求。下一步，全省政府研究室系统要在巩固与社会智库行之有效的合作基础上，拓宽合作领域，创新合作方式方法，调动社会智库合作的积极主动性，实现互利共赢、长久合作。

（四）确保服务决策

用好社会智库，主要是为了服务决策。要把服务决策情况作为衡量政府研究室自身中枢作用的关键评价标准。应该讲，全省政府研究室系统非常重视发挥社会智库作用，积极协调组织社会智库参与重大现实问题研究，参与决策咨询，为政府决策提供了有效咨询。各地地方政府研究室积极组织社会智库围绕解决本地区社会关注、领导关切、群众关心的热点、难点和焦点问题开展研究，有的甚至建立了专门的专家智库。但不可否认的是，一些专家咨询不过是走过场、搞形式，或者只是为了满足眼前工作的需要，服务短期发展的决策咨询较多，服务长期发展的咨询较少。要组织社会智库参与政府系统相关课题研究，选择部分前瞻性、科学性、专业性较强的课题，邀请学术水平高、研究能力强的专家牵头或委托高校、社会研究机构开展研究，确保立项公开透明、经费专款专用、监管落实到位、成果贴近需求，更好地服务省委、省政府民主科学依法决策。调研报告完成初稿后，要组织由党政部门领导、专家学者、基层干部群众参加的成果评审论证会，听取意见，确保课题按时保质保量完成，让更多成果进入领导决策。凡是政府研究室系统组织开展的重大课题调研、重大规划政策制定都要听取专家意见建议。另外，要做好社会智库服务决策的保障工作。凡是政府系统应公开的信息，特别是经济社会发展及各区域、各行业相关信息，都应及时公开，为智库开展研究提供信息支持。

四、研究室要培养自己的专家

人才是智库的核心要素。政府研究室系统作为政府决策咨询部门，既要充分利用社会智库资源，组织好专家队伍，更要培养自己的专家。目前我省政府研究室系统集聚了大量人才，同时也要看到领军人物和专家型人才较为缺乏，亟需培养专家，培养更多自己的专家。

研究室要有自己的专家，就要把培养自己的专家放在重要位置，遵循人才成长规律，建章立制，加快人才成长，培养更多人才，形成"人人想当专家、人人能当专家"的浓厚氛围。

一是要加强学习制度建设，把学习内化为研究室人员的自觉行动。学习既是研究室系统人员干好本职工作的客观要求，是立身之本，也是成长为专家的必然途径。应该讲，2010 年以来，省政府研究室历届党组始终把学习放在首位，并专门出台加强学习的意见，把思想政治理论、政策法规、各类业务知识等作为重点学习内容，抓好制度建设。倡导全室深入开展"学讲"活动，通过"每月一书"、读书心得交流等措施引领大家多读书、读好书。各处室结合业务，制定具体学习计划，个人也制定学习计划，开展业务大练兵，认真撰写理论文章，鼓励每人每年自主发表至少 1 篇文章，全室读书学习风气日益浓厚。学习活动之所以取得明显成效，主要原因在于，不是将学习作为泛泛号召，而是形成了规范化的学习制度。更关键的是，把理论素养和业务素质作为提拔使用干部的重要标准，破除论资排辈。在"能者上"用人机制作用下，广大干部自觉加强学习提高业务水平。因此，应坚持把号召动员与学习制度建设、选人用人制度有机结合，激发学习内在动力，激励引导干部自主选取某一方面知识学精学透，真正做到内化于心、外化于行，力争成为某一领域的专家，使政府研究室系统在每个需要的领域，都能有几个高水平的、值得领导同志信任和倚重的决策服务干部。

二是要"干中学、学中干"，在实干中提高本领。研究室要培养的专家不是学究，而是具有政治理论素养、精湛业务知识、有解决实际问题能力的行家里手。培养研究室的专家，并不能简单靠学习政策文件和相关资料，而要靠实战练兵。只有实干、在实际工作中摸爬滚打才能成为专家。况且，政府研究室系统普遍人少事多，任务重，专门拿出时间外出学习的时间和机会不多。为此，近些年来，省政府研究室创造性开展了"三个一"活动，即每个人每个月在完成工作的同时，起草好一篇文稿，研究好一个小方面的政策，学习好一篇优秀文章。围绕工作需要，认真组织学习省领导批转的参阅材料，深入研究政策理论，深入学习经济、社会、法律等方面知识，不断提高文字综合水平，干部的研究能力和文稿起草水平进一步提高。为加快干部成长，鼓励引导年轻干部挑重担，有关处室要求每人每年至少单独或牵头完成一篇调研报告，一些处室实行个人分工负责，每人单独负责某一方面的文稿和调研工作，这些工作安排有效激发了广大干部的工作干劲，形成了比学赶超的良好局面。可以说，没有工作历练，不结合工作搞学习，是很难培养真正的专家。因此，一方面要围绕工作学习，学以致用、学用结合、学用相长，促进理论与实践相结合；另一方面要坚持岗位锻炼人、培养人，鼓励探索实行扁平化管理模式，让不同行政级别干部同场竞赛，变"伯乐相马"为"实践赛马"，推动人才脱颖而出。

三是要"请进来""走出去"，开拓视野、增长才干。研究室的专家，应视野开阔，对相关专业或领域国内外情况了如指掌，掌握先进理念和研究方法。因此，研究室人员不仅要向实践学、向基层学，也要眼睛向外，了解国外、省外的先进经验和做法，学习先进的研究方法，提高研究问题的能力。近年来，省政府研究室一方面组织外出学习，先后组织赴德国、俄罗斯、美国、韩国培训，学习借鉴国际政策研究方法。组团到台湾考察学习乡村旅游、工业转型升级。先后派出 200 余人次参加国务院发展研究中心、国家行政学院等相关部门组织的相关业务培训。另一方面加强内部培训，组织了全省政府系统决策咨询研究专题研讨培训班、业务培训班，邀请国务院发展研究中心、国家行政学院等单位专家进行授课，年均培训各市、县（市、区）政府研究室干部 300 余人次。各地政府研究室也组织了系列外出参观培训活动。这些活动，使大家拓宽了知识面，开阔了眼界，实现了解放思想、更新观念，站得更高、看得更远。下一步，要坚持这些行之有效做法和成功经验，每年选派人才外出学习，邀请知名专家授课，用开放式的学习体系助推专家型人才成长。

四是加强与媒体沟通，打响研究室品牌。研究室专家不仅要有实际业务能力和水平，而且还要具有主动与新闻媒体沟通的能力和水平。近些年来，我室积极鼓励干部在新闻媒体亮相，先后有多名干部接受山东卫视、大众日报、齐鲁晚报采访，收到了良好的社会效果。政府研究室系统专家走上主流媒体，既有利于激励研究室人员加强业务知识学习，提高研究问题解决问题的能力，培育更多的专家，也有利于让社会各界知晓研究室的功能定位，知晓研究室在深入研究与山东经济社会发展息息相关的重大课题，并取得较好成效。另外，各地政府研究室要想成为"枢纽智库"或"智库枢纽"，应拥有一大批全国一流专家。既要培养自己专家，又要鼓励专家接受新闻媒体采访，注重运用新闻媒体、专家讲座等形式来推介自己的专家，从而带动培养一批专家。

立足中心促发展　整合资源铸品牌
努力构筑具有地域特色的新型智库体系

济南市人民政府研究室

经过几百年的发展，智库作为理论、策略、方法、思想等的公共研究机构，在影响政府决策、推动社会发展的进程中充当了非常重要的角色，其地位和作用不可小觑。举凡大国崛起，抑或强国间纵横捭阖，背后往往都有智库的影子，他们以各种形式参与国家战略决策和区域性、全球性问题解决方案制定，直接或间接地影响国际合作与博弈的进程，成为大国和强国软实力的重要支撑。

当前，我国经济发展已步入新常态，无论是内政还是外交，无论是改革还是开放，都面临着一系列新形势、新挑战、新机遇，迫切需要一批能够广泛参与全球竞争的新型智库，服务于国家战略决策，推动国民经济发展，增强国际影响力和竞争力。近年来，智库建设作为强国战略已经进入中央高层视野，党和国家领导人对智库建设先后作出重要指示，特别是 2013 年 4 月习近平总书记首次提出建设"中国特色新型智库"的目标，并将智库建设提升到国家战略层面进行强调。之后召开的十八届三中全会通过的《中共中央关于全面深化改革若干重大问题的决定》就明确提出"加强中国特色新型智库建设，建立健全决策咨询制度"，这是第一次以中共中央文件形式提出"智库"概念。2015 年 1 月，中办、国办又联合印发《关于加强中国特色新型智库建设的意见》，就加强中国特色新型智库建设的重大意义、指导思想、基本原则和总体目标进行了深入阐释，对加强中国特色新型智库建设的主要任务和具体措施做出了全面部署。这些重要部署的提出和实施，体现了新型智库建设的重要性与迫切性，更体现了中央对新型智库建设的高度重视。

在中央的大力倡导下，各省、市相继跟进，纷纷出台实施意见，提供政策支持，加快资源整合，掀起智库建设新高潮。一大批智库如雨后春笋般涌现出来，如中国改革发展研究院、北京大学国家发展研究院、盘古智库、中国金融 40 人论坛、中国经济 50 人论坛等，一批业界权威和知名学者加盟其中，他们在经济社会诸多领域发出的建议和声音越来越受到中央决策层的重视，正在以其独有的方式促进国家和地方政府的决策民主化、科学化进程。可以预见，在新一轮全面深化改革的大潮中，智库建设正在迎来大发展大突破的重要机遇期。

具体到济南市，正处在转型发展的关键阶段，不管是"打造四个中心，建设现代泉城"，还是率先在全省全面建成小康社会，都非常需要新型智库发挥"思想库"和"智囊团"作用，扮好战略谋划策划助手等角色，主动参与重大现实问题、重大决策议题的推进，为党委政府决策提供有针对性的建议，为济南改革发展提供更强大的智力支撑。

首先，新型智库应服务于城市长远永续发展，扮好战略谋划策划助手角色。济南市目前提出了一系列关乎城市长远发展的战略部署：如申请设立国家级济南新区、产城融合示范区、临空经济区，争取国家第一批构建开放型经济新体制试点城市，申请加入中国（山东）自由贸易试验区，等等。同时，"十三五"规划勾画了未来五年济南发展蓝图。这些战略部署，从谋划策划到落实推动，都需要大量的理论研究和实践探索，必须全面考量，重点突破。各级各类智库应秉承"策为天下先"理念，以前瞻的视野、前沿的思考、专业的把脉，积极做好对当前形势的预测预判、对城市战略的规划策划，为济南未来一个时期发展确立目标、拟定框架，找准思路、摸准路径，做到先谋先行，抢抓发展先机。

其次，新型智库应服务于城市重大现实问题解决，扮好诊断师和点子库角色。新型智库的强大生命力在于深刻观照现实，把脉重大课题，拿出诊断意见。在全国各地竞相发展的大潮中，济南市和同类城市相比，转型步伐缓慢、发展差距拉大，这里既有长期以来的历史原因，比如工业经济、外向型经济、县域经济、民营经济等发展短板一直未有根本改观；也有进入经济新常态后，增生出的一些新问题新矛盾，比如环境保护和生态建设更加严峻、创新创业活力仍然不足、新旧动能转化困难等等。怎样把发展短板补齐，创造新优势、培育新动能，是济南全市人民共同面临的突出现实问题。智库应该充分发挥智力密集、专业突出优势，做好专家会诊，特别是要聚焦体制性、机制性和结构性等深层次难题，精准把脉、综合施治，努力提供系统性解决方案，拿出操作性强的思路措施，为推进济南转型发展提供强大助力。

第三，新型智库应服务于党委政府重大决策，扮好咨询师和建言者角色。随着改革向深层次推进，开放向更广领域拓展，由此滋生出众多的机会，但是也像习近平总书记所说的，改革进入深水区后，剩下的都是难啃的硬骨头，同样包括开放、创新等领域，我们面临的更多的是"两难"甚至"三难"问题，能否在矛盾交织中作出科学正确的决策，制定破解难题的政策措施，对各级党委政府都是一个严峻考验。2016 年是济南打造"四个中心"的破题起势之年，也是"十三五"规划开局之年，改革发展的任务十分繁重，如何创造性地贯彻落实中央五大发展理念，推进供给侧结构性改革取得重大突破；如何把握稳增长和调结构平衡，更好地做好产业更新和动力转换两篇大文章；如何对接"中国制造2025"战略，实施智能制造和"互联网＋"重大产业工程；如何深度融入"一带一路"战略，不断提升济南开放型经济水平；如何实施精准扶贫脱贫，率先建成小康社会，等等。这些复杂艰巨的任务对党委、政府决策能力水平提出了更高要求，迫切需要智库充分发挥其作为政府决策外脑的职能，将理论研究与实践操作相结合，努力提供决策咨询方案和事中事后的论证改进，积极参与和促进党委政府的科学决策。

第四，新型智库应服务于城市形象和软环境打造，扮好传声筒和扩音器角色。智库及其工作人员来自社会方方面面，智库的多元化、异质化特征，使其可以更方便、更直接地了解来自社会各个阶层、各个方面的声音和诉求，并将这些来自基层的声音诉求及时整理分析，提出应对措施，提报相关决策机构，以专业性、独立性的立场和观点，呼应群众诉求，化解社会矛盾，维护社会稳定，当好政府与社会的缓冲器。同时智库应积极加强城市形象策划宣传，聚焦中心任务和重大方针，宣传好城市改革发展成就，广泛利用会议、论坛等传统渠道和网络、微博等新兴渠道，讲好济南故事，发出济南声音，为济南改革发展、对外开放营造良好舆论空间。

从目前情况看，济南智库已初步构建了以官方、半官方智库为主，高校智库和民间智库为辅的组织体系。官方智库主要是市委研究室、市政府研究室、市社科院以及市人大、市政协、市纪委、市委组织部、市委宣传部和市直经济综合部门内设的政策研究机构，这是我市智库力量的主力，在一系列重大战略出台中扮演着重要角色。半官方智库主要是市委党校、行政学院、市社科联、科研院所以及有关部门下设或倡导成立的研究会，比如济南市经济发展研究会、济南市城市科学研究会等，这些智库机构的影响正在逐渐扩大，在个别领域已发展成与官方智库并驾齐驱的重要力量。高校智库也是我市智库机构的重要组成部分，比如山东大学产业经济研究所、济南大学软实力研究中心等，利用高校人才、学科、研究、对外交流等优势，为咨询研究提供有力的学术支持。民间智库目前还处于起步阶段，市场发育不足，在生存和发展的资源条件、机会空间上与其他智库存在着严重失衡和不公平现象。整体来看，我市智库建设有一定程度的发展，但数量特别是质量远远不够，普遍存在活力不足、市场化程度低、实务实证研究仍显薄弱等问题，智库作用发挥得还不充分，其影响力和辐射力与济南作为经济大省省会的地位很不相称。主要受制于以下几方面因素：

一是智力支撑功能明显不强。现有智库多为官方、半官方机构，行政分割现象严重，缺少必要的综合管理和组织协调。党委政府几大班子的研究室及内设机构，多以文稿、文件起草等政务服务为主，研究功能弱化淡化，前瞻性、综合性和原创性研究不多不深。民间咨询机构，特别是开展政府业务咨询的智库机构发展滞后。而高校智库更注重学理性研究，实践性往往不强，很多时候隔靴搔痒，离政府决策和社会实际需求还有较大距离。民间智库发育严重不足，社会活跃程度不高，缺乏必要的发展环境，具有独立性、能够发出自己声音的民间智库机构屈指可数，不利于社会各界意见建议的及时上达，对政府决策的正面影响不大。

二是缺乏有效完善的整合机制。由于我市智库大都属于不同"系统"，官方智库与非官方智库之间、同一类型智库之间各自实行垂直型管理，各自为战，闭环运作，缺少完善的交流机制，没有形成比较紧密的联系网络，信息不对称、重复研究等问题比较突出。受体制机制的制约，多数智库并没有被真正列入决策咨询体系，在涉及公共利益和人民群众切身利益的重大决策事项中，往往看不到智库的影子，一些重要的政策听证会、座谈会等很少邀请有关方面的智库专家参与，形不成各层面智力资源共同促进济南改革发展的合力。

三是缺乏畅通的成果转化渠道。当前智库建设一个十分突出的问题是信息数据的封闭和不完整，大部分行业数据信息掌握在政府部门手中，民间智库很难获得重要的核心数据和信息，从而陷入"巧妇难为无米之炊"的尴尬境地。正是因为供需两端难以形成有效信息对接，导致党委政府想要的东西，往往不是智库研究的重点，智库的研究成果也难以进入党委政府的决策视野，一些好的智库成果因为缺乏直接快速的报送渠道，不能及时反映到有关决策部门，进入不了决策程序，导致智库成为"纸库"。

四是缺乏高端领军人才。人才是智库建设的第一资源，智库的核心竞争力要靠人才和团队来支撑，特别是综合型、复合型的人才。在人才引进方面，许多智库尤其是官方半官方智库人才引进的门槛很高，受用人方面的体制机制等因素制约，一些既具有一定理论水平又具有丰富实践经验的专家学者、退休官员、企业精英等很难被吸收到智库中。而民间智库受制于物质基础薄弱、政策影响渠道有限等，难以形成有效的市场激励，很难得到高端人才青睐。尤其是成果评价标准单一，没有建立多元评价体系，智库成果大多以领导人批示作为奖励评定依据，不利于智库成果数量和质量提升。

他山之石，可以攻玉。建设特色新型智库既要因地制宜，突出问题导向，不断塑造自身特色与独特优势，同样需要密切关注现代智库发展趋势，积极借鉴国内外智库发展经验，博采众长，为我所用。从国外发达智库发展历程看，他们普遍具有以下特征：一是政府高度扶持。在需求支持、财政税收支持以及法律政策支持等方面，政府都给予智库以很大的政策倾斜和资金保障，这为智库发展成熟提供了有力的物质保证。二是用人机制灵活。国外智库在用人机制上，享有完全或高度的自主权，录用人员大多实行合同制和聘任制，人员流动性强，以美国智库为代表的"旋转门"机制就是一个典范。三是资金来源多元化。资金筹措一般不单靠政府拨款，多半来自书籍出版和学术会议所获得的经营收入、研究项目的合同收入、基金会的捐赠以及企业和个人捐款，很大程度上保证了智库研究的独立性和公正性。这些完善的管理运行机制是智库成功的关键。就济南而言，作为山东省的政治、科技、文化、教育中心，人才和人力资源优势相对突出，建设特色新型智库，应立足实际，发挥优势，挖掘潜力，努力在整合资源、突出特色、形成品牌上下功夫，出实招，求实效，强实力，为城市的改革和发展提供更好的智力支持。

一要更重机制创新，增强发展活力。总体来看，无论是国家智库还是地市智库，与国外一流智库相比差距较大，其根本原因就在于体制落后、机制不活。习近平总书记明确提出，"要探索中国特色新型智库的组织形式和管理方式，重在体制机制创新。"具体要在以下方面深化改革：一是大力发展民间智库。研究制定促进民间智库发展的政策措施，比如放宽民间智库准入门槛、共享政府信息资源、拓宽建言渠道、减免税费、政府购买服务等，为民间智库参与决策咨询研究提供制度化保障，以此提高个人、企业和社会团体成立民间智库的积极性。同时支持有条件的企业兴办与产学研用紧密结合的新型智库，重点面向传统主导和新兴优势产业，围绕市场需求、产业转型、技术改造、模式创新等，为企业提供多方位、全过程的智力支持。二是改革委托研究课题的招标和经费审查、使用制度。研究课题招标与实物采购招标有很大不同，不能简单以公开招标或竞争性谈判方式选定受托方。宜在进一步完善受托方遴选机制和课题评估机制基础上，采取定向委托方式。同样，课题经费使用也要把受托人员的劳务所得作为课题委托资金使用的重要方向。三是改革高校等机构研究人员职称评定评价机制。以市政府名义出台相关的激励制度和实施细则，将实务性研究作为职称评定的重要参考条件，充分调动和激发智库研究人员的积极性。四是明确党委政府研究室决策咨询职能。在合理分工的基础上，由其在市一级层面对官方智库，尤其是党校、社科院、高校以及民间智库的建设发展和运行进行指导，深化组织协调、研究咨询、基金设立、成果转化等体制机制改革，进一步整合各类智库资源。

二要更重服务中心工作，构建联动发展新格局。一是重点增强官方智库决策服务能力。从我市来看，市委、市政府、市人大、市政协4家研究室，以及县（市）区和政府部门的研究处室作为全市智库的核心，应进一步发挥与决策层联系紧密、沟通便捷、把握准确的优势，紧紧围绕全市中心工作，在打造四个中心、培育新的增长点、增长极，推进全面深化改革、加快县域经济发展以及治霾治堵等事关济南发展的重大问题上，进行系统深入的研究思考，提出对策建议。二是着力增强社科院、党校、高校等半官方智库实践运作能力。充分挖掘驻济研究机构和智库的人才和学科优势，引导智库专家在抓好基础理论研究的同时，把关注点更多向应用性研究转移，特别要围绕国家、省、市经济社会发展中的重大现实问题开展决策研究，特别是要把目标瞄准我市"十三五"时期改革发展的重点、难点、热点问题上来，紧跟党委政府需求，提供更多创新性思想成果。三是充分发挥民间智库作用。会计师事务所等管理咨询机构，工业、建筑、能源等专门研究机构及各类学会、协会等，在某些专门领域具有官方智库无法比拟的研究专长。政府应设立民间智库参与政府决策的通道载体，促进民间研究成果的转化。

三要更重专业特色，打造知名智库品牌。当今世界，几乎每一家有较大影响的智库，都有自己独特的品牌优势和主攻方向。比如美国兰德公司以善于进行军事和国防发展战略研究著称，英国亚当·斯密研究所以长期专注于市场经济研究而闻名。目前我市各级各类智库数量不少，但是在国内外能排得上号、拿得出手的"济南品牌"智库寥寥无几。建议建立智库成果竞争机制，激励各类智库应找准自身特色，在不断拓宽加深研究的基础上，集中力量对重点改革领域、重大问题进行长期跟踪，比如房地产业、金融业、制造业等我市重点支柱行业发展，提出具有创新价值的见解。需要特别注意的是，打造知名智库一定要确立精品战略，把每个课题、每项成果都当成精品来做，通过逐年积累，逐步打造济南特色品牌智库。

四要更重协同攻关，搭建交流合作平台。一是加强政府和智库间交流。政府通过健全完善信息公开、重大决策专家参与论证、政府购买决策咨询服务等机制建设，畅通智库与党政部门的交流合作和沟通联系，使双方需求得到有效对接。官方智库特别是党委政府研究室要发挥纽带作用，提供需求清单，支持各类智库针对党委政府关注点开展前瞻性、储备性研究，将民间智库研究成果及时上报市委、市政府，提高智库研究成果转化率。二是加强智库与智库间合作。当前，我们面临的很多热点和难点问题都呈现出多样性、复杂性和综合性的特点，单凭某一家或者某一类智库往往力不从心，必须加强智库间合作，聚合人才，开展联合攻关。组建济南"智库联盟"，凝聚各个智库的智慧和力量，共同为推动济南市经济社会发展献计出力。同时借助山东智库联盟这一平台，加强与其他地市智库机构的合作交流。三是加强智库与社会间交流。智库的研究课题应该是上下互动、更接地气，要紧盯人民群众关心焦点、抓住基层发展难点和社会热点、多做一些"田野调查"，让研究成果贴合"四个中心"建设需求，为党委政府决策提供更好参考建议。

五要更重要素建设，提供有力支撑保障。一是抓好人才这个关键要素。要进一步拓宽视野，面向全国全球网罗人才，同时集中驻济院校专家学者、政协及各民主党派人才、企业高管等资源，构建高层次、多专业、宽领域智库人才队伍。借鉴欧美"旋转门"机制，有计划有组织地吸纳智库专家，以政府雇员或项目专家的方式到党政部门挂职任职或帮助工作，借此了解社会各方面需求，更好把握社会发展变化趋势，以提高智库人才的实际操作能力。也可安排党政干部到各类智库挂职任职、学习锻炼，提高领导干部专业素养。二是用好大数据。在当今信息化社会，应重视互联网时代需求和特征，探索建立健全需求库、信息库、专家库、成果库四类支撑智库运行的服务平台，实现跨领域、跨部门、跨智库的信息互通、成果共享，为智库人员提供课题需求、数据信息、专家信息、成果查询等一系列服务，善于运用云技术、大数据等新技术手段，不断加强基于数据分析的决策咨询能力。三是确保智库建设经费。加大政府财政投入，把决策咨询经费列入各级财政专项预算，鼓励将政府财政拨款更多转变为向智库购买公共服务的形式。畅通智库在研究报告、书籍出版、委托研究课题以及捐赠援助等方面的收入渠道，努力构建市场化运作机制，通过市场竞争提供定制服务等，获得经费收入。鼓励智库探索设立发展基金，委托投资机构管理基金等形式，获得更大收益，用于支持智库发展。

立足青岛服务全省贡献全国
打造富有特色的新型智库体系

青岛市人民政府研究室

2015 年，中央、省先后印发了《关于加强中国特色新型智库建设的意见》和《关于加强中国特色新型智库建设的实施意见》。深入贯彻落实中央、省决策部署，坚持世界眼光、国际标准，发挥本土优势，建设具有中国特色、青岛特点的新型智库体系，立足青岛、服务全省、贡献全国，是我们应当努力抓好的一项重要而紧迫的任务。

青岛市委、市政府高度重视新型智库建设工作。市各有关部门分工负责，开展了全面具体的调查研究，广泛深入地听取了社会各界意见建议，形成了加强新型智库建设的具体措施，绘制了发展的时间表、路线图。政府研究部门是党委政府决策的重要参谋机构，是新型智库体系的重要组成部分和协调机制的重要成员单位，必须立足本职、认真筹划、加快发展。

一、青岛市新型智库建设的总体方向与基本格局

当前，青岛正处在按照"四个全面"战略布局，落实创新、协调、绿色、开放、共享的发展理念，加快建设宜居幸福的现代化国际城市，

打造国家东部沿海重要的创新中心、国内重要的区域性服务中心、国际先进的海洋发展中心，更好地发挥在全省发展中的龙头带动作用的关键时期。在这一进程中，必须按照中央、省的决策部署，积极借鉴国际经验和国内先进城市做法，大力加强智库体系建设，充分发挥智力资源在城市发展和城市治理中的重要作用，以科学咨询支持科学决策、以科学决策引领科学发展。

（一）重要意义

加强新型智库建设是科学民主依法决策的重要支撑。建设高质量智库，完善决策咨询制度，规范行政决策行为，是民主与法治建设的重要内容。当前，青岛正处于率先全面建成小康社会的关键时期，决策的复杂性、艰巨性前所未有，加快政府职能转变、创新管理方式、完善公共服务体系的任务更为紧迫，对建设服务政府、责任政府、法治政府、廉洁政府的要求更高。建设新型智库，能够围绕党和政府关注的重大现实问题和人民群众关心的热点难点问题，出思想、谋战略、提对策，为提高依法行政和法治政府建设水平提供智力支撑。

加强新型智库建设是提升城市软实力的内在要求。智库作为思想创新的重要源泉，是城市软实力的重要组成部分。建设新型智库体系，既能为青岛"三个中心"建设提供智力支撑，也是增强城市服务能力，更多地产生具有前沿性、开拓性、原创性的智力成果，总结好青岛发展的新理念、新经验，发挥智力资源的溢出转移效应，助力形成国家沿海重要中心城市辐射带动作用的客观需要。

加强新型智库建设是促进经济社会发展的智力保障。面对新的机遇与挑战，主动适应经济发展新常态，坚定不移地推进创新驱动发展战略，破解改革发展稳定中的深层次矛盾和问题，增强发展动力、厚植发展优势，迫切需要健充分发挥新型智库作为"智囊团"和"思想库"的作用，提出符合实际的专业化、建设性、切实管用的政策建议，为城市发展提供全方位、高质量的智力服务。

（二）战略要求

建设具有中国特色、青岛特点的新型智库体系，必须以服务市委、市政府科学民主依法决策为宗旨。

坚持党的领导，把握正确方向。遵循党管智库原则，站稳党和人民立场，坚持用马克思主义的立场、观点和方法分析解决问题，用习近平总书记系列重要讲话精神武装头脑、指导研究，自觉维护意识形态安全，维护好国家利益和人民利益。

坚持围绕大局，服务中心工作。围绕党委和政府决策急需的重大课题，开展前瞻性、针对性、储备性政策研究，提出切实可行的政策建议，提高综合研判和战略谋划能力。

坚持立足青岛，面向全国全省。突出青岛特色优势、聚焦决策需求、强化应用导向，立足自身、面向全省、放眼全国，围绕事关城市发展的重大任务提供专业化、建设性、切实管用的政策建议，充分发挥本土优势，在特色前沿领域形成研究特色和品牌，力争走在全国全省前列。

坚持科学精神，鼓励大胆探索。提倡不同学术观点、不同政策建议的切磋争鸣、平等讨论，创造有利于智库发挥作用、积极健康向上的良好环境。

坚持改革创新，规范有序发展。积极推进不同类型、不同性质智库分类改革，科学界定各类智库功能定位。加强统筹协调和分类指导，调整优化智库主体的布局，营造有利于发挥智库智力支撑作用的平台条件，促进各类智库有序发展。

（三）目标定位

"十三五"期间，力争形成与青岛城市地位和发展目标相匹配，定位明晰、分工明确、特色突出、布局合理、支撑有力的新型智库体系，逐步确立在全国同类城市中的相对领先地位和特色比较优势。

——智库成果影响力明显提升。面向咨政建言、舆论引导、社会服务、公共外交的智库产品更加丰富，智库成果转化通道更加顺畅，转化速度明显加快，被党委和政府采纳、社会认可的成果数量明显增长，形成一批高质量咨询报告和高知名度智库品牌，在全国全省走在前列。

——智库人才队伍不断壮大。形成多层次、多渠道的智库人才培养机制、激励机制与服务保障机制，培养一批有影响力的智库专家，形成一支坚持正确政治方向、德才兼备、富于创新精神的公共政策研究和决策咨询队伍。

——智库服务平台基本健全。建立健全需求库、信息库、专家库、成果库等各类支撑智库运行的服务平台，促进合作、信息共享、共同发展，进一步提升服务能力。建立健全我市智库常态化交流机制，构建线上＋线下一体化交流平台。

——智库创新环境明显改善。在智库资源整合、组织管理、研究体制、经费管理、成果评价和应用转化、交流合作机制等方面改革创新取得重大突破，智库人才、项目、经费、信息有序流动，各类智库协同创新活力竞相迸发，创新成果有效转化，智库资源配置效率大幅提高，智库创新绩效激励机制不断完善。

在这一战略目标指导下，需要统筹推进各类智库协调发展，重点建设一批服务国家和区域发展的专业化高端智库，造就一支坚持正确政治方向、德才兼备、富于创新精神的公共政策研究和决策咨询队伍，建立一套治理完善、充满活力、监管有力的智库管理体制和运行机制，推出一系列具有决策影响力和社会公信力的原创性、标志性、引领性智库研究成果，充分发挥新型智库咨政建言、舆论引导、社会服务、人才培养、对外交流等重要功能。

（四）基本框架

建设青岛新型智库，需要突破区域、系统、学科限制，优化人才、经费、课题配置，实现智库主体的合纵连横、智库平台的联动互通、智库要素的重组优化。

做好顶层设计，规范有序发展。加强顶层设计、统筹协调和分类指导，鼓励探索创新，突出优势和特色，调整优化智库布局，探索建立符合智库发展规律的体制机制，促进各类智库有序发展。科学界定各类智库的功能定位，按照公益服务导向和非营利机构属性的要求，积极推进不同类型、不同性质智库分类改革。重点建设若干个特色鲜明、制度创新、引领发展的专业化高端智库。努力形成由全市党政部门、社科研究院所、党校（行政学院）、驻青高校、科协、科研院所、企业、社会组织、新闻媒体等各类智库主体共同参与、相互促进、有效互补的新型智库发展新格局。

创新联合机制，强化协同攻关。充分发挥各类智库主体之间"联"的优势，挖掘"合"的潜力，实现资源共享、平台对接、互利合作，发展共赢。有效整合资源，加强各类智库主体的沟通联系，鼓励开展横向交流和合作，建立跨单位、跨领域、跨学科协调联动机制。强化协同攻关，围绕市委、市政府战略规划和重点工作，创新重大课题招投标、政府购买服务、委托课题等方式，实施跨部门、跨行业、跨学科合作研究，联合推出一批高质量、高水准、高价值的研究成果，推动党委政府与智库之间、智库与智库之间的互联、互通、互动。

二、积极融入青岛新型智库体系建设格局

与行政管理的层级相对应，智库有国家智库和地方智库之分。青岛

新型智库体系建设，在遵循中国特色新型智库建设基本要求的前提下，要更好地体现集成性、专业性、协同性，与城市"五位一体"总体建设布局要求相对应，与市委、市政府决策需求相适应，纵向上注重与国家、省智库相贯通，横向上注重城市内各智库主体相协作，形成特征鲜明、布局科学的有机整体。其中，政府研究部门是政府决策参谋的中枢，发挥着重要牵引作用，必须明确责任目标、率先改革创新，加快新型智库建设。

（一）主攻方向

政府研究部门在推进新型智库建设过程中，必须以政策研究咨询为发展主攻方向，聚焦战略问题和公共政策的研究。一是围绕事关青岛改革发展稳定的重大问题进行全局性、战略性研究。二是围绕青岛重大战略规划、重要公共政策、重大工程项目等开展对策研究，提出政策建议，对其执行情况及效果进行跟踪研究和客观评估。三是对青岛经济社会发展的重大实践经验进行总结提炼，形成规律性认识，推动上升为政策举措。四是从青岛实际出发，研究新情况、新问题，作出新概括、新表述，不断推进理论和实践创新。五是加强思想舆论引导，发挥智库解读公共政策、研判社会舆情、引导社会热点、疏导公共情绪的积极作用，传播主流思想价值，集聚社会正能量。

（二）规划布局

1.注重错位发展。建立城市智库体系，不是机构和人员的简单叠加，而是通过对各类智库主体功能的重新定位和要素的优化组合，实现传统智库向新型智库的转型升级。城市各类智库主体之间应该以分为基础，突出优势，明确分工，错位发展；以合为目的，建立跨部门跨领域的团队，实现资源共享、有机融合，实现决策咨询功能效应最大化。政府研究部门必须发挥好政府决策参谋中枢作用，围绕自身主攻方向精准发力，形成与其他智库体机构的相互补充、融合发展。

2. 注重规模适度。新型智库体系应当实行小核心、大外围，建立各管理层级智库纵向贯通、各智库主体横向协作的发展体系。在功能发挥上，以服务党委政府决策的智库主体为主，逐步引导更多社会智库发挥启迪民智、引导舆论、影响社会、影响民众的作用。政府研究部门的新型智库建设，是功能的强化，不是体量的增加，不应简单的增加机构、扩充编制、增加队伍，而是依托自身核心功能的发挥，更多地运用现代技术和专业平台，集聚外围资源为我所用，提高决策参谋能力。

3. 注重统筹协作。新型智库体系建设，应重点解决目前各类智库主体同质化问题，需要在战略上统筹推进各类智库发展。根据各类智库特色和优势，对决策咨询课题研究、资金使用、人才培养交流、重大问题联合攻关等方面加强统筹协调，推动重点智库做大做强，提高重大研究成果在全省乃至全国的应用和影响力。政府研究部门要注重发挥引导作用和联络协调作用，注重智库与社会公众的对接互动，促进形成智库体系整体效应。

4. 注重管理创新。新型智库体系更加注重成果转化和价值实现。政府研究部门，应当坚持科学精神，以决策需求、社会需求为导向，加强相关制度设计，大胆探索、促进规范发展，为自身建设和更好地发挥作用提供宽松有序的环境和畅通便捷的渠道，对其他智库机构形成可以借鉴的经验做法。

（三）主要举措

构建新型智库体系，必须瞄准短板、加大资源整合力度，发展信息共享平台、课题研究平台、成果转化交流平台等各类平台载体，加强不同层级和类型平台间的协作互补，畅通应用渠道，形成新型制度体系建设的强大推动力。政府研究部门必须立足自身特点，加快相关机制建设，为智库作用的更好发挥提供有力保障。

1. 提高课题立项质量。调整升级现有课题立项办法，加大对社会智库研究支持力度。发挥好政府决策参谋机构平台作用，吸纳整合全市、全省以及全国科研机构专家学者为青岛发展出谋划策。重点围绕全市中心工作和市委、市政府决策急需解决的重大课题，健全课题招标和委托制度，完善公开公平公正、科学规范透明的立项程序和办法。借鉴先进地区经验，研究推行决策咨询制度，智库定期列出研究课题，由市领导和市职能部门选题，增强研究的针对性和实用性。

2. 完善沟通联系平台。以实现信息及时沟通、供需有效对接为目标，搭建与全市各类智库之间经常性沟通联系平台。会同有关部门围绕全市中心工作，发布政策决策需求信息和课题研究指南，引导智库开展政策研究、决策评估、政策解读等工作，建立健全各类智库参与谋划全市重大发展战略和实施重大政策制度。搭建智库专家、政府部门、社会公众以及媒体之间多元的沟通平台，增强智库研究的参与性与互动性。紧盯前沿课题，积极承办国家、省级智库的各类活动；加强与国内其他智库的交流合作，开展寻标对标，学习借鉴先进经验。促进我市政府研究系统以联办、联建研究基地等形式引进外地智库。

3. 加强传播推介工作。以建立多渠道、多形式、多层次、多载体的信息传播机制为目标，保证研究成果传递的便捷性、时效性，实现研究成果影响力最大化。探索建立智库成果定期发布制度，完善管理机制，通过研讨会、报告会、出版物等，加大对政府系统智库及其成果的宣传。积极协调市级主要媒体开辟智库专题栏目，充分运用新兴媒体和新型传播方式，传播主流思想价值，集聚社会正能量。

4. 发展智库专家队伍。开展在岗干部知识结构升级行动，强化学习风气，提高履职能力和水平。积极借助外力、借用外脑，面向全国遴选一批智库专家和岗位专家，建立充实政府研究专家队伍，实行动态管理。建立灵活高效的智库人才引进、选拔、培养、使用、成果评价、收入分配等管理制度，完善以品德、能力和贡献为导向的评价机制，汇聚一批拔尖人才和领军人物，形成全市一流的决策专家团队。

5.加强品牌阵地建设。结合本市特色，做强优势，建树品牌，着力打造智库知名论坛、品牌刊物和重点基地。打造知名智库论坛，利用论坛这个平台传递声音、汇聚智慧、进一步提升为决策咨询服务的水平。打造品牌刊物，会同有关部门重点打造一批反映我市智库研究成果的专业刊物，加强核心刊物建设和培育，更好发挥智库刊物服务党委和政府决策的载体功能。打造重点基地，加强智库基地建设，重点向区市延伸智库网络，加快打造一批区市智库研究基地。

三、积极发挥在全市新型智库体系建设协调机制中的作用

新型智库体系建设是事关地方党委和政府科学执政、依法行政、增强政府公信力的复杂系统工程。确保新型智库体系在功能上科学界定、运行中便捷畅通、发展上健康有序，需要强化地方党委、政府的统一领导和组织协调作用，形成高效管用的管理体制，为发展提供有力保障。为此，建立了全市新型智库体系建设协调机制。政府研究部门作为协调机制的组成单位，既要发挥好自身的智库作用，也要履行好协调单位职责，为全市新型智库建设出谋划策、做好协调。重点在以下几个方面组织开展研究，做好分工工作：

（一）推动对重大决策的意见征集和评估

发挥好全市政府系统政策研究中枢作用，主动落实《青岛市重大行政决策程序规定（试行）》，在对决策进行可行性论证和风险评估时可引入智库参与，将智库的意见和建议纳入决策的法定环节中。借

鉴外地先进经验探索建立重大行政决策专家咨询制度，重视对不同智库评估报告的分析比较和综合运用。探索建立智库参与党委、政府重大决策座谈会、论证会、听证会等长效机制，把智库参与决策咨询的过程和质量作为评价各级党委、政府及其相关部门工作的重要内容。推动落实政府重大决策执行第三方评估制度，主动履职，加强政策执行情况、运行效率、实施效果和社会影响的跟踪研究和评估。会同有关部门建立对智库咨询和评估意见的回应、反馈、公开和运用制度，健全决策纠错和调整完善机制，促进决策部门、执行部门和智库之间的良性互动。

（二）推动政府信息公开平台建设

会同有关部门，研究完善政府信息公开方式和程序，健全政府信息公开申请的受理和处置机制。推动青岛市电子政务公共服务云平台建设，发挥政府网站以及政务微博、政务微信等新兴信息发布平台的作用，不断拓展公开渠道和查阅场所，方便智库及时获取政府信息。会同有关部门完善政府信息汇集机制，定期向各类智库通报我市经济和社会发展情况，提供相关数据资料，为各类智库开展政策研究、决策评估、政策解读等创造条件，为决策咨询服务的项目招标、政府采购、直接委托、课题合作等提供相关信息。会同有关部门建立我市智库成果年度发布制度，定期向社会通报最新智库成果信息，使研究成果更好地服务党政决策、服务民生改善，服务我市发展。

（三）完善政府购买决策咨询服务

满足政府部门多层次、多方面的决策需求，必须建立政府主导、社会力量参与的决策咨询服务供给体系，稳步推进提供服务主体多元化和提供方式多样化，完善智库产品市场和智库平等参与决策咨询服务的制度环境。政府研究部门将会同有关单位，制定出台市政府向智库购买决策咨询服务的指导意见，明确政府采购范围，制定政府购买指导性目录，明确政府购买决策咨询服务的种类、性质和内容，明确购买和服务的责任义务。凡属智库提供的咨询报告、评估报告、政策措施、规划设计、调研数据、方案预案、经验总结、信息动态等，纳入市政府采购范围和政府购买服务指导性目录。协助有关部门研究建立按需购买、以事定费、公开择优、合同管理的购买机制，依法采用公开招标、邀请招标、竞争性谈判、竞争性磋商、单一来源等多种购买方式，探索实行按质论价、阶段性支付和事后资助的购买方式。建立健全政府购买决策咨询服务信息管理平台，依托信息网络技术，开展需求调查、计划发布、政策宣传、数据统计等工作。加强购买服务监管，保证购买服务质量，实现政府购买决策咨询服务的规范化、市场化、持续化。

（四）加大对新型智库体系建设的扶持力度

发挥好政府研究部门职能，对完善智库发展政策体系积极建言献策。会同有关部门，突出以下研究方向：结合青岛研究优势和未来发展方向，支持智库对特定领域做长期性、跟踪性研究，凝练主攻方向，深化专业影响，打造核心议题，形成专业特色和品牌研究成果。支持智库保持研究的独立性、客观性，排除干扰影响，提出公正客观的政策建议；鼓励大胆探索，对智库研究成果和研究人员的观点予以更多包容。支持进行分配方式改革创新，调动智库人才积极性和创造性，建立健全与岗位职责、工作业绩、实际贡献紧密联系的薪酬制度。支持智库申请相关知识产权认证，加强研究成果支持产权保护力度。研究制定和落实支持智库发展的财政、金融政策，探索建立多元化、多渠道、多层次的投入体系，健全竞争性经费和稳定支持经费相协调的投入机制。研究探索落实公益捐赠制度，鼓励企业、社会组织、个人捐赠资助智库建设，力争形成经验做法并总结推广。

（五）配合做好新型智库体系建设的规划管理工作

会同有关部门，研究做好新型智库分级、分类管理工作，加强对全市智库发展规划、政策法规、统筹协调等方面的宏观指导，优化资源配置，避免交叉重复建设，减少低效雷同研究，防止无序发展和资源浪费。配合开展新型智库建设试点，分专业组建常备研究力量，实行动态管理和考核机制。参与制定新型智库信用评价制度，对诚信等级高的智库在政府购买咨询服务、经费资助、课题立项、成果奖励等方面给予优先支持，对不达标单位淘汰或采取限制措施。

（六）进一步加强交流合作

加强我市新型智库对外传播能力建设，提升智库的竞争力和影响力。有计划地组织智库研究人员到其他城市考察学习，促进我市智库专家与其他城市专家之间的交流沟通，不断加强我市智库与省内外各类智库的合作。建立智库交流平台，积极构建和打造开放式研究平台，扩大交流与合作，进一步提升我市智库的影响力。会同相关部门定期举办智库论坛，加强与国内外智库专家的交流，促进学习、相互借鉴。注重吸纳国内外一流智库独特、规范、最新的管理经验和研究方法，通过智库开放交流不断提升智库建设水平。

（七）创新智库人才队伍建设

会同有关部门，研究全市新型智库高端人才引进、培养和使用的相关政策与保障措施，畅通人才流动渠道，创新人才队伍建设。发挥首席专家和领军人才作为智库灵魂的独特作用，建立结构合理、优势互补的研究团队。优先推荐智库首席专家、领军人才等参与全国全省政府系统人才和课题奖项的评优评奖。参与主办或协办加强智库专家的各类教育培训，强化社会责任意识和职业精神、职业道德建设，引导各类智库主动服务市委、市政府决策，为开创全市经济社会发展新局面贡献聪明才智。

（八）推动舆论引导工作

会同有关部门借助智库外脑，加强舆论引导，积极建言献策，形成舆论引导工作体系。引导智库着眼于壮大主流舆论、凝聚社会共识，发挥智库阐释党的理论、解读相关政策、引导公众舆论、汇集意见需求、进行利益表达的积极作用。积极引导智库运用大众媒体等多种手段，传播主流思想价值，集聚社会正能量。

提高政府能力　建设智慧政府

淄博市人民政府研究室

淄博地处鲁中，总面积 5965 平方公里，常住人口 459 万，是老工业城市，齐文化发祥地，国家历史文化名城。2015 年，全市完成生产总值 4130 亿元。淄博市历来重视智库建设，智库发展历史悠久，涌现出了姜尚、管子、晏子、鬼谷子等著名智囊。战国时期，齐国在国都临淄（今淄博市临淄区）创建的稷下学宫，是世界上第一所由官方举办、私家主持的大型智库。其对学者十分优礼，"受上大夫之禄"，允许"不治而议论"，既体现了官方智库的鲜明政治性，也保持了智库的相对独立性，有效发挥了决策咨询作用，有力促成了"百家争鸣"。

改革开放以来，淄博市在大力发展经济、改善民生、推动改革的同时，注重各类智库的协同发展，到目前，已初步构建了系统完善的决策支撑体系，形成了一批具有一定影响力的智库，在经济社会发展的各个阶段，为市委、市政府提供了较好的决策咨询服务。

一、淄博市加强智库建设的基本情况和主要做法

（一）出台实施意见，把智库建设摆上重要位置

淄博市委、市政府高度重视智库建设，把智库作为动员各方智力资

源为发展服务的重要平台、工具，强化政策支持扶持，充分发挥官方智库的牵头作用，引领各类智库发展壮大。2015 年 12 月，立足老工业城市发展实际，围绕为建设工业强市、文化名城、生态淄博提供智力支撑的目标，结合中央和省要求，以市委办公厅、市政府办公厅文件的形式印发了《关于加强中国特色新型智库建设的实施意见》。该《意见》明确了淄博市新型智库建设的指导思想、总体目标、基本原则、标准条件和重点任务，提出了构建新型智库发展格局的具体任务，健全完善了一系列保障体系，为全市新型智库建设提供了基本遵循。

（二）加强各类智库建设，初步形成多层次的智库体系

一是官方智库取得新发展。为进一步加强政府智库建设，提高政府研究室服务决策能力，2014 年 12 月，淄博市委、市政府决定，将市政府研究室由市政府办公厅直属机构调整为市政府工作部门，增加编制至 16 人，设办公室（组织人事科）、经济调研科、社会调研科、城市调研科、《经济社会发展》编辑部等科室，研究室力量进一步加强。2015 年，调查研究工作取得新突破。调研成果接连进入省级决策视野，省政府主要负责同志对淄博市形成的《淄博市加快老工业城市转型升级的调研与思考》等 4 篇调研报告均作出批示；牵头起草制定"工业强市 30 条"，推动优质资源、优质要素向工业聚集，是近年来淄博市在促进工业发展方面政策指向最清晰、含金量最高的文件，成为加快转型升级、建设工业强市的有力抓手，受到社会各界的广泛好评；牵头组织开展工业发展、市场主体、公交集约化改革、园区建设等专题调研，在形成多个数据详实、分析深入、建议有力的调研报告的同时，牵头起草《关于加快市场主体发展的若干政策意见》《关于加快经济园区科学发展的意见》等市委、市政府文件，有力推动了各项工作开展。二是企业、社会智库发展迅速。以卓创资讯、隆众资讯为代表的大宗商品资讯及高端咨询服务发展势头

良好。山东卓创资讯集团有限公司资讯产品领域涵盖能源、化工、有色金属、钢铁建材、农副产品、再生资源等大宗商品行业，主要服务形式包括即时资讯、数据、研究报告、增值服务等。目前，公司具有遍布全球的 50000 个信息采集点，注册会员达 350 万，世界 500 强中的 279 家为其签约客户，网站日平均点击量 430 万次，是国家发改委价格监测中心大宗商品价格监测直报点，是国家统计局大数据战略合作伙伴，已发展成为全国大宗商品资讯及咨询服务龙头企业。山东隆众信息技术有限公司是我国第一家石化资讯网，资讯产品领域涵盖能源、化工及新材料等大宗商品行业，主要服务形式包括行情报道、数据、研究报告等，拥有 65 万家石化供应链客户，占全国石化企业的 90% 以上，是中国新闻网、搜狐财经、新浪财经等 60 余家报社网站的专业信息采集点。三是驻淄高校智库优势显现。淄博境内共有 11 所高等院校。近年来，淄博市充分发挥山东理工大学、淄博职业学院、淄博技师学院、淄博师范高等专科学校和山东轻工业职业学院等高校学科齐全、人才密集和对外交流广泛的优势，实施淄博高校智库建设推进计划，高校智力服务能力得到整体提升。山东理工大学立足淄博文化资源优势，成立齐文化研究院，大力开展学术研究和学科建设，为弘扬齐文化、促进文化产业发展做出积极贡献；成立政府和社会资本合作（PPP）研究咨询中心，运用高校优势为地方政府提供决策咨询和综合服务。淄博职业学院等院校联合成立淄博职业教育集团，整合优势资源服务地方产业转型升级。近期，又成立了淄博发展研究院，致力于打造具有地方特色的高端智库。

（三）突出官方智库作用，努力打造骨干智囊

一是充分发挥市委政研室、市政府研究室重要决策服务的中枢作用。市委政研室、市政府研究室作为最贴近决策的官方智库，本着紧扣决策需要的原则，着力抓好重大战略性课题、重点专题性课题和理论创新等

研究，积极出主意、当参谋，在党委、政府决策中起到了重要的、不可替代的聚智辅政作用。二是发挥市人大研究室、市政协研究室自身特点优势。人大、政协研究室立足自身职能，围绕发挥人大制度政策优势建设、协商民主建设，组织人大代表、政协委员开展了多层面的决策研究，为人大、政协自身建设，党委、政府决策参考发挥了重要作用。三是充分发挥党校、社科联等社科研究机构的作用。加快推动各级党校科学研究和决策咨询协同发展，强化社科联学术交流、社科咨询职能，形成了一批高质量的智库成果。四是市直党政机关、单位所属决策研究机构围绕全市中心工作开展调查研究，对本系统、本领域工作开展起到了重要的智力支撑作用。

（四）健全管理体制机制，建立服务保障体系

一是严格决策咨询制度。为健全完善重大行政决策程序，推进政府决策的科学化、民主化、法制化，2014 年 8 月，淄博市成立市政府重大行政决策专家咨询委员会，将其定位于市政府高层次决策咨询机构，就关系经济社会发展全局以及专业性较强的重大行政决策事项，组织专家进行必要性、可行性和科学性论证。咨询委设主任委员 1 人、副主任委员 2 人，下设城市规划、产业发展、公共安全 3 个专家组，聘请省内外专家委员 30 人，专家库成员 200 名。咨询委办公室设在市政府研究室，增加 5 名编制成立专家咨询工作科，专职从事专家咨询具体组织等工作。目前，已组织天然气价格调整、孝妇河改造升级项目、中医院东院区建设项目等专家咨询论证会 3 次，组织专家委员参加论证会 2 次，均形成咨询论证报告，为市政府提供决策参考。二是建立完善课题制度。由市委政研室、市政府研究室每年年初在各区县、部门、单位提报的基础上，围绕全市中心任务和重点工作，分别研究确定全市重点调研课题和专项调研课题。强化过程管理，进一步完善重点调研调度和反馈制度，促进

调研成果及时、高效完成。三是建立完善大调研格局。发挥好市政府研究室对全市政府系统调研工作的牵头抓总作用，以调研工作为纽带，加强与区县、部门间的上下联动、左右互动，统筹开展了工业发展、城镇化等一批重点调研课题。选择一部分有代表性的基层单位，建立政府系统调研工作联系点，整合资源形成调研网络，广泛收集各类调研信息和资料，推动形成上下结合、内外协调、优势互补、整体联动的紧密型、务实型大调研新格局。四是建立完善智力成果报告制度。形成了以市委《领导参阅》《淄博工作》，市政府《参阅件》《经济社会发展》为主，各部门、单位自建简报、刊物等为辅的官方成果报告平台。同时，积极联系高校、企业及社会智库，畅通智库成果进入决策视野的渠道。五是积极探索市场化机制。探索政府向社会购买调研服务机制，对一些应用性强、市场关联度高的调研课题或有关内容，引入市场化机制，释放社会积极性。2015 年，聘请北京赛迪经略企业管理顾问有限公司对全市工业企业进行深入调研和综合评估，评出全市"工业企业 50 强"和"创新型高成长企业 50 强"名单的同时，对各行业、各企业发展情况进行了分析，提供了基础数据，促进《"工业企业 50 强"和"创新型高成长企业 50 强"认定管理培育办法》等制度的出台。

（五）注重引才引智，充分发挥域外专家、智库作用

一是邀请各领域专家来淄博调研。近年来，通过创新大讲堂、齐文化节、陶博会等各种渠道、形式，多次邀请国内外知名专家、学者、企业负责人来淄博就政策法规、产业发展、前沿科技、创新创业、齐文化传承发展等内容作报告、搞调研，借力更新知识储备，进一步解放思想、开拓思维，提高整体谋发展、促改革、解难题的"智力"水平。同时，在深入沟通交流中，带动提高本地智库发展水平。二是聘请国内外著名咨询机构对全市产业发展进行规划。立足传统产业升级，聘请国际顶尖

咨询公司罗兰贝格为化工、医药两个行业制定高层次的改造提升规划，率先打开传统产业转型升级的突破口。立足齐文化传承发展，聘请北京大学制定文化旅游发展规划，推动文化旅游融合发展。三是发挥省社科院调研基地作用。以调研基地为载体，依托省社科联资源优势，突出应用对策性研究，立足淄博、面向全省就老工业城市转型升级、组群式城市发展等组织策划了系列调研活动，为各级党委、政府决策提供有重要参考价值的研究成果。

二、淄博市新型智库建设存在的主要问题和制约因素

我市智库建设虽然取得了一定的成绩，但面临深刻变化的发展形势，面对越来越复杂的决策环境和决策任务，智库发展滞后于决策需求的问题越来越突出。

（一）政府自身认知规律、调查研究的能力不足

政府在认识规律、把握规律上，受制于知识和经验积累，有时片面于向过去找对照，对新现象、新规律的认知存在滞后，一定程度上影响运用规律掌控全局、解决矛盾、破解难题的决策水平。在调查研究上，对调研工作重视不到位，方法更新不及时，获得的"二手"参考信息居多，实际情况摸不透摸不全，使得联系实际进行科学决策的能力不足，容易造成决策不当。

（二）各类智库发展不平衡、不协调

就淄博来看，各类智库发展水平整体不高且参差不齐，没有形成具有明显优势的专业智库。官方智库贴近决策层，资源调动能力强，开展调查研究的动力足，发展相对较好。高校智库虽有较强的学术研究能力，但智库成果普遍站位较为宏观，在决策咨询中提出的可操作性的措施建议较少，发展还有不小空间。企业智库、社会智库尚处于成长期，除少

数资讯型和科技型企业智库发展较好外，其他智库发展乏力，总体发展情况较为一般。

（三）保障体系不完善，沟通机制不顺畅

领导机制不健全，没有专门机构或机制管理智库建设工作，造成智库管理过于分散。对智库建设缺少统一的发展规划，各类智库定位和方向不明确，不利于发挥不同类型智库在决策咨询中的作用。政策支持和资金保障不到位，政策内容不够细化，对智库建设各个环节的政策没有实现具体的突破，社会智库的资金保障机制还未破题。尚未建立智库成果评估制度，成果评估停留在舆论反响或领导口碑的层面。人才培养机制不健全，智库人才交流渠道不畅、频率过低，容易形成智库间的人才隔离。

（四）工作创新不足，作用发挥不到位

选题制度不健全，没能形成制度性设计，决策咨询选题的公众参与度不高。决策信息支持方式较为滞后，没能利用新信息技术，整合各方数据资源，建立统一的决策支持系统。对智库作用认识不够充分，在实际工作中，将精力主要放在了为决策层提供咨询服务上，智库舆论引导作用发挥得还不够。

（五）智力资源分散，智库联动能力不高

全市各智库间缺乏统筹，尤其是官方智库与社会智库间，尚未建立有效的联动互动机制，各类智库自行其是、各为其主，导致重复调查研究的现象突出，不利于形成高质量的智库成果，也造成智力资源一定程度的浪费和低效，影响各类智库优势发挥，难以形成智库工作合力。

三、以建设智慧政府为目标，加强新型智库建设，不断提高政府能力

新型智库建设的根本目的就是服务决策。服务决策的过程，也是为

政府提供智力支撑，提高政府决策智慧的过程。基于此，我们提出加强新型智库建设，提高政府能力，建设智慧政府的目标定位。

狭义的智慧政府是指，政府充分利用物联网、云计算、大数据分析、移动互联网等新一代信息技术，以创新为特征，以政府架构为平台，实现政府、市场、社会多方协同的公共价值塑造，实现政府管理与公共服务的精细化、智能化、社会化。它侧重于现代信息技术在决策和服务中的应用。我们提出的智慧政府，是广义的智慧政府，是指政府通过向内自我提升和向外引智借脑，完善决策咨询体制机制，强化新型智库建设，不断提高自身科学决策水平，以破解改革难题，应对转型挑战，把握发展机遇。它是包含狭义的智慧政府的宏观概念。按照建设智慧政府的目标，着力从以下几个方面加强新型智库建设：

（一）认真把握发展规律，提高政府指导经济社会发展的能力

一是建立完善政府决策层学习制度。牢固树立看齐意识，积极向党中央看齐，向党的理论和路线方针政策看齐，向党中央决策部署看齐，借鉴中央政治局学习制度，突出"小班精课"，由党委、政府决策层组织，每月确定一个主题，邀请有关方面专家学者为领导授课，并通过先授课后发言交流的形式，把某一方面的理论或知识研究透彻、明白，不断提升领导个人素质，提高理解规律、把握规律、运用规律的能力，不断提高政府决策层指导发展的科学性和管用性。当前，可着眼新一轮产业变革和科技革命，邀请有关专家就新产业革命动向、互联网＋、城市发展与管理、金融业创新发展等方面前沿知识和发展趋势进行深入讲解。二是完善政府部门调研制度。强化对调查研究重要性的认识，进一步完善领导干部亲自调研制度，形成不调研不决策的工作机制，确保每一个决策都有深入的调研为其"背书"说明。改进调研形式，强化扁平化调研，在通过座谈、汇报等形式调研时，适当增加基层或直接从业人员的

参会比例，以便更加直接、充分地获得一手信息。创新调研方法，对一些牵涉利益群体多，影响面广的决策事项或调研题目，鼓励多运用暗访、不打招呼等形式开展一线调研，拓宽直接信息的获得途径，以便综合各方面意见，形成科学管用、完善可行的决策思路或措施。

（二）加强新型智库体系建设，促进各类智库高效发展

一是促进市县两级党校智库创新发展。树立党校智慧之库、人才摇篮的意识，坚持基础研究与应用研究并重，在做好决策咨询的基础上，着重抓好人才培育，尤其要创新抓好官方智库人才的培育或深造，将党校系统打造成为集智库和智库人才"充电站"功能与一体的新型智库。二是推动高校智库发展完善。高校因其特有的学术性、专业性特点，更加适宜进行系统性、战略性或基础性调研。对淄博而言，相对丰富的高校资源是发展的优势，要深化高校智库管理制度改革，树立数据驱动的高校智库发展理念，依托山东理工大学建设一批社会科学专题数据库和实验室、软科学研究基地，就全市经济社会文化发展的宏观课题开展前瞻性调研；依托各职业学院建设一批产业数据库和实验室，就全市各大产业或行业如化工、纺织、陶瓷、机械行业等涉及的微观课题开展系统性调研，不断提高高校智库服务能力。三是建设高水平科技创新智库和企业智库。要发挥市属科研机构及大中型企业研发中心、驻市和市属各科研院所在推动科技创新方面的优势，把其建成引领创新、具有一定知名度的科技智库，为全市科技战略、规范、布局、政策等提供咨询服务。要制定和运用好政策的引导作用，鼓励各类智库间开展协同创新，开展产学研合作，齐力研究共性关键技术，促进科技创新与经济社会发展深度融合。四是规范引导社会智库健康发展。优化社会智库发展环境，正视社会智库在服务发展、引导舆论方面的积极作用，落实政府信息公开制度，研究制定鼓励社会智库发展的措施，完善社会智库承接课题、组

织课题、参与决策的体制机制设计，让社会智库真正反映社会呼声、传达社会意见，既"下接地气"又"上接天线"，成为政府与公众间的重要沟通渠道。五是增强党政机关官方智库决策服务能力。官方智库因其接近决策的"地理"优势而尤为重要。要充分发挥官方智库决策中枢和骨干作用，以提高对政府和社会的影响力为目标，打造政治性与专业性、导向性与独立性相统一的新型智库。在服务政府方面，立足战略、操作两个层级，既要对重大战略性课题、重点专题性课题进行预测性研究，提出对路管用的意见建议，又要着重对矛盾突出、改革难度大的领域课题进行细致入微的研究，提出具体、可操作的措施办法，进一步增强决策咨询服务的前瞻性和精准度。在引导社会方面，要强化官方智库与社会的互动交流，提高官方智库运用研究成果引领舆论的能力，通过用严谨的数据、科学的分析和易懂的理论向公众进行宣传、介绍和倡议，从而达到引导公众认识甚至思想的效果，不断增强智库的公信力、影响力，向社会传播正能量。在自身建设方面，要探索打破传统行政部门资源调动方式，以课题为核心单位，建立完善人、财、物"围着课题转、跟着课题走"的扁平化工作模式；要立足大局大势，先学一拍、深学一层、早行一步，开展适度超前的研究，时刻保持智库的先进性、前瞻性和时效性。

（三）建立健全智库管理体制机制

一是建立健全领导体制。新型智库发展离不开各级党委、政府的重视与推进。建立健全党委统一领导、有关部门分工负责的联席会议制度，作为智库管理的机构，研究重点工作，指导推动全市新型智库建设。同时，按照归口管理的原则，落实智库管理责任，在确保智库所从事的各项活动符合党的路线方针政策和国家法律法规的基础上，为智库发展壮大提供力所能及的服务。二是加强智库建设规划。结合淄博老工业城市发展实际，着眼淄博未来发展的思路、方向、路径及重点问题和上级有关智库发展的政策，依照各类智库的不同属性，制定淄博新型智库建设整体规划，统筹推进各类智库建设。建议以深圳综合开发研究院为标杆，以建设高层次新型政府智库为目标，整合全市官方与社会智库资源，建立政府主导、校企支持、社会参与的半民办式的综合发展研究院，专注老工业城市转型升级、齐文化传承、城镇化建设等关乎淄博发展大计的研究课题，深入、系统地全面开展调查研究，真正起到出大主意、当大参谋的作用。三是强化政策支持和资金保障。在政策支持上，要立足"放开搞活、精细管控"的管理和服务原则，就智库组织注册、成果运用和奖励、知识产权保护、资金筹集、智库孵化器、人才引进等在全省率先出台促进新型智库发展的具体政策措施，打造鲁中智力高地和汇智平台。在资金保障上，探索建立多元化、多渠道、多层次的投入体系，健全竞争性经费和稳定支持经费相协调的投入机制。同时，落实公益捐赠制度，鼓励和规范企业、社会组织、个人捐赠资助智库建设。四是建立健全成果评估制度。智库作用发挥表现在对决策的影响力上。以决策实效作为评价智库成果的重要指标，成立智库成果评审委员会，由所在领域专家、政策执行部门、政策受众等各方组成，对决策实效进行客观评价，以此来对智库成果进行评估，并与课题经费、人员晋升或考核等挂钩，促进形成高水平智库和高质量智库成果。五是完善人才培养机制。建立智库人员流动制度，推动和加强官方智库人员的流动性，不断把有思想活力、有实践经验、有政策研究能力的专业人士，根据需要吸纳到智库队伍中来。重视引进跨学科或复合型人才，改变专家一元导向为多元结构导向。建立"旋转门"挂职制度，探索各类智库间人员相互挂职、任职，增进智库间人才交流。

（四）创新工作方式方法

一是完善选题制度。建议以规章制度的形式将政府调研工作列入重点工作，运用听证会、座谈会、网络征集等多种形式，结合人大代表、政协委员的建议、提案及群众反映的热点、难点问题，科学筛选一批课题，并将不涉密内容予以公布，提高决策透明度和公众参与度。二是提高新型信息化工具运用水平。整合分散在各部门、单位或各企业、社会组织的气候、地理等自然信息和人口、产业等人文信息资源，探索建立统一的决策信息支持系统平台，作为重要的官方智库。在具体决策时，通过该系统进行形象、具体、实时地信息反馈或效果推演，进一步便利决策过程、提高决策能力。三是健全舆论引导机制。发挥智库在澄清模糊认识、破除谣言信息、引导社会热点的积极作用，鼓励运用微博、微信、网站等互联网传媒工具，及时发布科学、权威信息或研究成果，传播主流思想价值和科学观点。坚持研究无禁区、宣传有纪律，加强对智库媒介的管理和规范。

（五）形成智库工作合力

建议以市委政研室、市政府研究室为依托，联合全市其他智库，共同打造全市新型智库联盟，作为增进沟通交流、联合开展研究、加强对外合作的重要智库平台。具体工作中，一是明确智库联盟的领导机构。建立智库联盟理事会或委员会，作为智库联盟的常设单位，保证智库联盟工作连续性、持续性，组织落实各项工作任务。二是开展专题调研。聚集各方智慧力量，形成强大智力是智库联盟的应有之义。要按照政府委托或自行开展的形式，统一各成员单位意见，提出专题调研题目，并围绕课题分别筛选安排骨干力量开展工作，各成员单位则不再开展相应课题的研究，最大程度释放各方智力合力。三是积极对外交流。对内，依托内部刊物、新媒体、会议等形式，定期开展全市智库交流活动，促进各智库间互补提高、融合发展。对外，作为地域智库开展国内外交流和合作的平台，结合稷下论坛，积极举办各类智库论坛，参与国内国际智库对话，促进地域智库水平提升。同时，广泛借智借力，立足发展大局，突出全球视野，积极面向全球、全国著名专家或机构，结合全市实际，对关乎全市未来发展的重大问题，开展前瞻性、系统性的专题研究谋划。

四、对加强全省政府系统新型智库建设的几点建议

（一）加强对各市政府智库建设工作的指导协调

政府研究室由于主要职能是为同级党委政府决策服务，上下沟通、横向交流严重不足，也较少得到上级对口部门在政策、工作等方面的指导支持，影响了单位整体优势和效能的发挥和提升。因此，我们建议，省政府研究室加强对各市县政府研究室工作的指导。一是建立上下沟通的经常性机制。如通过工作例会、调研成果交流等形式，拓宽沟通渠道。二是开展全省政府研究室系统考评考核。由省政府研究室制订考核办法，每年一考，并将考评结果公布。三是组织联合调研。对产业转型升级、新型城镇化建设、创业创新等共性课题，由省政府研究室调动全省政府智库资源，开展省市县联合调研。一方面，可保证调研质量水平；另一方面，在调研过程中培养锻炼市县调研队伍。

（二）提高智库建设法制化水平

当前，淄博市已出台《淄博市重大行政决策程序规定》，将专家咨询论证纳入决策程序。但尚未将智库决策咨询纳入决策程序。对此，我们建议省政府研究室从省级层面，推动政府研究室决策咨询纳入重大行政决策程序，从而为政府智库发展建设提供制度保障，促进智库成果转化，并以此带动市县相应制度建立，不断提升智库在政府决策中的地位。

（三）牵头制定工作规范

建议由省政府研究室牵头，制定全省政府系统调研有关工作规范，就调研工作程序、物质保障、人员管理等方面进行明确。一是完善经费保障。建议借鉴上海市科研计划专项经费管理办法，出台政府研究室系统经费管理办法，下放经费预算调整权限至课题承担单位，探索劳务费等支出办法，明确结余资金后期使用方式，放宽费用使用界限，提高调研工作经费保障能力。二是完善车辆保障。建议省政府研究室从全省层面，对市县级政府调研用车提出具体意见，保障调研工作开展。

（四）加强工作交流

一是加强横向交流。利用网站、微信、QQ等信息化手段，搭建论坛式横向交流平台，注重文献资料、统计数据、调研成果及工作方式方法等沟通交流，促进互通有无、共同提高。二是加强纵向交流。建议建立省市政府研究室系统间、研究室系统与高校系统之间人员挂职、交流任职制度，提升调研队伍基础理论水平、学术研究能力和调研成果质量，促进全面发展。

（五）强化培训

完善政府研究室系统培训机制，经常性组织出国培训交流活动，鼓励市县级组织交流学习活动，开阔眼界、学习经验，促进服务能力提高。建议省政府研究室牵头，与各党校、行政学院、高校等智库机构联合，以举办专题培训班、论坛等形式开展培训交流，提升调研队伍专业素质。

加强新型智库建设的实践与思考

枣庄市人民政府研究室

新型智库建设作为政策决策过程中的一种组织形式和制度安排，是党和政府实现科学民主依法决策的重要支撑，是推进国家治理体系和治理能力现代化的重要内容，是提升国家软实力的重要组成部分。枣庄市政府研究室作为枣庄市地方智库体系的重要组成部分，就如何推进中国特色新型智库建设进行了一系列探索和思考。

一、加强新型智库建设的重要意义

枣庄因煤而建、因煤而兴，是著名的"鲁南煤城"。近年来，面对煤炭资源逐步枯竭的严峻形势，全市上下在省委、省政府的正确领导下，深入贯彻落实习近平总书记系列重要讲话精神，坚定不移实施城市转型战略。2009 年 3 月，枣庄被国务院批准为东部地区唯一的资源枯竭城市转型试点市，枣庄的发展纳入了国家战略。同时，抓住山东省西部经济隆起带规划的重要机遇，倾力打造转型升级和经济文化融合发展"两大高地"。2015 年，全市生产总值（GDP）迈上 2000 亿元台阶，达到 2030 亿元，"十二五"年均增长 9.5%；地方财政收入达到 149 亿元，年均增长 14.2%，比 2010 年翻了一番。社会消费品零售总额达到 790 亿元，是 2010 年的 1.9 倍。金融机构存款余额、贷款余额、中长期贷款余额分别比"十一五"末增加 542 亿元、352 亿元、188 亿元。城镇、农村居民人均可支配收入分别达到 25758 元和 12058 元，年均增长 10.9% 和 13.3%。五年间，固定资产投资累计完成 6164 亿元，是"十一五"的 2.3 倍。转型发展扎实推进，产业结构不断优化，非煤产业增加值占规上工业增加值比重超过 80%。全市呈现出经济运行健康协调、城乡统筹加快发展、社会事业全面进步、民生保障持续改善的良好局面。

枣庄未来发展既面临重大机遇，也面临诸多风险挑战。我市作为全国资源枯竭城市转型试点市和山东省西部经济隆起带的重要一极，既享受国家和省里的普惠政策，又有定向扶持，有政策叠加优势；产业体系较为完备，人才、装备、技术、品牌、市场等具有比较优势；交通区位优势明显，在连接南北、贯通东西、承接产业转移方面得天独厚；拥有丰富的文化、生态、旅游资源。

同时，我市经济社会发展也存在一些深层次矛盾和问题。经济下行压力依然很大，部分行业和企业经营困难；经济总量仍然偏小，带动作用强的大企业、大项目较少；传统产业产能过剩，新兴产业支撑不强，服务业发展不快，结构调整任重道远；创新能力弱，开放程度低，转型升级、加快发展缺乏内生动力；城乡基础设施还有不少欠账，群众生产生活条件有待进一步改善；资源环境约束趋紧，节能减排压力较大，抓发展保重点与抓生态保环境的矛盾日益突出；脱贫攻坚任务繁重，教育、卫生等公共服务资源配置不均衡，生产安全、食药安全仍需加强。

面对复杂多变的经济社会形势，地方政府的决策空间相对增大，同时决策风险也随之增多，实现决策的科学化、民主化、法制化是摆在地方政府面前的一个重要课题。必须要加强新型智库建设，提高智库在枣庄发展中的政策影响力、学术影响力和社会影响力。

从枣庄目前发展现状上看，如何突破短板，破解发展难题，厚植发展优势，实现工业强基、园区突破、人才创新、绿色崛起，这些都关系到枣庄今后几年甚至几十年的发展方略。针对这些问题向高层次的专家及经验丰富的实践者求谋问计，集中各方面的智慧为政府决策服务，是提高决策水平的客观选择，也是加快经济社会发展，提高施政水平的明智之举。要适应经济发展新常态，加快打造自然生态、宜居宜业新枣庄，迫切需要健全枣庄决策支撑体系，大力加强智库建设，以科学咨询支撑科学决策，以科学决策引领枣庄科学发展。

二、智库建设的主要做法

近年来，枣庄市政府研究室坚持"五个紧紧"（紧紧围绕市委、市政府的中心工作，紧紧抓住开拓创新，紧紧抓好队伍建设，紧紧依靠网络支撑，紧紧依靠制度保障）的工作思路，按照"勤奋廉洁高效、团结求实创新"的要求，不断加强自身建设，以"服务中心、服务决策，建设队伍，创先争优"为主线，以"争一流班子、建一流队伍、创一流业绩"为目标，创新机制、求真务实，新型智库建设取得了新的成绩。

（一）智库服务决策能力有了新提升

以文辅政，是研究室发挥参谋助手作用的重要方式，也是衡量研究室工作水平的一个重要标准。打破科室限制，组织精干力量，齐心协力，全力以赴，承担了《枣庄市国民经济和社会发展十三五规划建议报告》的起草工作，得到市委、市政府主要领导肯定和部门的一致认可。参与起草《政府工作报告》，调度分析季度经济运行情况，并起草分析报告，为市政府重大经济决策提供参考。

2015年，牵头起草市委、市政府正式文件6个，服务政府决策的能力上了新台阶。一是按照市政府主要领导安排，牵头起草了《枣庄市人民政府关于深化产业招商工作的意见》（枣政发〔2015〕2 号）、《枣庄市人民政府关于印发枣庄市深入推进产业招商实施办法的通知》（枣政办发〔2015〕7 号）两个文件，对推动和指导全市招商引资工作发挥重大作用。二是会同枣庄高新区管委会，在调研的基础上起草了《中共枣庄市委枣庄市人民政府关于支持枣庄高新技术产业开发区跨越发展的意见》（枣发〔2015〕13 号）。三是为全面落实《中共山东省委、山东省人民政府关于深入实施创新驱动发展战略的意见》（鲁发〔2015〕13 号）文件精神，会同市发改委、市科技局联合起草了《中共枣庄市委、枣庄市人民政府关于深入贯彻落实省委省政府创新驱动发展战略的实施意见》（枣发〔2015〕23 号）。四是与市经信委、中小企业局联合起草了《关于进一步加快全市民营经济发展的实施意见》（枣发〔2015〕4 号）。五是代市政府起草了《枣庄市人民政府工作规则》。

（二）智库联动发展格局初步形成

1. 做好与省政府研究室对接。利用好省政府研究室《决策参阅》《山东经济战略研究》等刊物平台，及时上报我市经济运行情况、典型经验，宣传我市经济社会发展成效。按照省政府研究室调研通知要求，积极组织调研。如组织外贸企业发展现状调研，形成《关于枣庄市对外开放工作情况的调研报告》2 篇，分别报省政府办公厅、省政府外办。《枣庄市以务实措施加强对外开放工作》材料在省政府《决策参阅》第 23 期刊发，夏耕副省长、枣庄市委书记李同道分别作出重要批示。总结我市大力推进创森创园、加快绿色生态发展的经验做法，形成《资源型城市的绿色生态发展之路——枣庄市创建国家森林城市、国家园林城市的实践与启示》《扎实创森创园 引领绿色发展》两篇材料，在省政府《决策参阅》刊发，其中《扎实创森创园 引领绿色发展》得到郭树清省长、赵润田省长批示。

2. 抓好全市政府系统调研课题任务组织实施。我们努力做好领导点题与自主选题相结合的文章，坚持开门听取意见，广泛征求领导、部门、区（市）的调研题目，并对接省政府研究室的要求，于年初制定市政府领导重大调研课题、区（市）专项调研课题和市直部门专项课题计划，印发《年度全市政府系统调研课题》的通知，下发各级组织实施，最终收集各类调研成果，从中整理精优质成果上报市领导。2015 年共印发并完成调研计划 43 项，全面完成了课题调研任务，取得一批调研成果。如：《关于枣庄市融入"一带一路"战略的几点建议》《关于加快全市经济开发区转型升级创新发展的调研考察报告》《枣庄市观光农业和旅游业发展情况汇报》《新常态下枣庄市推进产业招商的实践》《关于枣庄市现代保险服务业发展情况的调研报告》《从供给侧看枣庄市专业市场建设》等调研报告，较好发挥了参谋资政作用。

3. 抓好与部门协作调研。围绕重点领域调研课题，加强与部门的配合协作。努力开展好对口研究，进一步提高服务调研的精准性，避免出现"智库研究的，实践不需要；实践需要的，智库不知道"的情况。一是完成了省政府系统年度调研课题计划安排的《枣庄市农村义务教育营养改善计划实施探索》《关于枣庄市农村产权交易服务体系建设情况的调研报告》两个课题，其中《枣庄市农村产权交易服务体系建设情况调研》被全国核心期刊《中国财经信息资料》刊发。二是与市交通局合作，开展了农村公路建设投入机制问题调研，落实李同道书记批示精神，与市政务服务中心、市规划、国土、住建等部门配合，撰写了《关于浙商座谈会反映问题改进措施的调研报告》；与市住建局配合，完成了《全域城镇化调研报告》。

4. 抓好与区（市）协作。充分发挥区（市）研究室的作用，与区（市）、镇街研究室紧密合作，及时总结、提炼各级在促进转型发展、民生保障、社会事业发展、生态文明建设等方面的好经验、好做法。先后撰写了《滕州市电子商务发展势头强劲》《台儿庄加深产业融合　推动区域经济跨越发展》《生态旅游看山亭——山亭区大力发展生态旅游的调查》《国家森林城市创建的经验与启示》等6篇典型经验，积极宣传枣庄、推介枣庄。

5. 建立调研联系点。认真落实市政府《关于进一步加强调查研究工作的意见》，为了形成大调研格局，大力推进调研平台建设，构建了省、市、区（市）、镇街四级调研网络，确定了一批市、区（市）、乡镇、企业等10个调研联系点。

（三）智库协作联盟实现新突破

1. 与山东社会科学院建立战略合作关系。2015年7月，枣庄市人民政府与山东社会科学院签订战略合作框架协议。山东社科院在枣庄建立调研基地，建立山东社会科学院鲁南发展研究院（暂定名），负责承办课题研究的有关事宜，鲁南发展研究院设在枣庄市政府研究室。双方以调研、会议等多种形式，共同开展有关学术交流活动。由社科院每年组织开展1—2个有关枣庄发展改革的专项研究项目，并形成研究报告。所需经济社会发展的相关情况和数据由枣庄提供，研究成果供双方共同应用，必要时报省委、省政府和省直有关部门。确定了枣庄市产业体制转型与跨越发展、经济与文化融合发展、社会管理创新、新型城镇化建设、深化农村改革发展、金融业发展等六个重点研究领域。2015年双方协商确定共同开展沿运经济带发展研究、枣庄经济文化融合发展研究。2016年确定双方共同开展《绿色生态枣庄建设研究》，目前调研正在进行中。

2. 加入鲁南苏北区域智库联盟。2015年12月，我市与鲁南地区的临沂、潍坊、济宁、日照、菏泽六市和苏北地区的徐州、连云港、淮安、宿迁四市，共十市政府研究室（调研室）共同发起成立鲁南苏北区域智库联盟，致力于建设多层次、宽领域区域智库建设合作新平台，全方位、更好地服务于地方经济社会发展。积极与各成员单位在广泛开展区域经济发展课题研究、学术交流、专题咨询、监测评价、政策解读和舆论引导等方面开展合作，力争取得重要研究咨询成果，实现研究成果资源共享，努力将区域联盟发展成具有显著影响力的管理决策咨询基地。与各成员单位间建立了定期沟通机制，互通合作进展情况，议定合作重大举措，商定并落实合作项目，促进区域经济社会事业协同发展。

3. 着眼学习借鉴外地经验，加强区域间交流。先后赴临沂、日照、菏泽、济宁四市考察学习招商引资、项目建设、产业培育的经验做法，在形成《关于赴临沂、日照、菏泽、济宁四市考察学习情况的报告》，并在此基础上形成了枣庄市招商引资相关文件。先后赴临沂市、日照市、青岛市、苏州市、吴中市、南京市，实地学习考察了高新技术产业开发区、经济技术开发区招商引资、培育产业、体制机制、扶持政策等方面的经验做法，形成《学习先进找差距　改革创新求突破——关于赴临沂、苏州等六市高新区、经济开发区学习考察报告》，并在此基础上形成了关于促进高新区发展的相关文件。

（四）智库成果应用卓有成效

枣庄市政府研究室围绕市委市政府中心工作提供的政策建议，可以通过《决策参阅》和《呈阅信息》两个平台报送，及时为党委政府和相关部门决策提供智力支持，服务地方经济社会发展，得到了领导的高度肯定。2015 年共印发《决策调研》12 期，《呈阅信息》11 期，获得省领导批示 1 次，市领导批示 9 次。其中，《关于构建综合治税新格局提高税收收入组织能力的建议》，市政府主要领导作出批示，并拟定了《枣庄市税收征收协助办法》准备以文件形式出台。《关于积极推进 PPP 模式促进我市城市基础设施建设的几点建议》《关于我市住宅物业管理服务中存在的突出问题及建议》《关于我市农村产权服务体系建设的调研报告》等均被市政府主要领导批示。2016年，1—3月份共编发《决策调研》《呈阅信息》10篇，得到市领导的批示率达到100%。

（五）智库人才队伍建设有了新提高

一是不断优化队伍结构。目前，我们科室调研干部平均年龄30岁，研究生学历超过了半数。二是注重业务培训。先后参加了新常态新作为——习近平总书记系列重要讲话精神研讨班（共三期）、枣庄市领导干部媒介素养与新闻发布高级研修班、省政府研究室"全省政府系统决策咨询研究"专题研讨培训班、2015年第一期处级公务员任职培训班、市直机关科级公务员任职培训班、干部选拔任用工作业务培训班、枣庄市城乡一体化建设培训班，通过学习充电，开阔了眼界，提升了工作能力，增强了干好工作的自信心。三是注重激发人才活力。坚持以领导认可度、批示率为核心，通过科学合理地考核计分办法，激发全室人员搞好调查研究的积极性、主动性和创造性。积极开展"赢在中层"主题活动，通过"传帮带"，增强调研干部"单兵作战""独当一面"的能力，树立了事争一流、作风过硬、堪当重任的良好形象，实现了调研成果、人才成长双丰收。

三、智库建设的问题与不足

在建设中国特色新型智库的过程中，地方智库作为中国智库体系的重要力量，迫切需要全面提升决策服务能力。与中央智库不同，地方智库主要围绕本地区经济社会发展的实际情况开展应用决策研究，为地方政府决策服务。然而从目前实际情况来看，地方智库的决策服务能力距离中国特色新型智库的要求还存在较大差距。

在 2014 年国务院发展研究中心关于"全面深化改革过程中应加强地方政府智库作用"的调查报告中提到，在其开展调研的地方智库中，77% 的智库认为其开展战略性、综合性重大战略问题研究实力不够，80% 的智库认为高水平的数据支撑、科学的分析工具掌握不足，90% 的智库认为地方智库缺乏有效整合全社会资源开展高水平研究的能力和手段。同时，在零点研究咨询集团最近发布的《2014 中国智库影响力报告》中，全国排名前 20 的智库名单中，地方智库仅有上海社科院一家入选。各种类型的地方智库在开展决策研究方面均存在一定程度的局限性。党政部门（政策研究室和发展研究中心）拥有决策信息优势，擅长制定政府短期战略和政策，但受制于人才规模，其开展战略性、前瞻性和综合性的决策课题的研究能力相对不足；社科院拥有开展战略性、前瞻性和综合性的决策课题的研究能力，但缺乏决策优势和与政府部门对接的便利渠道；社科联拥有智库组织和协调的优势，但缺乏相应的研究能力；党校行政学院偏重于官员培养教育，同样存在研究能力不足的问题；高校智库具备较强的研究能力，但偏重于理论分析，往往不能针对实际问题提出相应对策，存在"不接地气"的问题；企业民建智库独立性强，但缺乏政治意识，也缺乏官方智库在实地调研方面的优势。

枣庄市政府研究室作为地方党委政府的思想库、智囊团，决策咨询服务力有待提高。一是当大参谋的能力还不强。我们的应用研究的深度、高度和方法都有待提升和改进，围绕领导决策进行超前性的调研还不够，政策建议转化为经济社会发展战略、转化为政策的还不够多。二是人才瓶颈。目前在岗人员共有 16 人，承担的文字材料工作繁重，调研任务多，相比之下人员明显不足。与建设中国特色新型智库的要求相比，服务新型智库建设的高精尖人才欠缺，急需建立专家库，凝聚各方力量，为全市宏观决策提供客观、独立和科学的咨询建议。三是经费不足。作为市财政全额拨款参公单位，经费的主要部分用于单位的日常运转，在智库建设所急需的引进外脑、外出调研等方面缺乏有效的资金投入，导致新型智库建设启动难，重大攻关课题落实难。

四、加强新型智库建设的主要打算

中国特色新型智库是党和政府科学民主依法决策的重要支撑，是城市软实力的重要组成部分。加快改革创新，努力成为新型智库，为枣庄市政府研究室提出了新的要求。要更加注重主动研究，及时捕捉经济发展中的热点、重点、难点问题，积极开展研究；更加注重前瞻性研究，紧扣经济社会发展重大战略问题开展超前研究，加强趋势分析，提出政策建议；更加注重政策研究，特别是可操作的政策研究；更加注重协同研究，加强与党委、政府及社会研究机构的合作交流；更加注重独立研究，敢说逆耳之言、敢提不同意见，敢触及部门利益。

为深入贯彻落实中央《关于加强新型智库建设的意见》和山东省《关于加强中国特色新型智库建设的实施意见》要求，进一步加强枣庄新型智库建设，开展重大经济社会发展问题研究，服务政府决策，我市决定成立枣庄市政府决策咨询智库。目前相关文件正在起草过程中，将通过五个方面的具体措施加快推进市政府决策咨询新型智库建设。

一是明确指导思想。新型智库的主要职能是为地方政府中心工作和经济社会发展大局提供智力支持，应以服务政府科学决策、民主决策、依法决策为宗旨，以现实问题、战略问题和公共政策为主要研究对象，确立发展目标。要以服务政府决策为宗旨，以政策研究咨询为重点，以改革创新为动力，组织智库成员深入调查研究，积极建言献策，追踪实施方案，反馈运行结果，搭建高效、实用的决策咨询平台。通过建立新型智库，整合人才资源，凝聚各方力量，为全市宏观决策提供客观、独立和科学的咨询建议，为"转型升级和经济文化融合发展高地"建设提供智力支撑。

二是完善智库管理。成立枣庄市政府决策咨询智库管理办公室，设在市政府研究室，专门负责智库管理与日常运转，围绕市政府中心工作提出年度智库咨询工作计划和课题计划；及时向智库成员传达市政府提出的咨询任务和要求；组织智库成员参加必要的考察、咨询及调查研究活动；组织智库成员举办专题讲座。建立枣庄市政府决策咨询智库联席会议制度，主要负责督促智库履行职责、发挥作用，协调各相关部门参与智库咨询等活动。

三是建设专家库。加强与国家部委、省市相关部门的对接，积极从政府部门、高校院所研究机构、独立研究机构、行业领军企业等不同层面，选取知名专家、企业家进入智库。市政府决策咨询智库管理办公室负责统一审核确定后，对符合条件的申请人以及被邀请人收录入库。双方签订合作协议，明确责任和义务，由颁发聘任证书。制定《枣庄市政府决策咨询智库专家遴选工作方案》。

四是建立运行机制。智库专家受市政府委托，就我市重大经济社会发展政策和重大项目建设等事项提出对策、意见和建议；根据智库管理办公室安排，应邀开展调查研究、专题研讨、专题讲座、决策咨询等活动，为政府决策提供科学依据；参与某一行业、领域的长期或阶段性工作，具体指导某一重点工作的组织实施；发挥联系广泛的优势，协助我市推进外经贸、科技等方面交流合作，帮助我市引进资金、技术、项目和人才。

智库专家可优先获得依法可以公开的相关信息、资料、数据；对智库专家应邀开展调查研究、专题研讨、专题讲座、决策咨询等活动，情况提供相应经费；对突出的智力成果，依照国家法律、法规予以认证和知识产权保护，给予适当奖励。

智库调研项目的确定，年初对涉及全市经济社会发展的重大课题进行梳理，制定年度调研计划，确定课题责任人和责任单位；根据市政府领导安排，就领导关心的热点、难点问题随时开展调查研究；受部门委托，就专项决策事项形成咨询建议。

不定期召开专题研讨会，就某一智库项目进行专题研讨；一年召开一次智库工作大会；根据市政府主要领导安排和工作需要随时开展咨询论证活动；年终对智库专家为我市提供的决策咨询成果和成效进行考核评估和表彰，其结果作为下一聘期入选智库的依据。

以市政府研究室《决策调研》为平台，建立智库成果专报制度，及时将智库研究成果报市委、市政府领导。在枣庄市政务网开辟枣庄智库专题，打造展示枣庄智库专家风采和最新智库研究成果的重要平台。

五是完善保障措施。市政府为智库管理办公室及智库专家开展决策咨询、调研、论证工作提供必要的数据资料、场地、设备等条件。由市政府研究室会同市财政局研究制定支持智库建设的财政资助政策，提供经费保障，规范资金使用，接受审计监督。

加快新型智库建设
提高科学决策化水平

东营市人民政府研究室

党的十八届三中全会通过的《中共中央关于全面深化改革若干重大问题的决定》提出"加强中国特色新型智库建设，建立健全决策咨询制度"。针对这一重大政策，中央制定出台了《关于加强中国特色新型智库建设的意见》，并作出了一系列部署。当前，东营正在以实施黄蓝两大国家战略为契机，全面深化改革，加快开放发展，全市经济社会等各项事业保持平稳健康发展态势。但与此同时，受国内外复杂经济环境和自身问题的影响，发展中面临着许多矛盾和困难，需要决策者放眼全局、审时度势，善于集中各方面智慧、凝聚最广泛力量。一个政府性、专业化、高水准的新型智库建设，对东营市而言，显得尤为重要。在认真学习党的十八届三中、四中、五中全会精神，认真学习习近平总书记系列重要讲话精神的基础上，借鉴国内外经验，结合具体市情，我们对东营市新型智库建设进行了初步思考。

一、新型智库建设是提升党委政府决策科学化民主化的必由之路

智库又称为智囊团、智囊机构等，是指由专家组成的多学科的，为

决策者在处理社会、经济、科技、军事、外交等各方面问题出谋划策，提供最佳理论、策略、方法、思想等的公共研究机构。从组织形式和机构属性上看，智库既可以是具有政府背景的公共研究机构（官方智库），也可以是不具有政府背景或具有准政府背景的私营研究机构（民间智库）；既可以是营利性研究机构，也可以是非营利性机构。现代智库，作为重要的智慧生产机构，是一个国家思想创新的源泉，也是一个国家软实力和国际话语权的重要标志。随着智库在各国经济社会发展和国际事务的处理中发挥越来越重要的作用，其发展程度正成为一个国家或地区治理能力的重要体现。其主要作用体现为：

（一）对重大问题作出综合研判和战略谋划

智库应准确把握经济新常态下的决策需求，着重研究具有全局性、综合性、战略性、长期性、前瞻性的重大问题，同时，提高对当前经济社会发展重点、难点、热点问题的敏感性，及时组织开展相关研究。研究成果质量是智库发展的第一生命线，研究机构要避免缺乏足够理论和实践依据的"闭门造车"现象，力争在政策目标、适用条件、实施方案以及具体的时间表、路线图等方面，提出可行性较高的政策建议，做到言之有据、言之成理，言之可行，积极推动有关政策的形成与实施。

（二）对重大政策发挥第三方评估作用

智库本身具有客观性、中立性和专业性的特点。目前，政府机构已引入第三方评估机制，对重大政策实施效果进行评估，有效推动了相关政策措施的落实。如国务院发展研究中心，连续两年承担对保障性安居工程建设情况的第三方评估工作，先后赴20多个省份开展调研，召开部委和地方政府与企业座谈会50余场，较为系统地对棚户区改造以及保障性住房建设任务进展情况、工作推进机制进行了评估，并针对评估中发现的主要难点问题，提出相关政策建议。从效果看，第三方评估机制对顺利完成有关政策的落实与执行，发挥了积极的推动作用。

（三）是政策解读与对外交流的重要平台

智库要提高对政策的把握能力，承担政策对外解读功能，尤其是积极与国家层面乃至国际性机构开展对话与合作，宣传当地实践经验和政策主张，增强在主流媒体和有关组织中的影响力，进一步提升城市软实力。从国际经验看，发达国家均高度重视智库作用，逐步形成了较为完善的智库体系和政策咨询制度。例如，美国在二战前只有布鲁金斯学会、胡佛研究所等 20 多家智库，到目前智库的数量已增至 2000 多家，且这些智库大都具备国际化视野，积极开展国际合作交流，在国际话语体系发挥着重要影响。这是我们建设中国特色智库需要借鉴和学习的经验。

二、东营市新型智库发展现状

（一）党政系统智库建设情况

党委系统的政策研究室和政府系统的研究室（调研室）是东营市党政机关最主要的研究机构智库，其中心工作就是对东营市国民经济、社会发展中全局性、战略性、综合性、长期性问题开展超前研究和跟踪研究，为市委、市政府决策提供符合实际的政策建议和咨询意见。

1.党委政策研究室系统。主要包括市委政研室和各县区党委政研室。市委政研室是为市委提供服务的决策机构。主要职能为：组织有关经济、政治、科教、文化和党建等方面的调查研究，提出意见和建议；组织起草和修改部分市委文件和文稿；做好中央、省委和市委重要决策贯彻执行情况的跟踪调查，为进一步完善和实施决策提供情况和建议；收集整理和分析研究国内外、省内外及市内外有价值的信息、资料，为市委决策提供参考；负责编辑市委机关刊物《东营通讯》（月刊），宣传党的路线、方针、政策和市委的重大决策，总结推广典型经验；组织、协调全市各方面的调研力量,开展调查研究,形成社会化、多层次的调研网络;组织撰写宣传阐释党的路线、方针、政策和市委重大决策部署的文稿。共有编制 25 人,其中行政编制 18 人,事业编制 5 人,研究生学历 4 人,博士学历 1 人。

各县区党委政研室主要是为本级党委提供决策服务的研究机构。其中:东营区党委政研室有研究人员 3 名;河口区委政策研究室有研究人员 6 名;广饶县委政研室有研究人员 8 名,均为大学学历;垦利县委政策研究室有研究人员 6 名;利津县委政研室有研究人员 10 人。

2. 政府研究室系统。政府研究室是政府直接领导下的决策研究班子和参谋机构,也是政府从事综合性调查研究工作的办事机构和研究机构。包括市政府研究室和各县区政府研究室(调研室)。市政府研究室主要职能是:对全市改革开放和经济与社会发展中的战略性、全局性课题及重大项目,开展考察论证和调查研究;组织、协调全市政府系统的调查研究工作。对市政府重要工作部署进行跟踪调研,对全市经济运行情况进行定期分析,为市政府决策提供对策和建议。负责起草《政府工作报告》和市政府领导重要讲话;组织或协同有关方面起草、修改市政府有关重要文件;参与有关重要会议的文件起草工作。全室共有 13 人,研究人员 10 人,内设综合科、经济科、城市科、社会科四个科室。

《黄河三角洲研究》是山东省省级内部刊物。2015 年 3 月《黄河三角洲研究》主管单位由东营市政府调研室(即现在的东营市政府研究室),变更为东营市人民政府,由季刊改为双月刊。该期刊作为区域学术性理论期刊,围绕区域经济发展,广泛联系国内外专家、各界有识之士及高层次智力机构,集中刊发区域经济理论研究、区域经济发展领域的优秀文章,着力打造舆论宣传、理论研究和工作交流平台。《调研专报》是由市政府研究室主办的内部参阅件,每半月 1 期,从三县两区、市政府各部门单位中遴选调研报告编印成册，直接呈送市政府领导参阅。

全市政府系统中，大部分部门单位都设立了专门的调研科室，全市共有 130 多名人员专职兼职从事这一领域。各县区政府研究室属于正科级单位，专门从事调查研究工作。县区政府研究室系统中，垦利县政府研究室内设社会股、经济股、政策法规股、城乡建设股、农村发展股五个股室，目前在编人员 20 人，内设《内部情况交流》刊物，全年印发19 期。广饶县政府调研室，现有研究人员 8 人，全年印发《经济研究》8 期。另外，其他县区也设有专门机构与人员，其中东营区政府研究室，有研究人员 3 人；河口区政府调研室，有研究人员 2 人；利津县政府研究室，有研究人员 6 人。

（二）党校和社科联系统智库建设情况

1. 党校系统。党校是党的哲学社会科学研究机构。东营市委党校在智库建设过程中呈现以下特点：一是围绕市委、市政府的中心工作展开调查研究；二是具有联系学员优势，可以充分利用宝贵的学员资源；三是作为学校，较少牵扯部门利益，研究相对客观中立；四是研究人员长期工作在教学科研一线，接近基层，接近学员，经常开展调研。

目前东营市委党校有政治理论、党史党建、经济学、法学、管理学教研室和哲学社会科学研究所 6 个主要研究部门，共有专职研究人员 37人，兼职研究人员 51 人。其中硕士以上学历 23 人，教授 5 人，副教授16 人，副研究馆员 3 人，讲师 10 人。近五年来共出版著作 12 部，承担各类科研项目 150 多项，发表各类论文 400 余篇，被领导批示转发调研报告 42 篇，获奖 140 多项。

研究领域主要包括黄蓝经济区建设、基层党组织建设、区域经济发展、基层社会治理、基层文化建设、党校教育等方面的研究工作。成果展示平台主要有东营市委党校内参《党校科研成果要报》、山东省委党校内参《咨政参考》、东营市委党校校刊《黄河口论坛》。近5年来，每年集体组织课题调研30余场次，形成的调研报告通过各种展示平台报送领导参阅，受到市委市政府主要领导以及其他市领导的重要批示，被市委办《工作情况交流》、市府办《东营政务信息》《内部情况通报》转发，较好地发挥了智库参谋作用。

县区党校围绕党的中心任务和县区委、县区政府的战略部署，在重大理论和现实问题科学研究等领域，也发挥了重要的参谋助手作用。

2.社科联系统。社科联在一定程度上不是严格意义上的智库。社科联不但具有"联"的功能，而且具有"联"的优势。它可以整合社会科学资源，成为党委和政府决策服务的"思想库、智囊团"，因此社科联是一种更高层次上的新型智库。东营市社科联的主要职责是：管理和协调所属学会、协会、研究会的工作；组织开展各种学术交流活动，受委托组织重大社科研究项目联合攻关，促进学术团体之间、学科之间、社会科学与自然科学之间、理论研究与实际工作部门之间的联系与协助；开展社会科学宣传普及活动，促进社会科学研究成果的转发与应用；组织社会科学工作者参与决策论证、项目评估和成果鉴定等社会科学咨询服务活动；组织实施全市社会科学优秀成果评选工作；促进学科建设，培养、壮大社会科学专业理论队伍；了解、反映社会科学界的情况和意见，维护社会科学工作者的合法权益。目前，该机构研究生以上学历达到60%以上。

市社科联内设《黄河口社会科学》刊物，为社科类季刊。主要内容为宣传党的路线方针政策,普及社会科学知识,交流工作经验,服务经济、政治、文化和社会建设。目前已成为全市学术创新成果、进行经验交流、集聚思想智慧、汇集专家资源的重要平台。

（三）高校智库建设情况

1. 东营职业学院。东营职业学院是山东省人民政府批准、国家教育部备案、东营市人民政府创办的全日制普通高等专科院校，是国家骨干高职院校、山东省示范院校。学校设有电子信息与传媒、石油与化学工程、石油装备与机电工程、建筑与环境工程、会计、经济贸易与管理、生物与生态工程、教师教育等8个二级学院和1个农业科学研究院、1个中专部，现有博士19人，其中包括石油石化、机械、生物生态等理工类9人，哲学、文学、教育学、经济学等人文社科类8人。教授30人，其中人文社科16人，自然科学14人；副教授207人，其中人文社科105人，自然科学102人。

当前，该校主要的研究领域为：人文社科领域，内容涉及哲学、管理学、经济学、教育学等；自然科学领域，内容涉及石油化工、石油装备、机械电气、汽车、电子信息、建筑、环境、生物生态等。成果主要应用在两个领域：一是高等职业教育教学改革，二是地方经济社会发展。

2. 东营技师学院。东营技师学院是经山东省人民政府批准、东营市人民政府主办的一所高等职业资格教育院校。建有石油装备学院、软件与服务外包学院、汽车工程学院、电气（化学）工程系、餐旅服务系、基础部等6个院系（部）及中德黄河三角洲高效生态农牧业技术培训中心、东营市政府公共实训基地。学院现有高级以上职称95人，博士4人、硕士51人。

近年来，该校的参谋决策水平有了显著提高。2015年取得教科研成果95项，其中发表论文66篇，课题8个，专利5项，技术创新成果1项。

（四）科技创新型企业等其他类型智库建设情况

截至目前，全市已建成国家级企业技术中心3家（地方）、省级72家、市级以上研发平台271家、9家博士后科研工作站，为全市区域创新体系建设和产业转型升级提供了较强的智力支撑。其代表主要有 2 家机构。

1. 山东省黄河三角洲可持续发展研究院。山东省黄河三角洲可持续发展研究院是山东省委省政府着眼黄蓝国家战略实施批准设立的区域科技创新重点平台，主要职能为：围绕黄河三角洲区域建设和发展重大技术、经济、社会问题，组织研究院专家委员会开展工作，为党委、政府及有关方面提供咨询服务；组织、协调、推进东营市与高等院校、省级以上科研院所全面战略合作事项；承担合作高校在东营市建立的实体性研发、培训、管理等工作机构的组织协调服务工作；围绕区域可持续发展，推进新型创新、创业、创意园区建设，组织实施重点领域创新示范项目；承担研究院公共信息、人才、科技服务平台和投融资平台建设管理工作，促进东营市与国内外高校院所的人才、技术、产业、信息交流；负责推进与合作高校院所的科技与创新成果转化实施工作。

研究院管理中心内设综合管理处、人才资源处、技术创新处、资产运营处四个处室，围绕区域可持续发展需求，构建区域可持续发展信息咨询服务平台、技术人才公共服务平台、技术研发公共服务平台、技术投融资服务平台四个创新平台，依托黄河三角洲可持续发展研究院开展可持续发展相关研究、企业孵化、成果转化等工作。

研究院第一届专家委员会由特色生态农业模式创新、低碳制造业技术创新、新型城镇化与环境改善技术集成、能源节约与新能源开发、健康与成功产业创新五大领域的 28 名专家组成，已累计向东营市及环保、发改、科技等部门单位提出决策咨询建议 20 多项。围绕项目建设，研究院还选聘石油矿业机械、环境生态、植物病理学、临床兽医学等专业领域特聘专家 13 人，其中 3 人被聘为东营市"黄河三角洲学者"。目前共组织实施 10 余项课题研究，切实解决了一些制约区域、产业发展技术难题，提高了区域科技创新能力。通过对接中科院、中国农科院、山东大学、天津大学、青岛农业大学、青岛科技大学等高校院所优势学科，联合设立8个实体研发机构，组织相关领域专家，对东营市橡胶轮胎、石油装备、石油化工、有色金属、现代农业等主导产业进行项目对接和难题诊断，每年服务相关领域重点企业20家以上，极大促进了高校院所创新项目在东营的转化实施进程。为探索发挥社会组织在高层次人才发展工作中的作用，研究院召集成立了东营市高层次人才发展促进会，现有会员183名，由市级及以上人才工程入选者、各行业有较大影响的各类人才和高等高职院校、科研院所、重点卫生医疗机构的研究人员等构成。

2.华泰集团。华泰集团是东营的一家全国500强企业。目前，该集团拥有全国造纸行业首批博士后科研工作站、国家级企业技术中心、国家级实验室和"泰山学者岗"四大科研平台，是中国造纸行业中唯一一家荣获三项国家级科学技术进步奖的企业。

近年来，华泰集团不断采取多种方式，推进智库建设。一是加强高层次人才引进，推动企业创新水平提高。公司与加拿大新伯伦瑞克大学制浆造纸研究中心高扬教授开展合作，聘请其担任公司泰山学者岗特聘专家。研究的成果"废纸制浆关键技术研究"分别获得2012年度"中国轻工业联合会科技进步一等奖"及2011年度"山东省科技进步三等奖"。二是以项目建设为契机，以协同创新的模式引进外国专家。即在引进技术、设备的同时，引进外国专家。"十二五"期间，华泰集团先后从芬兰斯道拉恩索公司、德国福伊特、西门子公司，芬兰美卓、奥斯龙公司，瑞典ABB公司、奥地利安德里兹等国际知名企业特聘外国专家多达200多人次。三是注重"外引内培"，造就高素质的员工队伍。借助外国专家培训本土人才。累计培训1000多人次，做到了"引进一个专家，培养一批人才"。

三、东营市新型智库建设存在的问题与不足

（一）各智库机构联接松散，缺乏系统整合

政研室、政府研究室、党校、职业学院等都属于不同类型的咨询机构。目前，全市还没有一个统一的咨询联盟部门。全市的重大决策和项目决策在制度上缺乏统一的设计，许多咨询工作属于各智库机构自主命题、自行开展，智库资源相对分散，整体工作缺乏强有力的主导安排。另外，全市统一组织的咨询研究或委托调研任务也较少，各部门单位完成的咨询成果往往重复项、空白点较多。从东营市情况来看，政研室、政府研究室、党校、职业学院等部门的智库都把改革开放和经济社会发展的重大问题、区域经济发展问题、经济社会民生的热点难点问题作为重点研究课题，相对来讲，对城市治理、公共交通、医疗，以及市民普遍关注的特定领域公共事务等进行研究的较少。

（二）咨询层次不高，成果影响力较弱

目前看，各智库机构的外向度不够高。目前，全国以国务院发展研究中心、中国社会科学院、中国科学院为首的 25 家机构入选首批国家高端智库建设试点单位。但东营市各智库与上述高端智库形成联盟合作关系较少。市域内，仍以官方咨询研究机构为主，非官方决策咨询研究机构发展缓慢，官方研究决策机构与非官方合作发展的局面没有形成。外界著名机构与高层专家来东营全程参加重大课题研究的活动较少，依然没能跳出"用东营人研究东营事"的圈子，导致本地课题研究成果视野深度不够。提出决策建议的质量与水平也不够高，对区域经济发展很难产生震撼性影响。

（三）参与决策机制不完善

东营市大部分智库是党委和政府系统直接领导下的研究决策机构，

但是目前这些智库还承担着其他行政事务，相对弱化了智库的研究决策职能。成果大多重理论轻实践。智库要发展好，保证智库研究成果的高质量和可操作性是重中之重。智库很多成果以期刊论文或专著形式出版为重要目的，即使获领导批示往往也束之高阁；没有能深入应用到实践中。智库成果转化率较低，对政府决策影响力度不够强。另外，智库机构与决策部门之间信息流动性不畅通，尚未形成一个"课题征集—方案认证—开展研究—形成建议—决策反馈—课题再征集"闭环式的交互提升机制，也影响了智库成果的转化。

（四）经费筹措使用机制不健全

拥有充足的可支配资金是维持智库发挥作用的重要因素，多元化的资金渠道有利于促进智库的健康持续发展。目前，智库建设多元化、多渠道、多层次的投入体系尚未形成。全市智库的研究经费大多来源于市财政，且大部分仅允许应用于行政办公领域，以及专家人月费、外出考察调研费等支出，智库研究经费的使用受到一定限制。与外地相比较，东营市智库发展专项资金相对缺乏。江苏省专门在《关于加强江苏新型智库建设的实施意见》中提出，在省级宣传文化发展专项资金中增加新型智库建设专项扶持。另外，研究经费管理使用机制不健全也影响到了智库的发展。目前经费使用没有形成竞争性经费与稳定性支持经费相协调的机制，资金使用效益也需要进一步提高。

（五）智库研究人员力量薄弱

从全市看，当前智库的专业研究人员仍然偏少，人员层次相对较低，人才知识结构和业务素质等有待进一步提高，尤其缺乏社会影响力大和学术水平高的领军人物，这极大影响了智库作用的进一步发挥。目前，智库研究人员岗位固化，在党政机关、智库、企业之间缺乏相互流动的人才柔性使用机制，导致研究人员的视野不够宽阔。另外，大多智库兼具行政功能，专注研究的力度不够，导致研究力量相对分散，一定程度上也影响了智库作用的发挥。

四、东营新型智库建设的初步构想

（一）东营新型智库建设的基本原则

1. 客观公正原则。以服务党委和政府科学民主决策为宗旨，坚持正确导向，深刻把握特点规律，求真务实、改革创新，将东营智库打造为独立研究的多元组织体系，确保其研究活动不受部门干扰和个人意志的影响，保证研究成果的客观准确。

2. 顶层设计原则。坚持高位协调、优化机制，努力建设满足决策需求的智库体系。在构建基础上，立足东营本地资源，聚焦阶段发展任务，确保成果务实管用。在组织架构上，有效梳理各机构之间的关系，确保目标一致、职责明确和行动统一。在设计标准上，坚持用国际视野、国际理念和国际规则打造，推动智库体系高起点、高水平建设。

3. 系统整合原则。把市域内党委、政府、企业、社会等各层面组织，用创新的办法进行高效有机整合，形成既有分工、又有合作的组织架构体系。鼓励发展民间智库机构，承担政策批评与建言责任，促进智库组织形式的多元化发展。

4. 问题导向原则。坚持理论与实践相结合，开展有针对性的调查、咨询与研究。牢固确立清晰的问题意识，全面聚焦当前发展中面临的宏观和微观、长远和现实、综合和专业性问题，做到更准发现问题、更深研究问题和更好解决问题，持续提升智库运作的实效性。

5. 兼容并蓄原则。多渠道、宽领域汇集专业人员，大胆吸纳不同学术背景、不同实践经验、不同思想观点的多元化人才，做到实践型与理论型人才并用。不断扩大交流互动网络，增强研究人员的流动性和开放性，致力提升东营智库的综合研究实力、决策服务能力、舆论引导能力和外部影响力。

（二）东营新型智库建设的组织体系

东营智库作为系统化的运行网络，其组织架构应着眼"统筹协调、形成合力，统分结合、各负其责，资信汇集、资源共享，多方并举、举贤纳言"的要求，结合体制内的行政优势和体制外的学术优势，将全市各类咨询研究机构进行有机整合，形成以"一个协调委员会为统揽、三种组织形态为支撑、四种动态信息载体为依托"的决策咨询研究新体系。

1."一个协调委员会"，即东营智库协调委员会及其办公室。东营智库协调委员会由市领导及市四套班子研究室、市相关部门负责同志组成，负责对智库的总体研究方向、公共资源配置、项目协作配合等事宜进行高层次统筹协调。协调委员会下设办公室，由市委政研室牵头管理，作为协调委员会的办事机构，具体负责协调智库组织体系的日常运作。其主要职责为：（1）制定五年决策咨询规划和年度决策咨询研究计划；（2）组织全局性咨询研究项目的课题招标，跟踪评估研究进展及最终成果；（3）根据市领导要求和阶段性任务安排，组织开展临时性的重要咨询研究活动；（4）统筹安排全局性咨询研究经费的调配使用；（5）完成智库协调委员会交办的其他具体事务。

2."三种组织形态"，即市经济社会发展咨询委员会、东营智库联盟和各部门系统咨询研究机构。一要建立市经济社会发展咨询委员会。成立市经济社会发展咨询委员会，设立专家库，邀请大批具有实践经验的业界精英和实务专家加入，使其发挥在政府决策中的"智囊"和"外脑"作用。市经济社会发展咨询委员会及其办公室的组织运作，由市政府研究室负责。同时，探索设立城市治理、公共交通、教育、医疗等若干专业委员会，就市民普遍关注的特定领域公共事务进行研究探讨。各专业委员会按照开放式和动态化原则设立，积极吸收全市相关领域专业人才、社会精英和广大市民参与，可以根据全市经济社会发展重点问题的变动情况进行调整、取消或增设。二要组建东营智库联盟。坚持高端定位，实行会员加盟制，打破地域、行业、层级等限制，广泛吸收国内外一流的准官方、官非结合、非官方决策咨询研究机构加入，致力打造立足东营、面向全国、放眼世界的智库联合体。在功能上，联盟主要定位为"六个平台"：一是沟通交流平台。定期举办联盟联席会议，增进各决策咨询机构的沟通、联谊与交流。二是信息共享平台。发挥成员单位各自渠道优势，收集、交换和共享相关信息。建立"决策咨询网"，收集民间资政建言，整理发布官方与非官方信息。三是研究协作平台。联合进行课题申报、投标和研究，对合作研究取得的成果，共享知识产权和成果应用权益。四是资政议政平台。充分利用政协联系的广泛性、人才的多样性和研究的深度性，积极开展决策咨询、参政议政、会议旁听、立法听证等活动。五是决策评估平台。定期对市委市政府出台的重大行政决策、民生政策开展第三方评估，提高行政决策和民生政策的针对性和时效性。六是人才培养平台。定期举办政策分析、决策咨询相关讲座或业务培训，组织开展专题性调研、对外访问交流等活动，不断拓展研究人员视野。东营智库联盟的组建和运作，由市政协牵头组织实施。联盟下设服务协调中心，由市政协办公室（研究室）牵头管理，作为智库联盟的办事机构，具体负责协调各项日常工作。三要强化各部门系统咨询研究职能。各部门、系统专业研究力量是东营智库网络体系的组成要素，也是这一体系有效运行的重要保障。市委、市人大、市政府、市政协四个研究室要切实加强对调研工作的组织领导和业务指导；各部门、系统要立足自身职能，以多种方式支持参与东营智库网络体系建设。一是深入开展专业化的政策前瞻研究。市委党校、市社科联等单位专业人才多、学术力量强，要积极围绕全市工作大局，密切跟踪国内外政策动态，更多地开展前瞻性的政策探讨、分析对比研究，为全市重大政策措施的制定与实施提供科学理论支撑。二是广泛开展具体化的问题应对研究。各相关部门及有关行业协会，要组织协调好自身研究力量，重点围绕实际工作中遇到的突出矛盾问题，开展更具针对性、具体化和专业性的对策研究，为破解重点难点问题提供路径指引。三是准确提供系统化的基础信息服务。市统计局、市政府信息科、市长公开电话办公室等部门要广泛运用现代统计分析手段，加强各类数据信息的采集、分类和整理工作，优化信息交换与发布程序，提供更加优质的基础信息服务和更加科学的数据规律分析。

3."四种动态信息载体"，即需求库、信息库、专家库、成果库。一是需求库。反映全市短期决策咨询研究需求及中长期发展研究计划，为开展决策咨询研究活动提供方向性指引。由东营智库协调委员会办公室统揽，汇总各单位上报的研究需求或建议课题，拟定决策咨询研究计划及重点课题，报经东营智库协调委员会研究通过后，通过多种途径对外发布。二是信息库。汇集全市经济社会发展及各区域、各行业相关信息，为开展决策咨询研究活动提供信息支持。由东营智库协调委员会办公室参与协调、市统计局、市政府信息科和市长公开电话办公室负责具体运作，建立统一的东营智库信息共享平台，以适当形式载体提供咨询研究机构查询使用。三是专家库。形成完善的人才汇集机制，综合反映各领域专家学者、业界精英等基本信息。由东营智库协调委员会办公室组织协调，市人才办及相关部门共同参与，设立东营智库专家总库。市经济社会发展咨询委员会、东营智库联盟等分别建立各领域专家支库。四是成果库。跟踪反映全市决策咨询研究项目的推进完成情况，集中汇总已完成的咨询研究成果，并依据成果所属领域、重要程度、涉密情况等因素，分送市领导或相关部门决策参考，必要时对外发布。由东营智库协调委员会办公室负责建立成果总库；市经济社会发展咨询委员会、东营智库联盟、各相关部门等分别建立成果支库。

（三）东营新型智库建设的职能定位

东营智库的主要职能是根据市委市政府和相关部门决策需求，积极围绕全市改革发展稳定的战略问题和公共政策开展研究、对策探讨和预警分析等。具体职能如下：

1. 宏观问题决策咨询研究。根据国内外宏观形势最新变化，分析研讨东营经济社会发展长期规划和发展战略，提出全局性、长期性和综合性的城市发展政策建议。

2. 中微观问题解决方案建议。针对东营公共事业、公共服务、公共治理中的热点难点问题，提出具体化、特定化的问题解决方案，供市委市政府或有关部门决策参考。

3. 趋势性问题研判预警。对东营经济社会发展中可能出现的趋势性、苗头性问题提前预判、主动研究，向市委市政府或有关部门提出预警分析报告。

4. 人才汇集、储备和培养。汇集社会精英群体，集中各方发展智慧，培养和锻炼各类研究型人才，为东营未来发展提供新的人才储备渠道和智力资源支持。

5. 公众参与和舆论引导。汇集整理社会公众意见建议，强化政府部门与社会各阶层的意见沟通，适时引导公共舆论，提升决策透明度和民主化水平。

6. 政策执行绩效评估。评估各级各部门在处理社会公共事务中的效率，检验相关政策措施的实际执行效果，提出有针对性的决策完善建议。

7.其他职能。根据决策需求，履行其他有助于提高市委市政府及有关部门决策科学化民主化水平的职能。

五、东营新型智库建设管理运行机制

着力构建统一、协调、高效的运行机制，使东营智库在相关决策中的作用发挥常态化、制度化和程序化。

（一）常态化组织协调机制

东营智库协调委员会定期召开工作例会，对全市决策咨询研究活动的开展进行统筹部署。同时，根据协调委员会办公室的提请，可以召集临时性会议，对智库运作过程中遇到的重要和难点问题进行研究协调。在东营智库协调委员会的领导下，协调委员会办公室担负日常组织协调责任，与各相关单位加强沟通联系，建立常态化的信息沟通渠道和事务性问题解决会商机制，实现相关政策、信息和资源的统筹协调。

（二）制度化决策参与机制

制订《市级重大决策专家咨询论证办法》，有效建立智库机构参与决策制度，将咨询论证确定为重大决策出台的必经环节和前置程序，确保智库机构真正参与决策过程，提高咨询研究成果的决策转化率。规范和完善相关程序规定，对规划、产业、科技、城建、文化、生态等重点领域的决策行为和投资项目，全面引入智库机构开展前期可行性评估论证，切实降低项目建设运营风险，进一步提高决策科学化和专业化水平。涉及公共利益和人民群众切身利益的决策事项，要通过举行听证会、座谈会、论证会等多种形式，广泛听取智库的意见和建议，增强决策透明度和公众参与度。鼓励人大代表、政协委员、其他非政府序列的高级研究人员与智库开展合作研究。探索建立决策部门对智库咨询意见的回应和反馈机制，促进政府决策与智库建议之间良性互动。

（三）专业化分工协作机制

区别全局性、专业性和体系内决策咨询研究活动，建立科学合理的分工合作体系。其中，对全局性的咨询研究课题，实行统一管理，由东营智库协调委员会办公室牵头组织。各部门需要联合参与研究，由协调委员会办公室统一接受申报立项，纳入计划并推进实施。对专业性的咨询研究课题，由市委、市人大常委会、市政府、市政协四个研究室、各相关部门或智库联盟归口管理，分头负责组织实施。对市委党校、市科委、市社科院等单位组织的体系内咨询研究活动，继续按照有关政策规定组织实施。

（四）市场化竞争择优机制

完善课题招标制度，引入竞争择优机制，实现政府主导、准市场化运作。根据课题专业化程度、所涉部门职责分工等因素，分类采取定向招标、公开招标等形式，逐步推行购买服务的办法，将年度决策咨询研究计划安排确定的课题分别委托相关部门或机构进行研究，为市委市政府及相关部门决策提供菜单式服务。

（五）多路径成果发布机制

逐步清理规范市级决策研究期刊、信息、简报等刊物，建立更加统一、科学合理的报送渠道和发布载体。积极探索建设东营智库系列书目，鼓励支持定期出版专著、研究报告等，持续提升东营智库的话语权和影响力。结合重大形势政策，适时举办各种讲座、论坛、报告会等，多途径引导社会公众，致力促进全社会形成对重要公共决策问题的广泛共识。健全舆论引导机制。本着"研究无禁区，宣传有纪律"的原则，着眼于壮大主流舆论、凝聚社会共识，发挥智库阐释党的理论、解读公共政策、研判社会舆情、引导社会热点、疏导公众情绪的积极作用。鼓励智库运用大众媒体等多种手段，传播主流思想价值，集聚社会正能量。按照政府信息公开条例的规定，依法主动向社会发布政府信息，增强信息发布的权威性和及时性。完善政府信息公开方式和程序，健全政府信息公开申请的受理和处置机制。拓展政府信息公开渠道和查阅场所，发挥政府网站以及政务微博、政务微信等新兴信息发布平台的作用，方便智库及时获取政府信息。健全政府信息公开保密审查制度，确保不泄露国家秘密。

（六）全过程跟踪评价机制

实行逐级监测、全程跟踪、定期评价制度。东营智库协调委员会办公室，统筹全市咨询研究活动的跟踪评价和绩效考核工作。对年度咨询研究计划确定的重点课题，各牵头部门要形成有效的成果质量保证机制，及时跟进咨询研究活动进展，并将相关情况报告东营智库协调委员会办公室。在跟踪评价中，积极引入多方评价机制，重点考察研究成果的决策转化程度以及对全市发展的实际推动作用。将结果评价与经费控制相结合，对研究计划执行与完成情况达不到相关规范要求的，及时减少或停止研究经费的拨付。除涉密及法律法规另有规定外，重大改革方案、重大政策措施、重大工程项目等决策事项出台前，要进行可行性论证和社会稳定、环境、经济等方面的风险评估，重视对不同智库评估报告的综合分析比较。加强对政策执行情况、实施效果和社会影响的评估，建立有关部门对智库评估意见的反馈、公开、运用等制度，健全决策纠错改正机制。探索政府内部评估与智库第三方评估相结合的政策评估模式，增强评估结果的客观性和科学性。

（七）全方位支持保障机制

各部门要高度重视东营智库建设工作，切实加强组织领导，提供完善的政策、人才、资金、信息等支持，努力形成推动各项工作有序开展的强大合力。进一步细化和完善具体规章制度，形成一整套的规范化运作体系，确保东营智库高效运作。适当增加相关机构人员编制，进一步加强专业人才队伍建设，把决策咨询研究岗位作为干部成长的重要平台，积极鼓励支持研究人员到部门或基层挂职锻炼，形成研究型与实务型人才双向流动的合理机制。在整合现有研究机构专项经费的基础上，设立东营智库建设和发展专项经费，并制定专项资金管理办法，为东营智库有效运行提供资金保障。各县区要结合自身实际，制定出台相关意见，加强决策咨询研究体系建设，不断提高决策的科学化民主化水平。探索建立政府主导、社会力量参与的决策咨询服务供给体系，稳步推进提供服务主体多元化和提供方式多样化，满足政府部门多层次、多方面的决策需求。研究制定政府向智库购买决策咨询服务的指导意见，明确购买方和服务方的责任和义务。凡属智库提供的咨询报告、政策方案、规划设计、调研数据等，均可纳入政府采购范围和政府购买服务指导性目录。建立按需购买、以事定费、公开择优、合同管理的购买机制，采用公开招标、邀请招标、竞争性谈判、单一来源等多种方式购买。

完善地方新型智库体系
助推经济社会又好又快发展

烟台市人民政府调研室

根据省政府研究室通知要求，认真学习领会中共中央办公厅、国务院办公厅印发的《关于加强中国特色新型智库建设的意见》和省委办公厅、省政府办公厅印发的《关于加强中国特色新型智库建设的实施意见》精神，结合烟台地方实际情况，围绕如何认识中国特色新型智库、烟台智库的探索与实践以及如何进一步完善新型智库体系服务地方发展，形成调研报告。

一、对中国特色新型智库的认识与理解

当今世界，智库在各国经济社会发展中和各种国际事务的处理中发挥着重要的作用，其生产思想的能力以及政府与智库互动的水平，在很大程度上决定着国家或地区治理的思想高度和理性程度，也是一个国家或地区软实力的重要标志。

（一）中国特色新型智库的内涵、特征及发展类型

智库，就是思想库、智囊团，是由多方面的专家学者组成的专业研究机构，主要任务是为政府等决策部门提供最佳理论、决策咨询建议

和发展策略等。根据相关资料介绍，"智库"这个词是由英文"Think
Tank"翻译而来，以前也被译作"思想库"。广义而言，智库的历史非
常悠久，但其早期的形态与现代智库相去甚远。狭义而论，智库是近现
代的产物。一般认为，"智库"这个词最早出现于第二次世界大战期间
（即20世纪40年代）的美国，是指当时军事人员和文职专家聚集在一
起制定战争计划及其他军事战略的安宁环境（研讨室）。后来泛指以工
业政策研究为中心，以公共政策和舆论为目的的政策研究机构。

　　而中国特色新型智库是区别于其他国家、其他类型的智库，有其独
特的内涵和特征。根据清华大学教授胡鞍钢的研究与理解，它首先是"中
国"的，不是"其他国家的智库"，应自觉代表中国核心利益，自主发
出中国话语权。其次，它是有中国"特"色的。智库是代表社会主义国
家的，不是资本主义国家，虽然形式相同，但性质根本不同；虽然研究
方法相同，但立场根本不同。第三，它必须是"新型"的。既要创新理念，
又要创新组织形式。不拘一格办智库，集思广益谋创新，集学术智慧、
人民智慧、国家智慧之大成，还要集历史智慧、世界智慧之大成。第四，
它的智慧成果是"优"秀的。智库及时提供高水平、可行性的发展思路
或政策方案，不断发表有深度、有影响、有标志的优秀学术成果、代表
作。概括地讲，中国特色新型智库的主要作用是：提供"两个服务"，
即全心全意服务人民、服务国家；争做"两个一流"，即做中国一流和
世界一流的专业化与职业化的智库；实现"两个贡献"，即为中国、为
全人类贡献知识、思想和智慧。

　　除了内涵与众不同，中国特色新型智库还有其鲜明的、区别于一般
的具体特征。一是有一体化的研究目标。围绕中国理论、中国制度、中
国道路所涉及的众多理论政策与具体问题展开系统全面的研究，自觉体
现党的领导，始终坚持中国特色社会主义前进方向，善于运用马克思主

义的立场、观点和方法指导智库研究,形成充分体现中国特色、中国风格、中国气派的智库体系。二是有多样化的组织类型。既有隶属各级党委和政府的智库类型,又有党委政府主导的以枢纽型社会组织为基本特征的人民团体智库类型;既有科研院所、高等院校专家学者为主体的智库类型,又有完全走市场的企业智库、社会智库。三是有专业化的研究领域。综合性智库是少数,多数智库结合自身研究领域、主攻方向、结构布局,形成了各自的专业化特点。四是有国际化的研究视角。智库研究面向现代化、面向世界、面向未来,以世界眼光、国家核心战略利益来统筹思考所研究的各类问题,争取更多的国际话语权。五是有网格化的管理方式。建立党委领导、政府负责、归口管理、依法运行的工作机制;建立新型智库的财政投入机制,社会支持机制,社会评价指标机制,推进不同类型智库在有序的轨道内健康发展。

目前我国智库单位按照传统行政管理体制及编制大致划分为五种类型:一是党政军机关智库。这类智库主要是与行政管理的层级相对应,在党、政、军内部,为各级领导层提供决策服务的机关及附属机构,主要包括各级党委的政研室,政府参事室、研究室,发改委、社科联、科协,各军区、武警总队的参谋机关,人大、政协的研究部门,各部委厅局有关政策研究机构,还有以党委政府有关部门牵头成立的各类"专家咨询委员会"成员、各类"专家组成员"等。这些智库单位本身有些就是党政机关单位,既有行政编制,又有国家财政规划供给。二是事业单位智库。这类智库以事业编制的科研院所等为主要群体,主要包括社科院、党校行政学院、政府发展研究中心、社会主义学院、科学院、农科院;各类干部教育培训学院、培训中心;高校及隶属于大专院校从事政策研究和决策咨询的组织,包括校内有关院系设立的或挂靠的各种"研究中心""交流中心""实验中心""数据处理中心"等。三是企业智库。这类智库多隶属于大中型企业组织（包括央企、省企及地方企业），为各级党委政府提供产业发展政策、企业经营发展等方面的思想产品。四是专业社会组织智库。这类社会组织多是独立于行政体制以外的研究机构，以某专业协会、学会、研究会等为依托并相对独立。专业社会组织拥有有学术和影响力的专家，可以大型论坛、专家研讨会、专家"会诊"等为形式，以研究项目为导向，并通过一定渠道向各级党委政府提供智库思想产品。五是民间智库。这类智库主要是由民间出资组织（私人企业或社团），为党委政府决策或对政策需求的公共政策研究机构服务，大多由私人企业、民间团体创设，目前这类智库从事决策咨询的影响力很薄弱。

（二）中国特色新型智库的重要地位

党的十八大报告提出："坚持科学决策、民主决策、依法决策，健全决策机制和程序，发挥思想库作用。"2013年4月，习近平总书记对建设中国特色智库作出重要批示。这是迄今为止，中央最高领导专门就智库建设作出的最为明确、内涵最丰富的一次重要批示，包括四个方面：一是把智库作为国家软实力的重要组成部分，把智库发展提高到了国家战略高度；二是指出我国智库发展相对滞后，应发挥更大的作用，发展需求迫切、空间很大；三是提出"中国特色新型智库"的建设目标，这是当前和今后一个时期我国智库发展的基本方向；四是探索中国特色新型智库的组织形式和管理方式。党的十八届三中全会通过的《关于全面深化改革若干重大问题的决定》，首次提出"加强中国特色新型智库建设，建立健全决策咨询制度"，作为中国特色的协商民主的重要内容之一。2015年初，中共中央办公厅、国务院办公厅印发的《关于加强中国特色新型智库建设的意见》则是加强中国特色新型智库建设的具体落实，该文件对我国特色智库建设的重大意义、基本原则、指导思想和总体目标等作出了相关说明和要求。可以看出，在我国经济社会发展步入"新常态"过程中，加强中国特色新型智库建设的地位越来越重要。

（三）建设中国特色新型智库的必要性和紧迫性

加强智库建设是参与国际竞争的重要保障。经过30多年改革开放，我国的硬实力已经实现了令人瞩目的跃升，上升至世界第二大经济体，为世界做出了巨大的经济增长贡献、减少贫困贡献、和平发展贡献。与"硬实力"迅速上升不相适应的是，我国还缺少"软实力"，尤其缺少国际舆论话语权、国际学术影响力，缺少对中国道路、中国制度、中国改革的权威解读，也缺少在世界重大问题上提出"中国主张"或"中国议案"。这就需要我国智库实现跨越发展，勇于登上"世界舞台"，与西方智库"同场竞技"，也"同台合作"。

加强智库建设是推进国家治理体系和治理能力现代化的必然要求。十八届三中全会提出了推进国家治理体系和治理能力现代化的总目标，建立中国特色新型智库是完善国家治理体系的重要内容，是提高国家治理能力的重要举措。智库积聚了大量的人才，对经济、政治、文化、社会等方面的研究成果和提高国家治理水平的建议，蕴含着人民的智慧。充分发挥智库的作用，对于推进国家治理体系和治理能力现代化将发挥重要作用。

加强智库建设是把改革开放和现代化事业不断推向前进的客观需要。面对严峻的经济发展形势，要完成供给侧等结构性改革任务，需要制定一系列实施方案，搞好顶层设计。而制定好这些方案，就需要借助智库的智慧。只有通过各个领域智库的创造性劳动，在充分调查研究的基础上，对改革发展提出建议，政府部门才能对各方面方案进行比较，选择切实可行的加以推行，从而保证各项工作顺利实施并达到预期目标。

加强智库建设是完善民主制度的一项重要举措。发扬民主的过程就是集中群众智慧的过程，认真听取专家意见特别是智库意见，能够使决策更加完善。专家意见一般来说更能代表群众的长远利益和根本利益，更能看到问题的本质而不是表象。因此，重视智库意见是提高民主效率和决策水平的重要举措。

加强智库建设也是引领国内主流思想的形势需求。当前中国正处于各类矛盾凸显期、各种思想观点交锋期，各方都在争夺"国内话语权"。中国社会亟需有影响力的智库提供准确信息、专业知识、正确观点和深刻思想；中国智库也有责任以高质量的智力产品回应民众重大关切，有效引导社会舆论，开辟启迪民智、凝聚民心的新途径。这不仅是服务党和政府科学民主决策、破解发展难题的迫切需要，也是坚持和发展中国特色社会主义、实现全面建成小康社会伟大目标的迫切需要。

二、烟台新型智库建设的现状及存在问题

（一）烟台新型智库机构组成

根据上述新型智库的分类标准，烟台目前的新型智库主要包括：

1. 党政机关方面，主要有：各级党委、政府内部设立的政策研究室、调查研究室；各级人大、政协内部设立的政研室，市政协设立的理论研究会；发改委内部相关科室；社科联、科协；市文广新局建立的烟台市艺术专家委员会、文物保护专家委员会、非物质文化遗产保护专家委员会；安监局成立的安全生产专家组，等等。

2. 事业单位方面，主要有：各级党校行政学院、社会主义学院、农科院；各类干部教育培训学院、培训中心；烟台大学及设立的应用法学研究中心、山东半岛蓝色经济与法律政策研究中心、烟台大学东亚研究所；山东工商学院及设立的社会稳定风险研究评估中心、社情民意调查中心；鲁东大学及设立的环渤海发展研究院、胶东文化研究院；滨州医学院及设立的公共健康研究中心、卫生管理与政策研究中心；中国农业

大学烟台研究院及设立的农业文化研究中心、农业物联网与大数据研究中心（筹）；中国科学院烟台海岸带研究所、航天513所、山东省海洋资源与环境研究院、烟台职业学院等高校、单位；烟台中科网络技术研究所（中国科学院计算技术研究所烟台分所）；龙口市成立的科技顾问团；牟平区成立的社会发展专家顾问团；招远市与山东理工大学、哈尔滨工程大学、哈尔滨工业大学合作成立的"三大招远研究院"，等等。

3.民间智库方面，主要有：烟台市成立的奇山文化研究会、毓璜顶文化研究会、胶东文化研究会等；蓬莱市成立的历史文化研究会、戚继光研究会、登州文会馆研究会、旅游发展研究所；龙口市成立的徐福研究会；福山区成立的王懿荣甲骨学研究会；芝罘区成立的京剧研究会、鲁菜研究会；牟平区成立的山海文化研究会、昆嵛山文化研究会；莱州市成立的民俗研究会；莱阳市成立的梨文化研究会、家庭建设研究会；栖霞市成立的牟氏文化研究会；长岛县成立的妈祖文化研究会，等等。

（二）烟台新型智库的探索与实践

近年来，烟台经济社会实现了又好又快发展，这与各类新型智库积极发挥建言献策密不可分，烟台新型智库从事了大量的研究，取得一定的思想成就。主要表现在：

1.各级党委、政府政策研究室、调研室，积极开展深入研究，提供优秀调研成果，为领导决策提供准确、科学依据，参与推动地方经济社会发展的政策、意见等文件起草制定，当好领导的参谋助手。以烟台市政府调研室为例，2015年共形成各类调研报告40余篇，其中多篇得到领导的批示肯定，领导讲话10余篇，完成《全市培育发展市场主体工作考核办法》《烟台市人民政府关于加大政策支持推动经济转型升级的意见》等重要文件，参与了全市中心工作，服务了发展大局。市、县发改部门参与制定了各级政府的《国民经济和社会发展第十三个五年规划》。烟台市艺术专家委员会充分发挥文化政策制定中的参谋和咨询作用，以及在重要剧目创作、重要文化艺术活动当中的创意、策划、指导的作用，为发展繁荣烟台文化事业做出贡献。文物保护专家委员会参加了烟台山近代建筑群保护利用等研究，为烟台文物保护工作提供决策参考和智力支持。非物质文化遗产保护专家委员会对市级非物质文化遗产名录、市级非物质文化遗产项目代表性传承人进行评审，对非物质文化遗产普查、保护、研究等工作提供咨询。安全生产专家组充分发挥专业技术优势，在政策制度制定、项目许可建设、安全标准化、安全诊断检查等工作中建言献策，对我市保持安全生产形势持续平稳做出了积极贡献。

2.各类事业单位智库发挥各自职能、形成高质量意见建议，为地方经济社会发展积极建言献策。

（1）中共烟台市委党校。成立了由校领导担任组长的智库建设领导小组，并在烟台党校系统成立了全市党校系统咨政活动工作领导小组，对全市党校系统的咨政活动进行统一领导、协调。制订咨政活动长远规划、年度计划和近期计划，建立咨政活动长效机制。要求党校教研人员每年都要围绕市委市政府的中心工作，开展调查研究，撰写调研报告。与市委政策研究室、政府调研室等合作，及时了解市委、市政府每年的中心工作，明确党校咨政活动的重点。

（2）烟台大学。主要有：一是烟台大学应用法学研究中心。该中心是山东省"十二五"高等学校人文社科研究基地，现有科研人员53名，其中教授21名。现已面向社会举办知识产权专题培训6次，参训人员800余人。围绕山东半岛蓝色经济区建设，整合学术力量，以申报项目、为政府企业提供咨询等方式提供法律和政策上的智力支持。参与地方立法工作，被山东省人大常委会批准为省级地方立法服务研究基地。二是山东半岛蓝色经济与法律政策研究中心。该中心与山东省蓝色经济办公室建立课题研究与交流机制；与烟台市发改委以及蓝色经济办公室共同合作，从事海洋产权交易中心和海洋科技成果转化基地建设研究；与全国省域综合竞争力研究中心福建分中心建立了定期交流关系；与国务院法制办政府法制研究中心、国家发改委国际合作中心建立了常规性交流关系。研究报告《烟台建立国家级海洋科技成果转化基地的思路及对策研究》获得烟台市政府领导的批示。三是烟台大学东亚研究所。该研究所成立于 1989 年，系山东省教育厅为适应对外开放和经济建设而批示建立的。东亚研究所专职研究人员 40 人，其中教授 12 人，下设中日朝韩关系研究中心、东亚区域经济发展研究中心和韩国学研究中心，主要研究方向为东亚一体化、区域经济合作、东亚政治经济文化交流与合作。先后创办了《韩国经贸参考》和《东亚实业》杂志，均为半月刊，读者遍布全国数百家企业，为中韩、中日经贸交流与合作进行信息咨询服务，对推动山东省和烟台市的对外开放和经济建设做出了积极贡献。

（3）鲁东大学。主要有：一是环渤海发展研究院。这是研究环渤海区域经济发展战略的机构，拥有 2 个省级研究基地（山东省环渤海发展研究基地和山东省环渤海海洋经济协调可持续发展软科学研究基地）。先后承担并完成了国家软科学重点项目"渤海海峡跨海通道研究"等国家、省部级课题以及政府有关部门、企事业单位委托课题、咨询项目 60 余项。承担环渤海经济带、山东半岛蓝色经济区等各种发展规划、文件编制 20 余项（次）。近年来，围绕山东半岛蓝色经济区、环渤海经济区、渤海海峡跨海通道、"一带一路"战略、中日韩自由贸易区等主题，参加国家发改委、交通运输部、铁道部（国家铁路局、中国铁路总公司）、中国工程院、山东省政府办公厅、省政府研究室、省发改委、省蓝办、济南铁路局以及民革中央、民革山东省委等战略研究，调研咨询 30 余人（次）。研究成果产生了较大的社会影响，先后被列入《国家海洋功能区划（2011—2020）》《国务院支持东北振兴若干重大政策举措的意见》《山东半岛蓝色经济区发展规划》等。前期研究提出的"烟大铁路轮渡"，先后被列入国家"九五"计划、国家《中长期铁路网规划》，并作为国家重点建设项目于 2006 年建成投入运营，产生了巨大的社会效益和经济效益。2008 年，研究成果获得时任国务院总理温家宝、副总理李克强的重要批示。2013 年，国务院领导再次做出重要批示，要求国家发改委等部门、有关地方政府，结合"十三五"规划重大课题调研，加快推进渤海海峡跨海通道研究论证，提出意见。国家发改委主任、山东省委省政府主要领导等分别做出批示。2015 年，党和国家领导人、国务院领导再次对研究成果做出重要批示。二是胶东文化研究院。以东方海上丝绸之路研究和地方传统文化研究为研究重点，为烟台建设胶东文化龙头城市、文化旅游发展提供了智力支持。研究成果《山东半岛与东方海上丝绸之路》由人民出版社出版后，引起了国内外专家学者的广泛关注，对烟台正式入选丝绸之路经济带沿海节点城市起到了推动作用。

　　（4）山东工商学院。该学院出台了《关于推进新型智库建设的实施意见（试行）》，并建立了"社会稳定风险研究评估中心"和"社情民意调查中心"两个机构。一是社会稳定风险研究评估中心。主要与烟台市委维稳办合作，研究重大投资项目与重大决策社会稳定风险评估，定期向烟台市委市政府、相关决策部门定期提交研究报告，定期向社会发布相关区域、行业的社会稳定风险评价报告和预警报告。其中，重点参与了德龙烟铁路、烟台西港等 15 项山东省或烟台市重大投资项目的社会稳定风险评估报告的评审工作；出版了 35 万字的《烟台市社会稳定风险评估工作的创新实践》；编制了《烟台市调整市区民用管道天然气销售价格及实行阶梯价格制度社会稳定风险分析报告》；初步建立了地方政府重大决策社会稳定风险评估指标体系，填补了我国重大决策社会稳定风险评估指标体系建设的空白；建立重大决策社会稳定风险评估专家库，编写社会稳定风险评估培训教材，开展相关培训工作。二是社情民意调查中心。中心集项目管理、访员管理、样本管理、问卷管理、配额管理、答卷管理和资料统计七大功能，拥有标准电脑辅助电话调查电话访问坐席60个，设有项目管理室、访问室和监控室。2008年成立以来，承担地方政府、机关事业、社会团体等单位委托的群众满意度调查等各类项目100余项，有着丰富的设计、实施和分析经验。

（5）中国科学院烟台海岸带研究所。该研究所与中科院文献情报中心、中科院兰州文献情报中心、中科院网络信息中心等合作，开展情报、数据、知识等服务，为国家及地方海岸带可持续发展创新驱动发展提供科技支撑。与省、市政府及国家有关部门建立沟通机制，围绕海岸带综合管理和可持续发展，承担多项省市级海岸带发展规划任务，主持编制了山东省、烟台市有关发展规划8项，10余份咨询报告、提案和建议被采纳，部分建议得到国务院、省政府等领导批示。

（6）中国农业大学烟台研究院。成立农业文化研究中心，以烟台为基地，探索研究胶东农业文化遗产保护和开发，助力地方经济发展与社会文化建设。

（7）山东省海洋资源与环境研究院。充分利用自身人才、智力与科技优势，支持山东"蓝黄"两区建设和"海上粮仓"建设。承担国家、省、市各类科研项目70余项，取得创新成果近20项。在全国率先突破牙鲆的控温控光培育技术，研制开发出海水鱼苗专用系列环保微粒子饲料和养成配合饲料，填补了国内空白，打破了国外技术垄断。建立了黄河三角洲海参人工调控下池塘生态养殖新模式，填补黄河三角洲海参池塘生态养殖的空白，并辐射带动地方规划开发20余万亩，产生经济效益 12.9 亿元，促进黄河三角洲渔业结构调整和产业升级，起到了良好的科技推广示范作用。

3. 民间智库方面。各类民间研究会围绕自身定位和领域，积极开展研究，形成了一批有特色、有意义的重要资料，为繁荣地方文化、增进社会和谐、增添城市名片等做出了贡献。其中比较有代表意义的有：烟台奇山文化研究会积极挖掘烟台历史文化沉淀，形成了《北京张贵墓志铭和烟台关系的考证》等研究成果，论证了当时烟台在全国的重要军事地位，让更多的市民了解城市发展的历史，为提升烟台市文化品位、推动城市建设做出非常独特的贡献。胶东文化研究会在挖掘、整理、研究胶东文化等方面取得了丰硕成果，推出了《胶东文化研究丛书》《烟台历史文化丛书》等，为推动烟台建设胶东文化龙头城市做出贡献。蓬莱市戚继光研究会由国内戚继光研究专家和研究爱好者组成，邀请范中义、阎崇年等国内著名专家、学者担任名誉会长，秉持"学术立会"理念，围绕戚继光思想、著作、影响及其在中国古代军事史、中国兵家文化等方面的地位，深入进行学术研究，推动戚继光文化在当代各领域的应用。莱阳市家庭建设研究会秉承"精进以持恒，创新以求升"的发展理念，立足于传承弘扬优秀传统文化，吸收借鉴国内外优秀家庭建设经验，为全市家庭建设工作提供理论指导，促进社会和谐，等等。

（三）烟台市直部门及县市区与各类新型智库合作情况

在积极发挥政府机构等新型智库作用的同时，市直部门及县市区也都"借智发力"，在研究制定"十三五"规划、产业发展规划、城市发展规划、交通设施建设、城市管理、城市营销、招商引资、社会事业等方面，以政府购买服务等方式与省内外、国内外各类新型智库展开合作，争取借鉴吸收最新颖、最全面、最直接的研究成果、理论产品，更好更快地推动地方经济社会发展。比较有代表性的有：市经信委承担建设的"北京科技大学烟台先进装备技术研究院"，强化"教学和科研"双核驱动和"人才和成果"双核转移对烟台区域经济社会发展的带动作用，实现烟台地区"人才—科研—产业"的融合与协同发展。市交通运输局通过公开招投标形式，确定由交通运输部规划研究院承担了《烟台市综合交通运输体系发展规划》和《烟台市交通运输"十三五"发展规划》。市农业局委托浙江大学中国农业品牌研究中心负责"烟台苹果品牌战略规划"的制定工作。烟台高新区与北京长城战略研究所合作，制定高新区"十三五"发展规划方案。招远市聘请专业经济顾问，从与本地合作紧密的外资企业中，选取部分企业的高级管理人员担任本市经济顾问，为招远经济发展建言献策，为招商引资牵线搭桥。目前已聘请韩国 UPI 公司社长、贺利氏招远贵金属材料公司前董事长、加拿大 HD 国际投资 CEO 等 25 名经济顾问，成功引荐了韩国车西斯、贺利氏工业园等项目。海阳市委托安邦集团编制完成《养老养生产业规划》，等等。

（四）烟台新型智库建设存在的问题

无论是对照中央、省的标准要求，还是对比外地先进城市经验做法，我市在新型智库建设方面还有不少差距和问题，主要存在以下几个方面：

1.智库建设的认识还不够深入。从调研反馈的情况看，部分部门、县市区对什么是中国特色新型智库、建设新型智库的重要意义以及如何完善智库体系等，存在认识不够、理解不深等问题。这都影响了地方新型智库的建设以及作用的发挥。在一些重大政策制定、重点项目建设之前，也没有很好地加强决策咨询。

2.智库建设的主体结构不够平衡。在我市智库体系建设中，官方智库占比较大，其他发展类型的智库明显偏低，社会智库、企业智库几乎没有，民间智库也是屈指可数。在研究立场上，官方智库由于内在于政府体系，领导意志、部门和地区利益都可能会左右其研究立场。在资源利用上，官方智库在管理上呈现属地化、部门化，彼此互不隶属、条块分割，缺乏必要协同与整合机制，难以形成合力，低水平重复建设严重。在竞争机制上，官方智库往往处于咨询垄断地位，缺乏改进方法、更新知识、完善分析工具的积极性。

3. 智库建设的政策支持还不到位。中央、省都制定出台了促进新型智库发展的意见，我市相关部门也在抓紧制定相关的贯彻落实办法。在管理体制上，很多智库机构官本位现象严重，体制内智库的人才引进、激励机制以行政职务为导向，高素质智库从业人员不便于引进。财务制度上，经费来源和使用与智库活动的实际需求脱节，智库投入相对不足。

4. 智库建设的沟通联系不够紧密。我市官方智库机构与非官方智库机构之间的联系还比较松散，彼此之间没有很好地进行沟通交流、结合融合。通过政府购买服务等方式委托大学、研究所等专业智库机构的探索还比较少，没能充分调动起地方专业研究机构服务政府决策、服务地方发展的积极性、主动性。同时，一些大学等专业机构服务意识不够，长期的学术研究氛围和习惯使许多研究人员缺乏主动服务社会发展的意识，没能更多地肩负起为经济社会发展服务的重任，很多研究成果难以获得社会的认同和关注。信息交流不畅通，很难在第一时间获得政府的有效需求信息，不能有针对性地开展研究工作，许多研究成果不能转化成有效的对策建议。

三、进一步完善烟台新型智库体系的对策建议

认真贯彻落实上级文件精神，重点在以下六个方面提升改进，增强决策咨询能力，推进治理体系和治理能力现代化。

（一）提高对智库建设的认识水平

应清楚认识到智库作为政府决策机构的"外脑"，不只是政府部门决策的咨询机构那么简单，在公共政策制定过程中，应充分利用智库的应用型研究成果，不断加大与民间智库的合作，对部分应用型研究项目可尝试采取向各类智库公开竞标的方式，汲取有价值的意见建议和决策咨询，进一步提高决策的科学性和全面性。各类智库应树立"面向社会、服务民众、智持政府"的发展理念，从事关国计民生的全局和长远利益出发，牢牢坚持以服务决策为导向，不断加强对重大问题的前瞻性、战略性、综合性研究，进一步提升对重大问题的综合研判和决策谋划水平，切实为政府决策提供优质的信息服务，成为政府治理能力提升的重要"助推器"。

（二）制定支持智库建设发展的政策意见

结合我市智库建设的发展实际，参照外地先进城市的有效做法，研究提出加强我市新型智库建设的政策意见。对高校、企业、民间等发展新型智库给予激励引导，比如山东工商学院拟于今年开展的新型智库项目有：与市民政局、韩国社会福祉协议会联合开展中韩合作养老模范区研究；与市发改委、统计局等合作开展《山东半岛县域经济评价蓝皮书》编写研究工作；与市发改委、人社局、民政局、统计局合作开展烟台人力资源和社会保障发展报告；与人民银行烟台市中心支行、烟台市金融学会等联合开展烟台市金融发展报告研究；与龙口矿业集团、烟台市环保局等合作开展烟台市行业（企业）节能减排评价与规划研究，等等。对于这些项目，应大力支持，充分激发研究人员的积极性，共同推动地方经济社会发展。

（三）推动我市争取、建立更多的智库机构

加大对知名高校、研究院所的引进力度，鼓励市直部门及县市区与外界开展合作，在我市设立更多的新型智库机构，服务地方发展。像烟台商务部门围绕推动中韩（烟台）产业园拟建立中韩智库，聘请中韩两国专家学者以及知名企业家组成，适时参与中韩合作战略研究交流活动，为两国经济发展、战略对接以及产业园共建等建言献策。目前，与商务部国际贸易经济合作研究院、山东发展研究中心、山东大学、韩国贸易协会、韩国对外经济政策研究院有关专家学者达成初步意向。烟台教育部门推动"中国社会科学院烟台东亚文化研究院"建设，该院由中国社会科学院相关研究所（院、中心）、烟台市政府、山东财经大学和烟台大学合作共建，争取经过5—10年的努力，形成一批具有标志性的学术研究成果，打造国内一流、国际知名的东亚文化研究基地。对于这些项目，有关部门要制定专门的工作方案，争取机构早日落地。

同时，鼓励有条件的国有企业、大型民营企业等建立智库中心，围绕产业政策、结构调整、转型升级等方面开展研究，利用企业接触市场最前沿的优势，为当地政府提供最直接、最新的市场情况及发展建议。鼓励发展社会智库和民间智库，特别是民间智库，应鼓励我市退休的领导、管理者参与民间智库建设。这些退休的领导同志政治敏感度高、经验丰富、传播统筹能力强，有利于我市新型智库建设中老、中、青相结合的人才队伍培养，更能找准党委政府的需求点和切入点，方便建立良好的合作关系。比如，深圳市原副市长张思平离任后，加入具有独立法人资格的非营利性社会组织——深圳创新发展研究院，研究形成了全国知名的行政审批制度改革等思想成果，成为深圳行政审批制度改革的重要决策参考，也引起全国各地城市纷纷学习借鉴。

（四）建立政府购买服务决策咨询服务制度

探索建立政府主导、社会力量参与的决策咨询服务供给体系，稳步推进提供服务主体多元化和服务方式多样化，满足政府部门多层次、多方面的决策需求。研究制定政府向智库购买决策咨询服务的指导意见，明确购买方和服务方的责任和义务。凡属于社会智库提供的咨询报告、政策方案、规划设计、调研数据以及课题研究等，均可纳入政府采购范围和政府购买服务指导性目录。建立按需购买、以事定费、公开择优、合同管理的购买机制，依法采用公开招标、邀请招标、竞争性谈判、竞争性磋商等多种方式购买，进一步激活政府需求和智库供给双方的积极性。

（五）加强各发展类型智库之间的沟通联系

当前，很多热点和难点问题都呈现出多样性、复杂性和综合性的明显特点，单凭某一家或者某一类智库的力量，往往不能很好地提供决策参考，这就需要各类智库之间开展合作交流。应发挥市委政策研究室、市政府调研室等牵头作用，在官方智库机构、社会智库以及民间智库等之间应建立正常的沟通交流机制，加强合作与联系，以更好地汇集研究成果、探讨研究方式、互通有无等，消除障碍与阻力，形成推动全市发展的强大合力。鼓励科研院所、企业、高校之间开展协同创新。加强对各类智库机构人员的培训力度，提高人员事务研判能力和水平，准确把握国家政策动向和地方政府实际需求，提出针对性、实践性强的发展建议和决策咨询。各级政府机构按照政府信息公开条例规定，依法主动向社会发布政府信息，增强信息发布的权威性和及时性。完善智库机构向政府部门、行业协会申请使用规划、数据等相关资料的标准和程序，保障智库机构人员合法合规获得和使用数据资料的权利。

（六）进一步完善重大决策意见征集制度

凡属经济社会发展的重大战略、涉及人民群众利益的重要公共政策和重大工程项目的决策事项，都应通过举行听证会、座谈会、论证会等多种形式，广泛听取智库的意见和建议，增强决策透明度和公众参与度。鼓励我市人大代表、政协委员、文史馆员等与智库开展合作研究，探索建立我市决策部门对智库咨询意见的回应和反馈机制，促进政府决策与智库建议之间良性互动。

地方新型智库建设的实践与思考

潍坊市人民政府研究室

智库，又被称为"思想库"或"智囊团"，主要指由不同学科背景的专家学者组成，为政府、企业等组织及其决策者处理公共事务和应对突发事件提供方法方案、战略策略、理论思想等智力产品的公共研究机构。智库是国家治理体系的重要组成部分，是国家软实力的重要标志，是公众参与国家治理的重要桥梁。习近平总书记指出："智力资源是一个国家、一个民族最宝贵的资源。我们进行治国理政，必须善于集中各方面智慧、凝聚广泛力量。改革发展任务越是艰巨繁重，越需要强大智力支持。"随着中央《关于加强中国特色新型智库建设的意见》的出台和全面深化改革的有力推进，中国特色新型智库迎来全新发展机遇，建设地方新型智库亦正当其时。

一、新形势下打造地方新型智库势在必行

从国外发展情况看，智库发展一直表现出强劲势头，尤其西方发达国家智库在其国内和全球的影响力不断扩大，成为现代国家建设和全球化发展中的一支重要力量，其发展趋势及时代价值主要表现为在现代国家治理中发挥重要作用，已成为政府、国会、法院和媒体之后的"第五

权力"。截至 2013 年，全球活跃度比较高的智库共有 6826 家，其中美国活跃度比较高的智库数量达到 2000 多家，占世界活跃度较高智库总数的近 1/3，形成了与其社会治理体系相对应的决策咨询系统，对美国政府的公共政策制定和全球化战略具有不容忽视的影响。许多发达国家智库除了为本国政府和企业提供政策咨询之外，也积极参与国际合作和交流，提高其国际影响力。如美国斯坦福国际咨询研究所服务区域覆盖全球 65 个国家和地区，每年接受国际方面的个别委托研究与咨询高达 2000 余件。

从国家顶层设计看，我国的智库建设始于改革开放以后，据美国宾夕法尼亚大学发布的《2013 年全球智库报告》显示，中国智库数量已位居全球第二，在"全球百强智库"中，中国有 6 家上榜。当前我国正处于全面深化改革的攻坚期和经济增长阶段的转换期，面对日益复杂多变的国际国内形势和经济社会发展环境，党委、政府对于各个层面、各个领域决策咨询的需求更加巨大和迫切。党的十八大、十八届三中全会都将加强我国的智库建设提上了重要议程，习近平总书记也多次对中国特色新型智库建设作出重要批示，对我国新型智库建设的基本目标、努力方向等提出了明确要求。中共中央办公厅、国务院办公厅于 2015 年初印发的《关于加强中国特色新型智库建设的意见》则是加强中国特色新型智库建设的具体落实，该文件对我国特色智库建设的重大意义、基本原则、指导思想和总体目标等作出了相关说明和要求。可以看出，我国经济发展步入新常态，加强中国特色新型智库建设具有一定的紧迫性和重要性。

从地方发展需求看，当前全国各地正处于爬坡过坎、转型发展的关键时期，实现"四个全面"战略布局，新常态下应对外部环境挑战、破解改革发展难题、跨越"中等收入陷阱"、提升地区软实力，都迫切需要强有力的智库支持，决策咨询事业大有可为。以潍坊为例，我市一直非常重视政府智库建设，在分别设立市委、市政府政策调研部门的同时，还设立了市科学发展研究院、金融财政研究院等研究机构。多年来，各级党政研究部门与科研机构围绕市委、市政府中心工作，先后论证提出了一系列符合潍坊市情的战略发展思路与建议，为市委、市政府科学决策发挥了重要的参谋咨询作用。当前，经济发展进入新常态，面对宏观经济下行的压力和社会群体利益诉求多元多样的趋势，全面深化改革、经济稳中求进的任务更加艰巨而繁重，潍坊要实现"十三五"时期经济社会发展的各项指标，在全面建成小康社会进程中走在前列，迫切需要健全决策支撑体系，大力加强智库建设，以科学咨询支撑科学决策，以科学决策引领科学发展。

综上所述，无论从借鉴国外先进经验，还是适应我国经济发展新形势，或是地方发展现实需要来说，各级各类智库对社会生活的作用，对党委政府决策的影响，正变得越来越重要，迫切需要重视和加强新形势下的智库建设。

二、我市智库发展基本情况

潍坊市智库建设起步较早，目前已形成由党政系统智库、社科智库、高校智库、民间智库等组成的智库体系。党政系统智库，主要是通过立法或行政组织条例组建，为各级领导层提供决策服务的智库机构，如党委研究室、政府研究室、政府顾问团、科学发展研究院、党校、部门所属研究机构等。党政系统智库大多是立足市情，在对战略问题和公共政策研究，以及服务党委、政府科学民主决策等方面发挥了巨大的作用。党政部门内设的研究机构是政策研究的重要力量，但严格来说，并不是真正意义上的智库。科学发展研究院重视经济领域的研究，其研究目标很明确，即服务政府决策，促进地方经济发展。党校则是党政人才继续教育的地方，其研究以学术研究为主。社科智库，主要是市社科院，是对政策制定有重要影响和推动作用的非政府机构，通过项目委托等形式开展政策咨询，侧重社会领域研究，面向社会，以应用为主，注重科研和学术研究。高校智库，隶属于大学从事政策研究和决策咨询的组织，这类智库是由大学单独或在其他机构、团体协助下创建的，具有高层次人才聚集、学科领先且综合性强等优势，如潍坊学院的区域经济研究所等。高校的优势在于基础理论研究和学科体系建设，主要任务是培养人才，在地方政府政策研究中缺少信息和沟通渠道。民间智库，主要是由民间出资组织并体现社会公众呼声或对政策需求的公共政策研究机构，大多由企业、私人或民间团体创设，如潍坊银行组建的艺术金融研究中心、各企业的技术研发中心等。民间智库多以自然科学和工程技术的创新研究为主，较少涉及政府决策服务。

三、我市智库建设存在的主要问题

近年来，我市地方智库建设取得了一定成绩，但与国外政府智库和国内先进城市相比较，一定程度上还存在低水平研究多、重复研究多、超前研究少、成果转化少的问题，同时也面临着诸多体制弊端和实际困难。主要表现在以下四个方面：

（一）整体力量薄弱

目前，我市许多发挥决策咨询主体作用的党委研究室和政府研究室没有单独设置，而是分别与"两办"一套班子、两块牌子，专职政策研究人员很少。驻地高校中面向地方应用的政策研究队伍比较薄弱。从事信息服务、咨询服务、技术服务、培训服务等类型的"软企业"和"智慧企业"发展滞后，缺少诸如安邦咨询公司、零点研究咨询集团之类的民间智库型企业。县区一级的党校等机构科研力量相对薄弱，提供科研、调研成果数量少、质量低，未能发挥应有作用。

（二）信息资源共享机制不健全

智库研究需要掌握、分析大量的数据信息，目前主要来源渠道是通过政府部门发布的网络资源。但由于一些数据更新不及时、数据公开不够、信息资源不能共享等原因，导致有些智库对党政决策的需求情况了解不足，研究工作与中心工作脱节，不仅影响了智库进行本地化政策研究的积极性，更影响了智库研究成果的质量。

（三）智库资源分散、缺乏合力

智库机构分布在各个领域和部门，既有党政部门的研究室，也有科研院所、高校和企业的研究中心等。由于各研究机构条块分割、封闭运行，相互间交流乏力，加上缺乏统一规划、统一组织，导致资源分散使用，集成配置效率不高，封闭研究、重复研究、低水平研究大量存在，没有形成整体合力。

（四）民间智库发展相对缓慢

一方面由于自身发展资金有限、发展经验比较缺乏，使其在市场竞争中的优势不明显。另一方面国家尚未制定专门的发展规划对民间智库进行有效扶持，导致民间智库后天发展环境不够优良，且各级政府过多依赖官方智库，与民间智库的合作较少，造成民间智库的社会服务功能和发展机遇受限。

四、加强新型智库建设的初步探索

构建完备、高效的地方新型智库体系是一项长期的系统工程。近年来，我市紧紧围绕全市改革发展大局，坚持"智力资源是第一资源"的理念，创新发展思路，在加强智库建设、发挥智库作用等方面进行了积极探索。

（一）明确职责定位，解决好"干什么"的问题

高水平的智库必须从政府决策需要、社会发展要求和广泛民意诉求中找准切入点，寻求平衡点，切实发挥好"决策方案的建言者、政策效果的评估者、社会舆论的引导者"的作用。因此，智库要注重在以下几个方面发挥作用：

1. 趋势研判和决策咨询。面对日新月异的新形势、新问题，地方智库要长期跟踪研判新常态下国内外宏观环境发展趋势，分析研讨地方经济社会发展战略和中长期规划，提出综合性、全局性和前瞻性的发展思路及对策建议，为党委政府决策提供切实管用的咨询服务。2013 年，潍坊金融财政研究院对全市金融市场投融资功能、新型金融业态、重点领域和产业金融服务能力、金融环境等方面进行了深入调研，针对全市金融业发展中的问题和不足提出了意见建议，经过研讨论证，市委市政府制定出台了《关于进一步加快全市金融创新发展的若干意见》，简称"金创 33 条"，有效防范和化解了金融风险，促进了全市金融业态的健康发展，在金融改革创新方面走在了全省前列。2015 年，围绕"十三五"规划制定，市政府顾问团专家们通过深入分析潍坊面临的新形势新环境和当前存在的突出问题，从产业、城乡建设、创新、环保等十五个方面提出了一系列具有前瞻性和针对性的意见建议，使《十三五规划纲要》转化成为更具指导性和操作性、能够有效推动潍坊实现跨越发展的纲领性文件。

2. 政策执行情况评估。政策评估的能力和水平往往反映政策咨询机构向政府建言献策的能力和水平。政府智库既贴近决策层，又独立于其他政府部门，与其他智库相比，政府智库往往更加了解政策制订的初衷和过程，可以站在第三方评估的立场上，从全局和战略的视角分析问题，

也能从现实和可操作性的角度评估政策，有助于更加客观公允地开展评估。潍坊市智库注重加强对重大改革方案的跟踪研究，对中长期规划、重大项目及政策实施效果的咨询论证，为地方相关决策改进提供依据。比如，2013年，我市相继推出了产业转型升级、金融领域改革、区域发展战略、农业农村领域改革等方面的重点改革事项。随着各项政策措施的逐步推进，我市多次借助智库力量，对一系列重大决策部署贯彻落实情况进行全面评估。通过实地走访、入户调查座谈等方式，对全市的现代产业体系、金融体制改革和区域协调发展机制等开展了系统评估，形成评估报告，为全市下一步重大决策部署提供科学依据。

3.引导社会舆论。当前，社会思潮多元多样多变，意识形态领域交流交融交锋，地方智库应以引导社会舆论、弘扬主流价值为己任，针对社会关注的关键问题、重大问题和热点问题及时发声、有效发声，传递出向上向善的舆论导向。2015年，我市成立了由市社科联、党校、高校及部分职能部门的人员组成的政务信息公开和政策解读专家库，成为我市政策宣传解读工作的"外脑"和"智库"。通过对省、市出台的重大政策文件进行全面梳理和提炼，分区域、分行业、分类别组织召开政策宣讲会，为全市大中小微型企业和市民解读近年来省、市出台的重大政策和优惠条款，并借助新闻媒体、网络、协会商会会刊、网上办事大厅、政企通、中小企业服务中心等多种平台有针对性进行覆盖，帮助市民知晓政策、用好政策，发挥"咨政"与"启民"的双重作用，推动各项政策落地。

（二）强化统筹领导，解决好"怎么建"的问题

服务改革发展是智库建设的重要目标。要实现这一目标，必须以解决经济社会发展中的重点问题为抓手，突出人才导向，坚持国际化视野，科学布局，统筹推进智库建设。

1. 坚持实用性原则。考量智库建设成效如何，关键看有多少研究成果转化为科学决策。从实际工作看，最容易进入决策的，是那些能解决具体问题的研究成果。因此，建设智库的基本要求，就是能解决本地区社会关注、领导关切、群众关心的热点、难点和焦点问题。潍坊市在推进智库建设时，始终坚持问题导向，重点围绕解决品牌农业发展、传统产业转型升级、新兴产业培育等关键问题，以应用对策研究为主攻方向，有针对性地组建各类专业智库。围绕解决全市发展中的重大问题，我市成立了潍坊市科学发展研究院，积极开展方向性、前瞻性、比较性、储备性问题研究，为全市经济社会发展提供决策参考和智库支持。为提升城市规划建设水平，我市组建了28人的潍坊市政府专家顾问团队和潍坊市规划、建筑设计评审专家库，聘请山东省城乡规划设计研究院原院长、省政府参事柴宝贵为潍坊市城乡规划总顾问，邀请比利时新鲁汶大学建筑学博士、城市规划师、景观建筑设计师阎安教授为潍坊市城市规划建筑顾问。为加强政府立法工作，我市从高等院校、科研机构、社会团体等聘请了110名专业人才，成立潍坊市政府立法智库。通过对经济社会发展的热点、难点和突出问题分析把脉，使智库的研究工作更加贴近决策需要，真正做到"急政府之所急、想政府之所想、求政府之所求"。

2. 统筹布局、互为补充。智库结构分散、主体同质化严重，导致重复研究较多，调研资源难以形成合力，即使是联合研究，也多停留于机械性组合。要避免这种多点施肥而不开花结果的现象，在智库建设之初，就必须强化顶层设计，合理布局，统一规划，统筹整合地方智库资源，形成一个职责明晰、特色鲜明、规模适度、布局合理的智库体系。从长远看，科学的公共决策，常常是多个视角、多个角度碰撞的结果，也需要各个层面智库相互补充、共同发展。我们认为，建立智库体系，不是机构和人员的简单叠加，而是通过对各类智库主体功能的重新定位和要素的优化组合，实现 1 ＋ 1 ＋ 1 ＞ 3、"石墨变金刚石"的质变效应。基本原则是，各类智库主体之间应该以分为基础，重在突出优势，界定功能，明确分工，错位发展；以合为目的，重在资源整合，突出专业化、职业化，实现有机融合，发挥最大效应。在实际工作中，我市统筹整合党政机关单位、社科院、高校研究机构、民间智库等各类决策咨询机构资源力量，鼓励引导组建联合智库，构建起了以党政系统研究机构为主导，市政府顾问团、科学发展研究院为核心，部门所属研究机构为主体，社科院、党校为辅助，民间智库广泛参与的智库体系，形成了区域一盘棋、全方位互动的"大咨询"格局。如，以市社科院为核心，联络市内多家研究机构成立智库联盟，在各驻潍高校、党校、市直部门、各县市区推荐的基础上，经过认真筛选，聘任 50 名同志为市社科院首批特约研究员，研究方向涵盖了经济、政治、文化、生态、社会等领域，构建起覆盖全市的理论研究和咨询研究网络。

3. 引进高端人才。人才是智库最核心的竞争力资源，没有一流的人才，就不可能有一流的智库。发达国家智库将人才作为提高竞争力的核心因素，在人员选拔上通常注重学术造诣、研究能力和实践经验，同时注意学科背景、学历、年龄、政治宗教信仰的多样性和结构的合理性，以实现观点的平衡和研究成果的科学性。如德国的智库一般采用公开招聘的方式吸纳贤才，加入智库的人员都要求拥有某专业的专家资格。近年来，潍坊坚持把人才作为政策咨询研究的第一资源，通过公开招录、竞争考核聘任等方式，选好首席专家，建设好研究团队，形成开放、竞争、流动的人才机制。2015 年，我们成立了市政府顾问团，从海内外 50 多名高层次专家中筛选确定了中国行政体制改革研究会副会长汪玉凯、华南理工大学服务经济研究所所长李冠霖等 18 位专家担任顾问团成员，对我市新常态下全面深化改革、加快经济社会发展提出了一系列意见建议。市科学发展研究院专门聘请国务院发展研究中心城市发展研究所综合研究室主任张晓欢，担任研究院综合发展战略研究所执行所长。高素质的人才资源，为提高智库研究水平和影响力奠定了基础。

4.整合国际智力资源。当前，智库发展的国际化趋势日益明显，全球最有影响力的智库无不重视国际交流，纷纷通过举办国际学术会议和讲座、组织跨国项目研究、在世界各主要国家建立分支机构等方式来拓展海外研究领域和业务范围。特别是随着我国对外开放地深入推进，以国际化视野研究问题，以国际化理念处理问题，使各项决策更加符合国际要求，显得尤为重要。潍坊在启动智库建设时，就坚持开门办智库、开放办智库的原则，积极与国际知名智库建立交流合作关系，开展国际合作项目研究，并大力吸纳海外优秀人才，着力提高利用全球人才资源、汇聚全球智慧的能力，国际交流合作水平全面提升。近年来，我们先后与安永、德勤、毕马威、马利克等国际智库建立战略合作，开展了政府系统能力提升研究、产业诊断分析等工作，制定出台了 22 个产业转型升级方案，利用国外智库的先进理念、智力优势推进相关工作开展。

（三）做好结合文章，解决好"怎么用"的问题

建好智库是基础，发挥好智库在经济社会发展中的作用才是关键。

1.坚持植根本土。能否为地方党委、政府提供高质量的决策咨询服务，是衡量地方现代新型智库建设的重要指标。本土智库具有地方特色和地域优势，在熟悉和了解地方与区域经济社会发展热点难点上，在分析和把握地方与区域经济社会发展的问题上，有着突出的优势。2003—2004 年，潍坊市围绕搞好中心城市发展战略研究，采取地方智库与高端智库相结合的方式，分别组建了由市政府研究室、市发改委和市规划局人员组成的调研组，由国家发改委宏观经济研究院、北京大学专家组

成的专家组，两个小组发挥各自优势，互为补充，密切配合，研究提出了"开发滨海""峡山划区""建设山东半岛物流基地""打造职业技术教育基地"等一系列切合潍坊实际、事关长远发展的战略性建议，都进入了市委市政府决策，目前这些建议都已变成现实。滨海已经成为潍坊最广阔的发展空间、最突出的比较优势和最重要的内生动力。峡山区也获批为全省 12 个省级经济开发区中唯一的生态经济开发区，下步将打造成为山东省高效生态经济发展的引领区和示范区。2014 年，潍坊市注重发挥好本土智库的作用，围绕工业、服务业、财税金融、科技创新、国际化及开放发展、城乡规划建设交通、社会事业及保障、思想历史文化、生态环保、法治建设等十个领域，从全市机关、企业、高校人员包括已退休人员中选拔了 67 人组成了专家库，为全市经济社会发展提供了重要的人才支撑保障。

2. 强化政智对接。智库对政府决策辅助作用的发挥，需要依赖畅通的沟通交流机制和常态化互动平台。首先，健全完善智库有效参与公共决策机制。从经济学角度看，党委、政府是决策咨询的需求方，智库则是供给方，要完成交易，首要的一点就是智库（供给方）了解党委、政府（需求方）的需求，这样才能有的放矢。实现政府与智库之间的供需有效对接、工作一体联动，必须完善智库参与公共决策的机制，以法律、制度的形式规定决策咨询机制，实现智库参与决策的制度化、规范化、程序化。在实际工作中，我们严格执行重大行政决策公众参与、专家论证、风险评估、合法性合理性审查、集体研究法定程序，对涉及公共利益和人民群众切身利益的决策事项，通过举行听证会、座谈会、论证会等多种形式，广泛听取智库的意见建议。凡是涉及全市经济社会发展重大问题的研究，市科学发展研究院全程列席，进一步增强决策透明度和公众参与度。去年，加快"中国食品谷"建设、打造中国艺术金融中心等重点工作，就充分吸收了市政府顾问团彭真怀、西沐等专家的意见。其次，实现信息对接。智库参与决策仅是第一步，要保证智库研究的科学性、适用性，必须让智库充分了解相关信息。这就涉及了政务信息公开的问题。潍坊严格按照政府信息公开条例的规定，通过政府网站、政府公报等媒介，发挥政务微博、政务微信等新兴信息发布平台的作用，主动向社会发布政府信息，方便智库在进行本地化研究时，能够随时获取研究所需的基本资料，最大限度地减少政府部门与智库机构之间信息不对称的问题。仅去年一年，就通过政府门户网站政府信息公开专栏、市政府公报等途径，公开支持创新创业财税政策、养老保险制度改革等改革措施类政府信息 200 余条，极大地提升了智库的信息知晓率。同时，定期召开专家沟通会议，向有关专家介绍相关政策和工作动态，听取专家的意见和建议。2015 年，召开了第一次市政府顾问团会议，今年我们将择期召开第二次会议。第三，建立政府购买决策咨询服务制度。政府购买决策是智库研究的指向标，政府购买哪方面的决策，智库就将精力投向哪方面的研究。我市积极探索按需购买、以事定费、公开择优、合同管理的购买机制，采用多种方式购买由智库提供的咨询报告、政策方案、规划设计、调研数据等，满足多层次、多方面的决策需求。近年来，先后与山东大学、青岛大学、山东财经大学等高校研究团队开展合作，采用购买服务或适当补助等方式，邀请其合作开展财税改革、经济转型等课题调研，取得了良好效果。

3. 创新管理方式。提升地方智库建设整体水平，需要实现对智库的规范管理。在智库建设中，我市着力强化课题管理、成果转化、激励保障等机制建设。第一，建立动态管理机制。对专家库组成专家按评审会召开时的发言积极性及业务理论水平的高低等方面及时评价，实行动态管理，定期更新专家库，劣汰进优，对不符合要求的予以淘汰。第二，拓宽成果转化渠道。建立健全沟通联络机制，通过多渠道、多形式，把最新的调研报告、对策建议及时报送到省、市领导手中，为领导决策提供理论咨询服务。同时，打造多渠道的成果发布机制，根据研究成果的不同性质，分别以决策参考、学术报告，以及媒介宣传等形式对外传播，拓宽成果转化渠道。2015年，我市有18篇调研成果得到省委、省政府领导和市委、市政府领导批示，在《山东政务信息特刊》刊发文章2篇，在省政府研究室《决策参阅》刊发文章5篇，在《山东经济战略研究》刊发文章4篇，有力促进了研究成果应用于经济社会发展实践。第三，创新激励机制。加大对进入政府决策成果的奖励力度，对获得重大经济社会效益、进入党委政府决策过程的成果予以重奖。同时，通过科研业务考核、科研奖励、评选优秀等多种形式，形成强有力的引导机制，鼓励广大科研人员多出成果、出好成果。去年，我市对在省级优秀调研成果评选中获奖的16个单位及个人进行了表彰奖励，进一步调动了大家的积极性。

4.注重联系协调。当前，很多热点和难点问题都呈现出多样性、复杂性和综合性特征，单凭某一家或者某一类智库的力量，往往不能很好地为党委、政府提供决策参考，这就需要各类智库之间积极开展合作交流。我市注重搭建联系各类智库、发挥协调功能的平台，整合资源、强化协作，尤其是充分注重整合各级各部门单位所属政策研究机构中的研究力量，加强与省级智库和域内高校合作，搭建多层面立体化的合作平台，全方位地服务于全市的经济社会发展。如，财政部门牵头与潍坊学院、金融办、人民银行、银监局等成立潍坊金融财政研究院，将分散在高校和各经济管理部门的研究力量充分整合，依托潍坊学院专业研究力量，充分利用部门实践经验和信息优势，扎实开展科学研究、教育培训，积极为全市经济社会转型发展提供智力支持。目前，已有20多项调研成果进入市委、市政府决策。

5. 强化人才队伍建设。智库的水平是由人才的水平决定，人才队伍建设是新型智库建设的重中之重、关键之举。我市高度重视人才引进、培养、交流工作，为智库建设提供了坚强的智力保障。第一，加大人才引进力度。建立健全智库人才选拔机制，依托重点学科、研究基地、重大研究项目，实施了高端人才延揽计划。特别是面向区域内外借调、招考和外聘研究人员，积极引进拔尖人才、紧缺人才，优化了智库人才结构。比如，去年，仅市科学发展研究院就借调3人、招聘5人、外聘1人，有效提高了整体研究能力。同时，在全市建立起智库专家人才数据库，积极吸纳高校教师、各类专家、企业精英参与其中，进一步充实了智库后备人才队伍。第二，建立智库人才培养机制。实施了人才提升计划，有计划、有重点地推出领军人才，并选送优秀中青年骨干人才到高校、企业等单位挂职、培训。积极培育青年学术后备力量，组织青年科研骨干参与政府决策咨询活动和学术交流活动，帮助其提升研究能力。自2006年开始，与复旦大学、浙江大学等知名高校建立了合作培训关系，每年定期组织党政机关研究室人员进行脱岗培训，有效拓宽学术视野。截至目前，已累计培训500多人次。第三，建立智库人才"旋转门"机制。不断完善人员聘用交流机制，在智库与企业之间实现人才双向流动。建立健全各类人才评价体系，实行严进宽出，合理调整科研人才结构，对不适应研究工作的人员，及时予以分流。同时，加大对优秀科研人员的宣传力度，努力营造学术带头人、省级优秀专家、享受国务院津贴专家队伍和各类优秀人才成长的良好环境，吸引更多高层次、宽领域的高端人才融入潍坊发展。

五、推进新型智库体系建设的思考和建议

从国外智库体系发展的成功经验看，政府在整体规划、资金来源、信息资源共享、人才队伍建设等方面加强对地方智库体系建设的统筹、指导与扶持，是高效建设地方新型智库体系的根本途径。

（一）整合各类智库资源，建立和完善多层次宽领域广覆盖的新型智库体系

当前，由于地方智库的主体相对独立也比较分散，没有形成高效能的"集成电路"，资政辅政、启迪民智等作用发挥得不够好，迫切需要整合已有的智库力量，调整优化智库布局，推进党政部门、社科院、党校、高校、科研院所和企业、社会智库协调发展，努力形成以党委政府研究部门为核心，以高校科研院所等研究机构为辅助、以社会智库为补充的地方新型智库体系。要组建地方新型智库领导协调委员会，对地方各类智库的研究和建设工作进行统一规划与指导，将优势资源集中到重大事项上。要依托各类智库，成立智库联盟，构建全覆盖的理论研究和咨询研究网络。

（二）建立完善经费投入多元化机制

智库属于资金密集型行业，资金的筹集是智库的核心，多元化的、充足的研究资金，有利于智库从公共利益的角度进行政策研究，从而保障了智库引导下的政策思想有足够的公共性和正当性。发达国家智库的资金来源多种多样，主要有原始基金、政府拨款、企业捐助、会员会费、政府或企业的委托项目收入以及自我经营与出版的收入等。借鉴国外经验，各级政府要深入探索多元化的资金筹措机制，研究制定和落实支持智库发展的财政、金融政策，通过财税优惠，引导和激励社会力量加大对地方智库建设的投入，加快社会智库的发展。可设立"地方新型智库

发展基金"，对智库研究项目和计划给予支持。

（三）加大政府信息公开力度，重视智库网络与信息化建设

进一步加大政府信息公开的力度，方便智库机构在进行本地化研究时能够随时获取研究所需的基本资料，最大限度地减少政府部门与各类智库机构之间信息的不对称。要加快打造智库网络平台，发挥核心智库和枢纽智库的引导作用，为决策者和研究者提供纵向和横向资源共享的互动服务，提高智库成果的应用效率。

（四）重视智库人才队伍建设，大力培养和网络智库人才

把引进和培养结合起来，建立开放竞争的选拔机制，创造条件引进急需人才。建立客观严格的考核激励机制，合理使用现有人才，优化人才队伍结构。建立官、学、研人员交流机制，参考国外"旋转门"机制，吸收那些既有专业理论功底、又熟悉决策过程的专家型官员或官员型专家进入智库，通过支持政府部门与智库之间、科研机构与智库之间、智库与智库之间进行人员交流，促进智库集中智慧开展政策研究工作。

（五）健全完善组织机构，强化党委政府政策研究室决策咨询功能

目前各级党委政府大都建立了政策研究室性质的机构，在机构职能配置和机构分工上，大多是承担文件、文稿起草工作，主要居于参谋助手的地位和作用，智库功能不强。建议省级层面首先从组织机构设置上强化党政研究室政策研究和决策咨询功能，为地方提供借鉴。

加强地方智库建设的思考

济宁市人民政府研究室

中办、国办《关于加强中国特色新型智库建设的意见》明确提出："统筹推进党政部门、社科院、党校行政学院、高校、军队、科研院所和企业、社会智库协调发展，形成定位明晰、特色鲜明、规模适度、布局合理的中国特色新型智库体系，重点建设一批具有较大影响力和国际知名度的高端智库"，这为新时期加强地方新型智库建设指明了前进方向，具有里程碑意义。

近年来，济宁政府研究室围绕构建"大智库"格局，建立了特邀研究员制度、出台了管理办法，从市有关单位、高等院校、社会研究机构、重点企业聘请了15名专家学者作为市政府研究室特邀研究员，组织他们多次参加市政府决策咨询、课题评估、课题调研活动，开创了借助"外脑"为市政府领导提供决策咨询服务的新局面。按照中央决策部署，结合济宁的实践和探索，就如何加强地方智库建设形成了一些思考和建议。

一、地方智库建设要突出"特色"和"新型"

建设地方智库，需要有世界眼光、理论根基和学术自觉，既要遵循智库建设的一般规律，但也要符合我国国情，从地方实际出发，其"特色"比较于西方及国家智库，"新型"区别于国家各类智库现有之不足。

地方智库的"特色"凸显在政治方向、功能定位和体系建设上。一是坚持党的领导。这是地方智库必须遵循的基本原则。地方智库只能在研究上独立，不能在政治上、思想上独立。二是立足国情域情。地方智库相比西方智库的区别是国情不同；相比国家智库的区别是客户不同，这就决定了地方智库所提供的智力支持，一定要做到"立足地方、务实管用"。三是官方智库是重要的智力支持和主力。这也是我国的经济社会制度决定的，到目前为止，以及未来相当长一段时间，在地方智库体系中以官办智库为主的特点非常明显。四是智库体系呈圈层结构。首先，党政军直属的政策研究机构智库处于内圈层。其次，党校、社会科学院等智库处于中圈层。再次，经费来自教委的高校智库处于外圈层。最后，还有一些处于快速成长期的社会智库非均匀地分布在各圈层中，成为对体制内智库的有益补充。五是思想创新与成果创新并重。既搞学术研究，也搞应用研究。学术研究出理论、出思想，为领导提供认识参考；应用研究出点子、出对策，为领导提供决策依据。

地方智库建设"新"在不同于古代智囊、有别于国家智库。新思路。一是在公共决策中将地方智库纳入其体系之中，成为不可缺少的一环；二是按照全面深化改革的方向，确立适合于地方智库科学运行的管理体制；三是鼓励和支持地方民间智库组织健康发展；四是建立地方智库协会性平台组织；五是推进地方智库开放性、国际化建设。新定位。地方智库的基本功能定位为资政启民。资政，就是为决策提供新的支撑；启民，就是用新的思想来启迪百姓，用准确的政策信息，为公众提供有益的、有助于理解政府政策的环境，从而为政府的决策和执行创造更好的公众环境。新体系。从机构隶属和资本构成看，有官方智库、半官方智库、民间智库。新趋势。一是从智囊走向智库；二是从传统智库向现代智库转型；三是从"思想库"理念走向智库规范化、法治化建设；四是从单一主体向多元主体转变；五是从主要以经济政策研究为主的较为单一领域转向经济、政治、社会、外交、军事全方位多领域发展；六是从单一政策研究功能向智库多功能转变；七是推动体制内和体制外共同发展；八是从一般重视向加强重视转变；九是从封闭向建设国际化智库转变，从国内研究向国际化研究、"二轨外交"转变，争夺国际话语权；十是组织形式从碎片化向智库间协同化发展转变等。

二、地方智库建设要抓好管理与运作

地方智库要发展壮大，与国际一流智库合作、交流、博弈，体制机制建设至关重要。因此，建设好地方智库首先要解决的问题，就是地方智库的管理方式和运作机制问题。

（一）身份认同

不是所有地方咨询公司都能够称为智库，也并不是任何机构都可以建智库。地方智库是有成立条件和进入门槛的。目前，对地方智库的认同方式有三种：（1）政府认同。如"市县智库、高校智库，等。（2）智库排行榜或智库联盟认同。进入智库排行榜或者联盟的机构被认同为智库。（3）自我认同。研究机构自称智库或者在公开场合以智库的身份发言、提供决策咨询服务等。

（二）协调指导

地方智库治理的核心是强化政府在智库发展规划、政策法规、统筹协调等方面的指导责任。（1）顶层设计。要对各类地方智库的功能进行科学定位，统筹建设布局，加强宏观规划。（2）组织协调。成立地方智库建设工作指导委员会，设立地方智库领导协调和组织联络机构，以统筹发挥地方各类各级智库的功能和作用。（3）基金支持。设立地方财政智库预算科目，建立智库发展经费支持机制，区别支持课题研究与智库建设。

（三）环境营造

（1）建立参与决策的长效机制，形成制度性的政策咨询"需求市场"，使智库的"谋"和政府的"断"实现有机结合。（2）完善课题研究机制。以"课题招标"等竞争性方式取代"内定"或"任务"分配方式，对涉及地方总体战略和时间、领域跨度较大的战略，实行协同推进。（3）完善成果转化认定机制。汇编地方智库成果，定期报送党政领导及相关部门，拓宽成果应用转化渠道。（4）建立适应国际一流智库要求的人才机制。尽力把卸任官员、企业界精英、知名学者和专家、著名智库人才纳入地方智库研究队伍和运营团队。（5）完善政府保障机制。落实政府信息公开制度，方便地方智库及时准确地获取政府信息，增强地方智库对重大问题研究的针对性和有效性。创办一批有影响的出版物和网站，促进地方智库间信息共享。

（四）科学评价

智库评价是对智库本身及其成果、影响力等因素的评估，是推动智库工作效率提高的重要力量，同时也是掌握智库整体发展状况的重要途径。应借鉴国外智库评价模式的先进做法，探索符合本国国情的地方智库评价方法和模式，建立智库评估体系、评估机制、确立客观评价标准、评价内容。

（五）运作指导

引导地方智库在运作过程中把握好以下几个方面：（1）定好位。从自身实际出发，不断拓宽研究的广度和深度，努力形成自己的特色和品牌。（2）建机构。在发起方组成、资金来源、人员构成等方面，更加灵活多样。（3）聚人才。建立灵活的选人用人机制，不断吸引和延揽一批又一批优秀的研究型、专家型高素质人才。（4）搞课题。树立"问题导向"的研究模式，针对现实和长远问题开展对策研究，有的放矢提出决策层信得过、用得上、可操作的政策建议。（5）筹资金。以公共财政支持为主，以企业、社会组织、个人捐赠资助为辅，统筹做好资金的管理使用。

三、地方智库建设要正视困难和问题

历经 30 年多年曲折发展，地方党政军智库、社科院智库、高校智库和民间智库多元发展渐成格局。地方各类智库围绕经济社会发展中的热点难点问题，认真履行职责，产生了一批具有较高政策价值和重大影响的研究成果，推动了决策科学化、民主化进程，但也面临着许多现实问题和矛盾困境。

三大乱象。一是地方智库发育不足，表现为"五多五少"："依傍型"智库多，纯社会智库少；"亚形态"智库多，规范型智库少；"吆喝型"智库多，高水平成果少；"饥渴型"智库多，从容型智库少；"粗放型"智库多，科学化管理少。二是地方智库人员构成不合理，表现为"六多六少"：搞理论研究的多，搞对策研究的少；写学术专著的多，写研究报告的少；关注策略的多，关注战略的少；会写的多，会说的少；学术专家多，智库管家少；学术人才多，智库人物少。三是地方智库研究成果针对性不强，表现为"七多七少"：浅尝辄止的多，深入研究的少；追逐热门的多，独树一帜的少；发现问题的多，破解问题的少；文字描述的多，量化分析的少；依据二手资料的多，直接深入调研的少；经验性的研究多，规范性的研究少；阐释性成果多，引领性成果少。

四大矛盾。一是内容与渠道的矛盾。地方智库除了要关注研究成果的质量，还要努力拓展联系决策层的渠道，进而增加观点被采纳的机会。

一旦"鱼与熊掌不可兼得",则要面临偏重内容还是偏重渠道的选择。二是建议与参考的矛盾。决策者需要超越个人倾向的多元观点作为决策参考,但是地方智库在提供观点时却明显带有迎合的动机,最终的结果往往是决策者始终不能得到多元的决策参考,地方智库始终不能领会决策者的真实意图。三是基础研究与应用研究的矛盾。基础研究成果转化为政策的产出需要经过时间的积淀,从事基础研究需要具备相当的定力与担当。那么,从智库成员个人的角度讲,有谁甘愿维持基础研究与政策应用之间这种若即若离的关系?从智库机构的角度讲,又该如何划清自身与科研院所之间的边界?四是政策影响力与社会影响力的矛盾。智库影响力是智库存在的基础,但是智库的政策影响力与社会影响力却不能统一,政策影响力的极大化造成的将是社会影响力的极小化,缺乏社会影响力将难以获得可持续的资金注入与人才供给,而单纯依靠政府或某个机构的全额拨款,其价值中立又将难以体现。

五大难题。一是按照高端定位规划发展的地方智库不多,能够提供具有影响力、震撼力思想产品的地方智库更是明显不足,我国地方智库建言献策的水平和影响力还远远不够。二是官办地方智库"一支独大",缺乏竞争活力。据统计,中国现有的地方智库绝大部分属于官方或半官方,占中国智库总数95%左右的地方智库由财政供养。三是地方社会智库多元化资金筹措机制尚未形成。最近《瞭望》杂志一个关于中国智库发展的调研发现:"一家半官方研究机构,其经费来源中来自主管单位的资金只占2%;委托课题费用占27%;一家美国慈善基金和一家德国跨国企业的资助共占63%。"虽然这家智库的经费结构并不代表我国地方智库经费来源的总体情况,但基本反映了中国地方智库经费来源双重不足的现状。四是开放程度不高,我国特别是地方与国外智库和国际组织机构的交流合作机会不是很多,在国际性论坛中,一些国家尤其是地方智库专家的发言往往流于概念、模棱两可，很难在国际对话博弈中争夺话语权和主导权。五是缺乏地方智库发展科学评价机制。目前我国还没有一套科学化的地方智库评价模式，具体讲就是没有明确的智库评价目标、评价指标体系和评价权威机构。

四、地方智库建设要知晓缘起与历程

"智库"（Think tank）一词出现于第二次世界大战期间，开始是个军事术语，指参谋人员和国防科学家策划军事战略和行动计划的保密室。本意"思想坦克"蕴藏着思想的进攻力和干预力的含义。

今天我们称之为"智库"的组织最早诞生于美国，以后才逐渐在世界各地普及开来。美国历史最悠久的智库已经存在了 100 年左右，产生于 20 世纪 20 年代前后，例如卡内基国际和平基金会成立于 1910 年，政府研究所成立于 1916 年，胡佛研究所成立于 1919 年，外交关系委员会则诞生于 1921 年。

虽然现代意义上的智库及相关研究源起于西方，但类似"智库"的幕僚、门客、谋士、军师等群体组织在中国古代早已出现，他们在古代政治、军事、外交活动中起着十分重要的作用。如史书中有记载的：孙膑为齐威王设"救赵之计"、张良为汉高祖献"下邑之谋"、荀彧为魏武帝定"扼袁之策"，均为各自的元首在经国纬政中做出了不可磨灭的贡献。先秦诸子百家争鸣，战国策士纵横捭阖，从东晋的清谈派到三国时期的谋士群，都可谓现代智库的滥觞。商鞅一策变法强秦，诸葛亮一对三分天下，中国自古就有成熟的智囊模式。

从名称沿革和智库运作方式上看，我国"智库"历史上叫"智囊"，现代叫"软科学"，最近十几年才与国际接轨叫"智库"。中国古代智库都是官吏各自聘请供养，西方智库一开始就是社会组织、国家发展战略。

据考证，我国"智囊"一词，早在汉代就"登台亮相"。汉代史学大家班固在其《汉书·晁错传》中记载："……于是拜错为太子家令，以其辩得幸太子，太子家号曰'智囊'。"晁错为赫赫有名的汉代名臣，因"皆是胜算"，成为太子智囊。太子依凭其出谋划策、运筹帷幄。在晁错等几位股肱大臣的辅佐下，当时的太子、后来的汉景帝，平定了"七国之乱"，为汉代真正四海一家、国力提升打下坚实的基础。

但现代智库在中国的发展是改革开放以后的事。中国现代意义上的智库是从两次会议开始的，一是1984年9月的莫干山会议，二是1985年9月的巴山轮会议。由于这两次会议在新中国经济史上的突出地位及对中国未来发展的长远影响，可以说这两次会议是中国智库的发轫。按照世界上最著名的智库——兰德公司——的创始人弗兰克·科尔博莫的定义，智库就是一个"思想工厂"和"头脑风暴中心"。莫干山会议上的价格大论战和巴山轮会议上的中外经济学家们的思想碰撞，正是两个"思想工厂"和"头脑风暴中心"。

我国正式创建智库则始于20世纪70年代。1977年中国社会科学院成立，1981年国务院发展研究中心成立，目前中国两家最大智库的创建史，相当程度上反映了中国政府决策机制改革的进程。20世纪90年代初，随着中国社会的"下海潮"，一批官员和学者毅然走出体制，创办了依靠市场、专注于政策分析和企业咨询的民间智库。据报道，当时中国智库一度达到2500多家。北京奥运后，行政体制改革加快，第二代中国智库如雨后春笋般建立起来。

纵观我国现代智库的发展演进，大体经历了五个阶段。

第一阶段，改革开放伊始，以中国社会科学院成立、党政军系统智库迅速发展为标志，中国智库体系初步建立；第二阶段，20世纪90年代初，中国首批民间智库相继成立为标志，中国智库体系呈现多元化发展趋势；第三阶段，党的十六大召开后，以北京大学中国经济研究中心等高校智库蓬勃兴起为标志，中国智库体系基本成型；第四阶段，党的十八大召开前夕，以中国社科院实现功能转型、中国国际经济交流中心等一批民间智库大量涌现为标志，中国智库开始寻求转型；第五阶段，党的十八大召开以来，以 25 家机构入选首批国家高端智库建设试点单位为标志，国家开始大力推动新型智库建设。

五、地方智库建设要顺应潮流与趋势

要研究西方发达国家智库建设经验，及时研判国际潮流和走势。目前，以美国为代表的西方智库呈现五大发展趋势：（1）向综合和专业两极化方向发展。一方面，一些大型智库走上"强者愈强"的发展路径，越来越具有综合性集成能力；另一方面，一些规模小、特色明显的智库越来越向专业性智库发展。（2）国际化趋势加剧。一是经营理念的国际化；二是研究人员的国际化；三是研究视角的国际化；四是智库业务的国际化；五是组建全球或地区性智库网络。（3）网络化趋势日趋明显。一是智库都普遍加强网站建设，及时公布、宣传最新学术思想、观点、研究成果和政策主张。二是通过网络进行民意调查、发动相关政策讨论，为智库研究提供新的思想源泉。（4）注重基础研究平台建设。一是通过自属图书馆和专门的情报信息网络为智库的研究提供信息服务。二是重视建立各种数据库和联机检索系统为智库搜集、处理和提供信息。三是智库通过国际信息交流互换、从驻外使馆、联合国等国际机构途径获取项目信息或情报，获得研究所需要的最新研究资料与信息。（5）智库意识形态隐性化。美国智库极少强调自己的意识形态色彩，而把智库的意识形态倾向大都熔铸于自己的研究过

程和成果中，以利在成果的社会传播中实现其意识形态价值追求和美。

要学习我国先进地区智库建设发展的成功经验。近年来，我国在智库组织形式和管理方式上也涌现出一批典型示范。上海整合研究资源，统领当地智库机构共同发展。大连建设社科研究基地，推动地方智库发展。南京组建智库联盟，实行会员加盟制，吸收国内外一流准官方、官非结合、非官方决策咨询研究机构加入，发挥智库联合体的优势，初步形成专家、民间、企业、官方、媒体"五智汇聚"服务决策的格局。他们普遍重视扩大国际影响力、注重锻炼研究人才的国际学术交流能力、信息数据库建设，坚持走专业化发展道路。

要顺应我国智库建设发展总趋势。未来一个时期，我国智库总体上将朝着新型现代智库方向迈进，在吸收借鉴其他国家智库发展成功经验的同时体现中国特色、中国气派。（1）发展形态多样化。未来智库建设将形成以官方智库为主导、以高端智库为龙头、以社会智库为补充的基本格局。（2）研究方式专业化。未来智库专业化、精细化、定制化研究将成为常态，一些综合型智库将更加突出专业特色与品牌效应。（3）资金来源多元化。除了传统的公共财政渠道，个人、基金会、企业提供的社会捐赠将成为未来智库资金的重要来源。（4）团队构成复合化。未来很多智库研究项目将由专家学者、党政机关工作人员、企业工作人员甚至自由职业者组成跨部门、跨专业的研究团队。（5）决策参与全程化。未来智库不仅为党委、政府决策提供建议，一些优秀智库还将深度参与政策的论证、执行、评估过程。

六、地方智库建设要拿出对策与建议

（一）提高思想认识

面对更加纷繁复杂的国内外形势，地方政府公共决策更加需要和更加依赖地方智库。随着地方综合实力的提升和发展阶段的转变，决策所面临的环境正在发生深刻变化，所面临的矛盾和挑战日益复杂，特别是目前经济发展爬坡过坎处于调整阵痛期和增长速度换挡期，全面深化改革处于攻坚闯关克难期，社会建设处于深层次矛盾凸显期，地方决策需要考虑的因素越来越多，对决策的全局性、前瞻性、战略性、综合性和长期性问题提出了更高的要求。

（二）打破思维定势

打破"言必称西方"的思维定势，树立以我为主意识。学习借鉴国外在智库建设方面的有益做法和经验是必要的，但绝不能照抄照搬，必须开创符合中国国情、具有中国特色的地方智库建设路径。克服"酒香不怕巷子深"的旧思维，增强宣传营销意识。地方智库提高核心竞争力，不能守着研究成果"待字闺中"，而应精心组织营销，扩大研究成果的影响力。纠正重视对策研究、轻视基础研究的错误倾向，坚持二者并重并举。无论基础理论研究还是应用对策研究，都是地方智库为党和政府决策服务所不可缺少的。以基础理论研究促进应用对策研究，以应用对策研究带动基础理论研究，是地方智库应坚持的正确研究路径。

（三）遵循发展规律

发挥地方智库作用，迫切需要研究智库建设的规律性问题。智库运作制度化。要以"建立健全决策咨询制度"为路径，按照"需求选课题、课题出成果、成果出质量、质量出效果"的资政思路，形成符合资政性质、特点和规律的地方智库制度机制。智库职能专业化。要形成"一专多能、专博结合、博学多才、以博取胜"和"智慧融合、思想整合、专业综合、合力攻关"的地方智库建设发展新局面，培养造就高质量"复合型人才、复合型团队"。智库产品精品化。就是要多出具有针对性、实践性、操作性的资政精品，不断增强和扩大决策咨询的影响力。智库研究品牌化。

以地方智库成果品质为核心、质量为重点，推进公共政策研究品牌化，实现由"智慧创造"向"质量创造"提升。智库成果载体化。就是为资政构建必须的、适合的智能成果载体，体现地方智库形象特点、职能特色。

（四）优化研究环境

一要尽可能给予地方智库更多的独立研究空间。让他们从自己的角度进行科学论证，拿出相应的政策方案，从而达到"兼听则明"、优化原有政策的目标。二要善于整合利用地方智库的研究成果和政策建议。说到底，地方智库参与政府的政策决策，只是为政府部门提供可能的备选方案，最终政策还是由政府来确定。因此，作为最终决策的政府官员，要具有整合各方建议、从中选出最优方案的能力。三要有与地方智库方案相对接的行政执行能力。在政策方案研究中，地方智库学者往往会基于理想的状态考虑，提出一些超越政府执行能力的政策方案。作为政府官员，要具有良好的鉴别能力，千万不要好高骛远，贪大求洋，将一些根本无法实现的方案采纳下来，最终出现决策失误。四要重视与地方智库专家建立经常性的联系。政府引入智库参与决策不能仅仅是单个项目或者是某一项政策的委托关系，由于政府的公共政策具有连续性，并且是一个系统性的社会工程，这就需要政府官员经常性地与地方智库学者进行沟通，对政策执行情况进行反馈，适时地进行政策调整。

（五）把握推进关键

第一，坚持为党和政府决策服务的战略定位。把握中国特色新型智库政治性、战略性、创新性三大特性，专注于为党和政府建言献策这个"专项"，针对国际国内现实问题、长远问题和战略问题进行对策研究，拿出专业化、建设性、可操作的政策建议。第二，始终把提高研究质量作为生命线。国际上一些智库"百年老店"之所以享有较高的声誉，就在于这些机构高度重视研究成果的质量，视质量为智库立足之本，不断推出有影响、有价值的创新产品。第三，善于汇集和发掘人力资源宝库。地方智库需要把不同领域、不同年龄层的人才有效结合起来，释放出更强的战斗力。畅通地方智库人才流动的进口和出口，推动人才有序流动。建立正确反映德能勤绩的人才评价和激励机制，探索有利于调动研究人员积极性的多种分配方式。坚持开门搞研究，加强与有关部门、国内外同行和社会各界的联系，"走出去"和"请进来"相结合，广泛听取各方面意见。第四，探索建立符合地方智库发展规律的体制机制。在管理体制上，按照行政管理体制改革和事业单位分类改革的要求，针对不同类型地方智库加快推进改革，尽快构建地方各类智库相互促进、有效互补的发展新格局。在内部管理上，尽量减少层级，实现扁平化管理，提高效率。在课题立项上，多采用市场化方式，确保公正公平公开。在经费使用上，完善监督机制，增加透明度。在成果评价和应用转化上，构建多元评价相结合的指标体系。第五，把不断提升影响力作为追求目标。培养品牌意识，明确目标，突出重点，形成一些核心品牌；培养前瞻意识，放远眼光，未雨绸缪，时刻站在理论和实践的前沿，提高对宏观问题的洞察力；培养创新意识，把它作为创造高质量思想产品的灵魂，促进各种思想和观点碰撞切磋；培养全球意识，运用开放思维，加强与国外知名智库的深度交流，提升地方智库的国际话语权。

加强政府智库建设的构想

泰安市人民政府调研室

无论是大国之间，还是地区之间，甚至于企业之间的竞争与角力，在相当程度上都体现为战略智慧的博弈和比拼，思想才是竞争对手最为锋利的武器。思想是智库的产品，智库是思想的产房。加强智库建设对每一个组织都具有十分重要的作用。2013年4月，习近平总书记提出了建设"中国特色新型智库"的任务。2014年10月，中央全面深化改革领导小组审议通过了《关于加强中国特色新型智库建设的意见》，智库作为科学决策的重要依靠力量越来越受到重视。面对新时期新问题，作为地方政府要保持本地区经济社会健康、快速、可持续发展，维护和保障群众根本利益，需要加强地方政府"智库"建设，不断提高政府行政决策的科学化、民主化水平。

一、学习借鉴国内外"智库"建设的经验做法，为谋划好泰安市政府"智库"建设夯实基础

智库，也即智囊团、思想库，往往以"研究所"或"研究院"为名称，它将具有一定专业知识的专家学者或行家聚集起来，运用他们的智慧和才能，为相关行业或机构提供优化解决问题的方案或咨询意见，是

现代领导管理体制中的一个不可缺少的重要组成部分。

近年来，国内各地高度重视并强化政府"智库"建设。从专家决策咨询工作开展较好的城市来看，具有以下共同点：一是决策咨询规范化。一些城市的领导十分重视发挥专家咨询在决策科学化和民主化中的作用，积极将重大政策和重大项目决策咨询纳入法定程序。二是机构建设常态化。一般都根据工作开展的需要，成立专门的办事机构，拨付专门经费，以便有充足的人力、财力保障各项工作的顺利开展。三是专家来源多元化。不仅有本地区的专家，也有国家层面甚至国际方面的专家，不仅有理论方面的专家，也有工作在企业等一线具有丰富实践经验的专家、企业家等。四是业绩评定效能化。建立咨询建议提出制度及激励机制，对决策咨询专家提出并被采用的意见建议给予奖励，进而调动了专家参与决策咨询的积极性。

德国等西方国家受"参与型政治文化"主导，鼓励政治精英和社会各阶层民众在智库中发挥作用，将智库视为继立法、行政和司法之后的"第四部门"。就德国智库建设而言，主要有以下特点：一是以学术型智库为主力。在德国，学术型智库数量最多，占其智库总量的75%。学术型智库一般融合各研究方向，研究队伍庞大，研究领域广、实力强。二是市场化运作模式。德国智库一般为公司制的管理模式，灵活机动，依托于市场的发展，满足市场的需要。智库以研究成果的质量和影响力为基础，获得来自政府和社会的经费和自身发展。三是重视人才质量和人才多样性。德国智库对研究人员的素质要求很严格，一般来说，加入智库组织的人员都拥有某专业的专家资格。智库还注重人才多样性，包括学科背景、学历、年龄结构、政治宗教信仰以及不同的研究领域等等。这种人才选拔机制能增强智库研究的客观性和创造性。四是资金来源丰富，以公共投资为主导。德国智库都属于非营利性机构和团体，其经费可以依靠基金会、个人、公司等的捐赠和资助。捐助单位有公共和私人部门，包括政府、欧盟委员会、个人、信贷支持、研究合同及其他。

以上所述对我们建设具有地方特色、服务地方发展的智库指明了方向，具有十分重要的借鉴意义。

二、我市政府"智库"建设存在的问题

对照国外政府智库和国内先进城市的经验做法，我市政府"智囊团"的统一协调工作体系尚未建立，相关问题主要集中在以下四个方面：

（一）研究力量薄弱

从我市市级研究机构来看，主要包括市各大班子研究室，以及市委党校、驻泰高校和科研院所及市社科联等有关研究机构，另外市发改委、住建局等部门也明确专门的科室或人员从事与部门职责有关的研究工作。没有专门的机构、专门的人员、专门的经费，缺乏统一组织协调，力量分散、重复进行，研究成果存在滞后性，及时性、针对性不强，成果没有共享机制。同时，参与决策的机制不完善，研究成果的转化率不高。当前，很多重大事项的调查研究、综合规划、方案论证、咨询建议等前期工作由职能部门全权负责，其结果是部门利益往往会自觉不自觉地影响重大事项的决策和执行，研究部门往往很难对科学决策产生积极影响。此外，研究机构一般除领导交办的少量任务外，大部分时间都是自找研究题目，由于不能准确、及时地掌握领导的意图或对全市情况缺乏全面深入了解，调研成果很难转化为决策，没有很好地发挥参谋助手的作用。

（二）作用发挥不够

我市于2004年成立了经济社会发展专家咨询委员会，主要参与市委、市政府一些重要政策出台前的咨询工作，到2007年左右停止运转。从以往运行效果看，专家咨询作用也未能得到充分发挥，没有形成全市

统一的专家资讯库，全市不少部门都有自己的咨询委员会，但专家主要来自于驻泰高校，相对固定，国家层面和外省市的很少；没有形成统一的咨询专家机制，咨询力量尚未得到有效整合，造成咨询重复，实用性、应景型的咨询较多，活动开展和课题研究缺少经费保障，难以调动专家积极性；没有形成对重大决策和项目决策咨询的制度，咨询或委托调研课题工作开展较少。从全市看，仍处于分散状态，缺乏全面性、深刻性、系统性，缺少前瞻性、针对性、可操作性强且有机统一的咨询调研成果。

（三）成果质量不高

开展咨询调研时，存在沉不下身去调查问题，静不下心来研究问题的现象，高质量高水平的调研材料不多。一是学习不够，对国家政策、法规、省市领导工作要求领会不深刻、不全面，喜欢上网搜索相关的内容，照搬、照套他人经验，报告空话、套话多，没有用数据说话。二是深入实际不够，研究情况掌握不准，满足于应付任务，提出的建议质量不高。对泰安的情况了解不深不全，满足于看材料、听汇报，写出的调研材料只看到表面问题，而没有触及产生这些问题的根源，大多是"头疼医头、脚疼医脚"。三是提出的建议高度不够。不少调研成果眼界不宽、思路不宽，就泰安研究泰安，对国际和国内的形势掌握不多。四是发挥专家学者的作用不够。请专家来座谈，会前沟通不够，造成专家对研究课题了解不全面，准备不充分，座谈时发言针对性不强，甚至有的是大而空，缺少有价值的意见建议，对提升实际工作的水平帮助不多。

（四）机制尚未建立

由于缺少完善的人才汇集、培养机制，人才的"请进来"和"走出去"落实得不到位，导致咨询人员的整体素质难以满足工作需要，作用难以发挥。一是没有引入市场机制。缺乏经济杠杆效应，造成参与我市咨询调研的专家学者来源较窄、层次不够高，尤其缺乏国内知名乃至国外的高层次专家；缺乏完善的课题招标系统，专家学者开展咨询研究的经济效益难以有效保证，造成其研究主动性不强，与泰安发展的切合度不高，研究成果对推动我市发展作用有限。二是没有建立人才培养机制。对于现有机关内的研究人员，没有系统有效的培养机制，造成研究人员的自身研究能力不强，与专家学者沟通能力欠缺，无论是自主研究还是为咨询研究服务的水平都有待提高。三是没有建立人才汇集机制。咨询调研的人才，除了专家学者和机关研究人员，还应包括企业等社会各界以及机关退养、退休的一大批理论素养好、实践经验丰富的同志，缺乏这方面人才的汇集机制，不利于研究的全面性、系统性，有时会造成研究成果专业性、理论性有余，而实用性、操作性不足。

三、政府"智库"建设的定位

根据国内外智库建设的经验，立足我市经济社会发展实际，我市的智库应具备以下功能：

（一）服务政策制定

注重研究的实效，不作书斋式或纯理论式的研究，注重对具体的、与经济社会生活密切相关的实际问题进行调查、分析、研究和判断，重视智库咨询的针对性、实用性、有效性，以高质量、专业化的研究成果服务决策。对政府当前面临的较为复杂、棘手的问题进行分析，提出政策建议和寻求解决方案；对长远问题进行深入思考和系统分析研究，提出前瞻性、战略性思路，构筑知识与行动间的桥梁，影响公共政策制定。

（二）评估政府效率

承担评估政府在社会公共事务中的运作效率或检验政府的运作是否达到预期目标的功能，并提出改进建议。开展政策评估功能，针对市委、市政府出台的重大政策，开展政策评估，适时调整决策，使决策更为科学。开展重大项目前期评估工作，通过组织专家对重大项目建设的可行性及前期有关工作进行综合评估，使项目投资和建设更合理。

（三）承担对外宣传

高水平的智库组织，不仅能够强有力的支持政策制定、政府决策，还应结合地方发展战略，通过一系列公共外交活动来不断凝聚社会共识，结合实际开展区域性经济文化交流，甚至国际性交流活动，成为政府传播执政方略、引导社会舆论、树立自身形象的重要渠道。

（四）培养储备人才

参照国外政府智库的建设经验，使智库成为向全市各部门输出具有丰富专业知识和较强综合能力后备人才的培养基地，使他们成为高层次的决策参与者或决策者；使智库成为全市政府公务人员的培训基地，使他们掌握更为科学合理的决策思想和方法。

四、对加强我市政府"智库"建设的主要建议

当前和今后一段时期，我市要把发挥"智库"作用作为一项重点工作来抓，充分借鉴国内外成功经验，创新研究平台，改进研究内容、方法和机制，建立一个多元化和富有竞争性的决策咨询系统，更加积极主动、创造性地为市委、市政府科学决策、民主决策提供优质服务。

（一）整合力量，在理顺体制上下功夫

立足全面整合，采取一步到位式改革模式，全面梳理市级决策研究力量，建立由市领导挂帅、市级有关部门主要领导组成的"泰安市决策研究协调委员会"，对全市决策咨询研究工作实施统一领导。同时，设立协调委员会的办事机构——"泰安市经济社会发展决策研究中心"，对全市的决策咨询研究工作实施统一管理。主要职能是拟定市级课题

研究计划，推进课题招标、市领导交办课题的研究工作，设置专人负责项目策划，并赋予其政策研究的协调权和研究成果的评估权，实现由研究工作者向研究工作者与研究工作的组织管理者"一身二任"转变，增强服务决策的职能。同时，发挥企业实用人才和驻泰高校理论人才多的优势，建议成立由市委、市政府牵头，企业、院校参与的智库联盟，为政府智库提供有益补充。此外，要适应网络时代进入到微博时代的需要，加快政府智库建设的转型，赋予政府智库以教化功能，在人才培养、成果发布和社会影响等方面下功夫，推动市民接受和认可泰安发展战略和政策措施，夯实推进重点产业、重点项目建设发展的民意基础。

（二）善借外力，在完善咨询队伍上下功夫

要以更大的视野来网罗人才，集中驻泰高校的专家学者、政府的智力研究型官员、社会各界的各类人才，构建一个高端有效的专家库，并进一步完善和启动全市经济社会发展专家咨询委员会。一是优化专家结构。人员构成坚持"专业化、年轻化"原则，增加科研机构专家在咨询委员中的数量；特聘国家层面的专家及少量外籍专家，为我市提供更高层次的决策动向；更多地聘请曾在各级政府工作并获得突出成就的研究型官员，以及在市场竞争中取得优秀业绩的企业家参与到咨询工作中来。二是加强与驻泰高校、科研院所的课题合作。结合年度工作中心和领导关注点，研究制定一定数量关系泰安长远发展，或跨部门、跨行业、跨学科的重大调研课题，与驻泰高校、科研院所建立长期合作关系。三是加强与专业机构的合作。采取购买服务的方式，制定系列调研课题，委托专业权威机构限时完成。与省市城市调查队、互联网网站等有关媒体合作，将调查走访、数据统计等面广量大的工作外包给专业力量，提升调研工作效率和调研成果的权威性。

（三）促进参与，在建言献策上下功夫

加快构建"智库谋划、部门决断"的合理分工决策平台，完善智库参与决策的机制，使决策咨询论证成为重大决策程序的必经环节。出台《重大政府决策专家咨询论证办法》，完善相应的程序规定，对政府公共决策特别是重大决策过程进行严密、科学的规范化设计。制定《政府投资项目咨询顾问聘请方案》，遴选、聘请组成专家顾问团和机构顾问团，依托市发改、科技、规划、住建等部门，成立顾问团的专门管理机构和经济、科技、城市规划建设顾问组，参与对政府投资项目的可行性、技术领先性进行前期规划评估，对项目融资模式、商业赢利模式、运行管理模式等进行策划，提高政府科学决策水平。

（四）完善机制，在激发智库活力上下功夫

一是完善人才机制。加强部门与研究机构人员交流，优先将有实际工作经验的人员补充到研究人员队伍中来。把调研岗位培训作为人才培养的必经途径，推动研究人员到部门或县市区挂职锻炼，提高研究人员结合实际的研究水平；改善全市各研究机构工作条件，积极采取干部培训、外出考察、交流挂职等措施，提高调研工作人员研究能力和服务调研的水平。二是完善激励机制。制订奖励办法，鼓励专家积极开展决策研究与咨询活动，对创新性强、切合实际、已被采纳或部分采纳的决策研究与咨询成果，经评审给予奖励。三是完善保障机制。要保障好研究经费，设立全市政府智库建设专项经费，用于全市决策咨询研究。建立专项经费的使用制度，全面引入课题招投标机制，同时，构建政府购买服务机制，规范资金使用程序，提高资金使用效率和质量。

（五）注重实际，在服务地方经济社会事业发展上下功夫

加强对市情的研究，谋好泰安事，说好泰安话，创好泰安业，制订符合泰安实际的发展思路，为全市科学发展提供智力支持，打造富有地

方特色的区域性智库。当前和今后一个时期，立足泰安实际，在工业方面，应加强对输变电装备、汽车及零配件和特色装备等 3 大特色主导产业，新材料、电子信息、生物医药和节能环保 4 大战略新兴产业以及纺织、化工和绿色食品 3 大传统优势产业的研究；在服务业方面，应加强对现代物流、信息服务、电子商务，特别是旅游业发展的研究，真正把泰安打造成具有国际影响力的旅游目的地，研究制定旅游业行业发展规范和行业标准，把握旅游业发展的话语权；在农业方面，应加强对优质粮油、有机蔬菜、健康畜禽、生态林果四大主导产业和苗木花卉、桑蚕、茶叶、水产四大特色产业发展的研究。同时，应加强对泰山文化、大汶口文化、水浒文化等地域特色文化等方面的研究，为加快推进经济文化强市、建设幸福泰安出实招、当高参，发挥泰安政府智库应有的作用。

加快推进地方特色新型智库建设的探索与建议

威海市人民政府调研室

智库，是地方软实力的重要载体，也是科学决策的重要支撑。近年来，党中央、国务院高度重视新型智库建设，我省也出台了加强智库建设的意见，为推进新型智库建设，威海市政府调研室在全面调研的基础上，通过对中外智库的比较和对威海智库建设现状及问题分析，结合本地实际，提出了一些思考性建议。

一、提升对中国特色新型智库的认识

（一）智库的基本含义和特征

智库（Think Tank）也称为思想库、智囊团、智囊机构等，用大脑来创造效益，是典型的思想库、点子库、人才库。智库不以纯学术研究为主，而是为决策部门提供政策思想、方案和建议等智力产品，以影响决策为主要目标。智库按照不同的属性有不同的分类，在组织属性、隶属关系、规模大小、资金来源、研究专长方面有很大差异。按组织属性划分为官方智库、半官方智库、大学智库和民间智库，以及国家级与地方级之分；从智库专业性划分，有综合性智库和专业型智库之分；按研究主题和功能划分，可分为政府决策服务的咨询机构、兼有投资功能的咨询机构，以技术转让为主的咨询机构，为企业服务的纯盈利性咨询机构。从国家治理角度讲，智库拓展了社会各方面力量参政、议政的渠道，提高了政府决策的科学化、民主化水平。从社会发展的角度来看，智库的发展水平在一定程度上反映了一个社会的开放水平、知识精英的活跃程度和一国的文化软实力。智库的结构及发展模式均和所在国的政治、经济、社会状况息息相关，并无一定模式，智库建设既有共性，又有特殊性。

（二）中西方智库的发展现状

目前，中国官方智库和大学智库发展比较成熟，占全国智库的95%，而民间智库只占5%；智库与政府的关系非常密切，经费主要由政府拨付，人员基本由政府人事统一调遣，官方智库在资源获取和资政建言上占据优势，而民间智库处于弱势地位；我国目前实际上还没有形成有利于决策咨询的人文和社会环境，往往越是高层越能听取智库专家意见，而市级以下政府还没有形成决策咨询智库的习惯。西方以美国为例，政府智库占少数，大多为民间智库；智库为独立的研究机构，在内部运行上受外部干扰较少；他们的官方智库依据的不是人员编制，而是依据智库产品主要以政府购买的方式供应公共部门；经费来源渠道多元化；用人机制比较灵活，美国式的"旋转门"现象已经开始显现，录用人员多采用合同制和聘用制；美国智库代表了当今世界智库的最高水平。2015年11月份，中国社会科学院中国社会科学评价中心发布全球智库百强排行榜《全球智库评价报告》，中国进入全球前100位的共有9家机构，进入前10位的只有国务院发展研究中心（第9位），美国占4家。

（三）建设中国特色新型智库的意义及特征

我国经济社会处在深刻转型发展阶段，面对更加纷繁复杂的国内外形势，决策者需要更多的智力支持和管用的政策建议，不论是中央政府还是地方政府，决策模式更加依赖智库。自党的十八大以来，习近平总书记多次就智库建设做出重要批示，强调要从推动科学决策、民主决策、推进国家治理体系和治理能力现代化、增强国家软实力的战略高度，把中国特色新型智库建设作为一项重大而紧迫的任务切实抓好。由此可见，建设管用、实用、够用的中国特色新型智库是时代赋予的重要使命，是我国经济社会发展的强烈需求，也是智库自身发展的战略选择。建设中国特色新型智库，既要遵循智库建设的一般规律，又要从我国实际出发，符合我国政治制度等特点。所谓"特色"主要是与西方智库相比而言，必须立足中国特色社会主义制度，符合我国政治制度和决策咨询工作规律，坚持中国共产党领导下的中国特色社会主义发展道路。所谓"新型"，是区别于我国智库现有不足而言。我国智库的数量多，但在影响力、创新能力和全球视野等方面，与国际一流智库仍有较大差距。突出表现在：机构数量众多但实力不强；研究资源分散、低水平重复现象严重；研究内容碎片化、针对性不强、"管用"性不够；对外交流不足、国际影响力和话语权欠缺。要突破我国智库发展相对滞后的状况，必须从体制上机制上创新，逐步培育和形成具有中国特色的智库思想市场，在全面建成小康社会、实现中华民族伟大复兴"中国梦"的过程中，做出更具独创性和重要性的知识贡献、思想贡献。这就是中国特色新型智库"新在何处"的努力方向。

二、威海市智库建设发展现状

（一）智库数量多，分布广

近年来，威海市智库发展较快，在市委、市政府科学决策中发挥了较好作用，有力地推动了全市经济社会持续健康发展。从与党委、政府的紧密程度看，可以分为三个层次：紧密型智库（如市委政策研究室、市政府调研室等）、半紧密型智库（如党校、高校等）、松散型智库（如协会、学会等）。此外，还有少量主要从事专业性、行业性咨询、以营利为目的咨询公司等社会智库。初步形成了以官方智库为主、辅以少量的社会智库的地方智库体系。从各智库所承担的职能看。主要包括市委、市政府、市人大、市政协的办公室、研究室，大多是承担文稿起草、政策研究、信息调研等工作，发挥的是参谋助手作用；市委宣传部（市社会科学界联合会与其合署）设研究室，主要负责组织指导全市的理论研究、理论教育和理论宣传等工作；市发改委设有工程咨询院主要开展机械、轻工、农业、化工医药、新能源等领域的规划咨询、评估咨询和可行性研究，进行固定资产节能评估、清洁生产审核和社会稳定风险评估工作；同时，发改委与哈尔滨工业大学（威海）正在筹建威海市服务业发展研究中心，研究方向不断向蓝海经济、区域发展靠拢，重点在物流、服务贸易、电子商务方向凝练；威海市科协有科技思想库，为省科协省级科技思想库建设试点单位，主要围绕自然科学领域中经济社会和科技发展的热点、难点、重点问题开展专题调研，提出具有一定前瞻性、可操作性的专家建议；威海市法制办设有法律顾问团；市委党校发挥着"教、研、咨"三项功能，其教学培训、科研、咨询都是围绕党委、政府中心工作而开展；以山东大学（威海）和哈尔滨工业大学（威海）为代表的高校智库，主要以理论研究、人文科学研究、学术研究、基础研究为主；威海日报、威海电视台等媒体单位设有全媒体智库，主要发挥智库咨询建议、舆论引导、品牌策划、公共关系等服务功能；威海市商业银行设有专家库，主要依托威海市商业银行博士后科研工作站以及北京大学、中央财经大学、山东大学等高校专家智库，在金融与商业银行经营管理、客户关系管理、公共政策与公共价值等领域潜心研究。除以上列举的智库外大部分市直部门都设有信息调研科（室）等，主要围绕部门业务开展研究和提供决策咨询；各区市政府及企业也纷纷建立了各自的研究机构和团队。

（二）区域智库产业特点突出，亮点纷呈

近年来，威海各区市在依托本地的产业优势探索新型智库建设上取得创新发展。如环翠区突出科技创新驱动，发挥企业的创新主体作用，双轮海水淡化装置关键用泵生产项目，获批山东省首批、全市首个"泰山学者蓝色产业领军人才团队支撑计划"科技创新扶持项目；威海普益船舶环保科技有限公司主要从事船舶脱硫设备的研发和生产，在空气净化、船舶废气脱硫等方面，取得了一系列世界领先的技术和产业化成果。荣成市围绕现代渔业及食品和生物技术、修造船及零部件、汽车及机械等重点产业领域实施重点人才储备工程，筛选建立"高层次人才库""高层次人才后备库""高层次人才需求库""技术合作需求库"等。威海高技区充分利用现有医疗器械、新信息、新材料、高端装备制造等产业优势，广泛搭建产学研合作平台，倾力打造全新"洋智库"，威高集团、新北洋等15家企业分别在德国、荷兰、韩国等国家设立了研发中心。威高集团在德国设立的海外研发中心，研发了生物涂层膜式氧合器（俗称的人工肺）项目，打破了国外产品在长时间体外循环中的垄断地位。双丰电子攻克地震仪器电路智能化批量测调系统难题，具备世界领先水平。威海经区以东部滨海新城建设为契机，着力打造区级产业科技支撑平台，建成了科技创业服务中心和科技孵化大楼；大力推动企业成立研发中心。目前，有市级以上科技创新平台62个。威海南海新区不断加快蓝色产业布局，确定了以威海市蓝色经济研究院为平台，重点发展蓝色产业高端服务业，为全市蓝色海洋经济建设提供全方位科研服务的"智库战略"；采取"引智借脑"模式，将北京交通大学威海校区建在南海，现已招生，中科院、中物院也将在此设立产业转移中心，全面推进区域科技创新、产业升级。威海临港区以产业聚人才、以人才兴产业，实施高性能碳纤维、树枝状高分子材料等科研项目100多项；建成博士后科研工作站、企业技术中心等各类创新平台70多个。多晶钨钼、浩然特塑、晨源高分子等项目世界领先，并打造了国内最大的碳纤维生产基地、世界最大的紫外线吸收剂生产基地，直接带动该区成为全省重要的新材料产业聚集区。

（三）引才政策强化，聚智效果凸显

人才是智库的核心竞争力，研究制定"引才聚智"的政策机制，打造一流的智库研究团队，是智库建设的重中之重。近年来，威海市委、市政府为推进人才强市战略，相继出台了《关于实施威海英才计划的意见》（威发〔2014〕23号）及14个配套实施细则，扶持18项人才引进计划，设立3000万元人才工作专项资金，纳入财政预算，根据工作需求逐年递增，以保证威海英才计划相关人才工程的经费开支。2015年，威海市积极实施"英才计划"，集聚高层次人才和技能型人才来威创新创业，成效显著。33家重点企业与21名海外专家通过深入交流，达成合作意向8个，其中3个项目正式签订了合作协议；新增海外引才工作站一家，目前已建立6家海外引才工作站；根据三角集团、迪沙药业、天润曲轴等40多家重点企业需要，组织参加了"2015年'山东—名校人才直通车'武汉站""第二届跨区域（春季）高校毕业生巡回招聘"等活动；组织举办了第四届"海外博士威海行—走进南海新区"活动；为19名企业引进的急需人才落实安家补贴131万元；为33名博士拨付政府津贴79.2万元。各区市也纷纷出台了相应引才政策。如文登区出台了《关于实施文登英才计划的意见》，拿出1000万元专项资金，扶持20项人才引进培养计划。目前，文登区人才资源总量达到10万人，其中国家"千人计划"专家、泰山学者、国务院特贴专家、省有突出贡献的中青年专家、省首席技师、省乡村之星、齐鲁文化之星等省级以上高层次人才42人。荣成市注重以政策引才、以服务留才，出台了《关于加强高层次人才队伍建设的意见》《关于鼓励高校毕业生到企业工作的实施意见》等8个政策文件。2015年共引进本科以上各类高层次人才1200多名，采取柔性引才方式，从高校院所引进"假日工程师"130多名。同时，实施高端人才提升工程，2015年共成功申报1个泰山学者蓝色产业领军人才团队项目、5个泰山产业领军人才项目、1个省首席技师和2个省乡村之星。乳山市2015年围绕重点产业，着力打造产学研合作平台，加快建设各类孵化器，吸引高层次人才创新创业，全年共新增2个省级企业技术中心、1个省级创业示范基地，引进孵化器企业43家；新引进全兼职博士21人，新增省市高层次人才13人，其中，新增泰山产业领军人才1人、齐鲁乡村之星1人以及威海市首席技师、和谐使者、文化名家共6名。威海高区大力实施"人才强区"战略，以人才的优先发展推动全市的科学发展，到2015年底区内共聘用两院"院士"29名，享受国务院特殊津贴专家23名，国家、省、市有突出贡献的中青年专家20名。威海经区借力外脑用人才，通过加强与海内外高校、科研院所合作，外聘院士、专家教授等方式，大做招才引智文章，全区外聘专家36名，邀请国内外专家传授指导管理经验和专业技术280余人次，解决科技难题90余个。临港区每年举办产学研合作大会，搭建起企业与人才对接合作的坚实平台，通过政企合作引才，共引进培养博士或正高级职称高层次人才28人，"千人计划"专家2人、国务院津贴专家4人，仅金泓集团一家企业就引进北大博士李武松和高技术人才31人，外国专家唐纳瑞在2014年被省政府授予"齐鲁友谊奖"。

（四）地方"智库"建设仍面临诸多问题

从威海市智库建设情况看，虽然取得了一些进展，但还面临着诸多难题，既有地方个性问题，又有全市、全省乃至全国的共性问题。一是智库数量不少但"智"不足。主要是官方智库较多，有着浓厚的行政依赖色彩，研究机构的设置和职能定位不一，研究侧重点不明确，存在多头组织、力量分散、课题重复的现象；专业性研究人员欠缺，高层次、高水平的研究力量不足，研究成果眼界不宽、思路不宽，就地方研究地方，对接国际和国内的形势不够紧密，普遍缺乏前瞻性、储备性、战略性研究，真正能够对国家、对地方中长期发展战略发挥作用的思想性、创新性的成果不多，服务决策的能力还远远不够，研究成果对推动地方发展作用有限，特别是平时倾向于建立短期的研究项目而非长期的智库机构。二是决策咨询机制不健全。缺乏统一的共建共享信息平台，信息沟通不畅，选题机制不完善，特别对高校智库和社会智库而言，大部分时间都是自找研究题目，由于不能准确、及时地掌握领导的意图或对全市情况缺乏全面深入的了解，研究成果存在滞后性，及时性、针对性不强；当前，很多重大事项的调查研究、综合规划、方案论证、咨询建议等前期工作由职能部门全权负责，其结果是部门利益往往会自觉不自觉地影响重大事项的决策和执行，研究部门往往很难对科学决策产生积极影响；参与决策的机制不完善，研究成果的转化率不高。三是专家咨询作用发挥不够。专家主要集中在高校和企业，全市没有形成统一的专家咨询库，没有形成对重大决策和项目决策咨询制度；缺乏完善的课题招标系统，咨询或委托调研课题工作开展较少，即使有，大多是为了满足眼前工作的需要，实用性、应景型的咨询较多；活动开展和课题研究缺少经费保障，专家学者开展咨询研究的经济效益难以有效保证，不易调动专家积极性。总体来看，从国家到地方智库发展尚处于初期阶段，与国外一流智库相比仍有较大差距，尚不能满足党委和政府的决策需要和期望。

三、地方特色新型智库建设的总体思路

加强地方特色新型智库建设，要从时代发展的高度进行审视，必须紧紧把握智库发展的特点，遵循智库建设的规律，规范和引导智库健康发展，重点把握好以下几个关键点：

（一）明确指导思想

高举中国特色社会主义伟大旗帜，认真贯彻党的十八大、十八届三中、四中、五中全会和习近平总书记系列重要讲话精神，以中央、省关于加强中国特色新型智库建设的总体部署为遵循；以服务市委、市政府科学民主依法决策和经济社会发展为宗旨；以开展公共政策和重大现实问题研究为重点；以建立工作机制和保障制度为支撑；以党政研究部门、社科理论单位、党校高校、学术类社会组织、企业研发中心等为主要依托，按照资政辅政、启迪民智、聚贤荐才、引导舆论、服务改革、助推发展的基本思路，努力打造市委、市政府信得过、靠得住、用得上的新型智库。

（二）明确基本原则

坚持"中国特色"，遵循党管智库原则，用马克思主义的立场、观点和方法分析解决问题；坚持突出"地方特色"和"特色品牌"，立足市情，注重发挥威海市的文化优势、海洋优势、科技优势，借助中韩自贸区地方经济合作示范区建设和被列入服务贸易创新发展试点城市之契机，努力走出一条体现中央和省委、省政府精神并符合威海实际的新型智库建设路子；坚持为全市经济社会发展大局服务，努力为党委、政府开展综合研判和战略谋划。坚持理论先导，鼓励大胆探索，

提倡不同学术观点、不同政策建议的切磋争鸣，努力营造有利于发挥智库作用的良好环境。

（三）明确建设目标

要加强顶层设计，由市委宣传部负责起草完善《关于加强威海特色新型智库建设的实施意见》。按照统筹规划、逐步发展、突出特色的原则，强化党政智库的主体地位，特别是要提升市委、市政府两研究室的功能定位，增强资源配置，同时推进各类智库协调发展，到 2020 年形成定位明晰、特色鲜明、规模适度、布局合理的市委、市政府决策服务型智库、社会公共政策研究型智库、地方经济社会发展规划型智库、专业领域参谋咨询型智库，充分发挥威海智库咨政建言、理论创新、舆论引导、社会服务、对外交流等方面的重要功能，为建设现代化幸福威海提供坚强的智力支持和决策依据。

（四）明确标准条件

遵守国家法律法规、相对稳定、运作规范的实体性研究机构；具有较强的研究团队和较强的综合研究能力，并在长期研究中形成有影响力的研究成果；具有健全的治理结构和组织章程；具有稳定和可持续的经费来源保障；具有多层次的学术交流平台、成果转化渠道和功能完备的信息采集分析系统；具有开展省内外合作交流的良好条件。

（五）明确职能定位

智库作为参与决策的重要主体，要坚持有所为，有所不为，把握好发力重点，致力于做决策部门做不了、不愿做或没时间做的事情，在功能互补中成为党委、政府不可替代的外脑、无法或缺的参谋。一是要以解除决策者的"远虑"为使命，开展好宏观战略设计与储备性研究，以研发高精尖的引领性战略方案为载体，在分析形势、把握趋势的基础上谋划好大势，提供醍醐灌顶式的前瞻概念、思路与框架。二是要以摆脱决策者的"近忧"为担当，对当下急需解决的现实问题，要善于排除各种干扰与诱惑，敢于说真话，敢于独立思考，敢于进行建设性批评，以客观的态度、求真的精神、科学的方法，及时提出行之有效的解决方案。三是以破解决策者的"疑惑"为突破点，搞好跟踪研究，决策者迫切需要了解政策实施的真实效果，智库要及时追踪、研判、纠偏，填补党委、政府政策观察盲点。四是要以当好决策者的"翻译"为补充，适当运用智库专长和特长，解读、论证好党委、政府的政策主张、工作部署，作启发民智的引领者。

（六）明确智库建设体系

科学决策是多个视角、多个角度碰撞的结果，从智库发展的趋势看，必须要促进智库多元化发展。一是将市委宣传部、市委政研室、市政府调研室、市委党校、山东大学（威海）、哈尔滨工业大学（威海）及各区市党委和政府研究机构确立为我市首批重点智库，明确各智库职能定位，加大体制改革，充分发挥党政智库的平台优势，加强与省内外高端智库建立战略合作，提升决策服务能力，逐步由体制内智库向专业化高端智库转变。二是要充分发挥区市党校学科齐全、人才密集的优势，积极开拓创新，调整优化学科布局，重点围绕提高治理能力和经济社会发展中的重大问题开展研究。三是促进科技类智库和企业智库有序发展。市科技部门要发挥在推动科技创新方面的优势，扎实推进科技思想库建设试点工作，围绕全市科技发展战略、规划、布局、政策进行研究；面向行业产业发展，增强企业智库自主创新能力，支持大中型企业举办产学研用紧密结合的新型智库。四是要扶持引导社会智库发展，解决社会智库注册难、资金缺乏、边缘化等问题，为社会智库参与决策咨询研究提供制度化保障，重点推动从事信息服务、咨询服务、培训服务的"软企业"和"智慧企业"发展。五是充分发挥职能部门作用。各部门要围绕全市中心工作，发布决策需求信息，引导开展政策研究、决策评估、政策解读等工作，当好市委、市政府与智库的桥梁；鼓励市人大和市政协积极参政议政。

四、强化制度保障，推进地方智库建设步伐

（一）建立政府与智库间良性互动机制

一是要吸收智库人员列席党委政府重大会议，让他们了解政府意向，在政策出台前需经市级党政智库调研分析，吸取他们的意见建议，尽量避免部门智库的一家之言，形成部门利益。二是凡涉及重大发展战略制定、大额资金使用、重要项目建设、重要政策出台等重大决策，在形成前必须开展广泛深入的专家咨询论证工作，坚持把决策咨询作为市委、市政府重大决策的必经程序，将认真听取智库的意见和建议纳入决策的法定环节中，制定《市级重大决策专家咨询论证办法》，明确专家咨询机构的职能和权限及咨询范围，并贯穿于决策的论证、运作、绩效评估等各个阶段。三是为推进决策公开透明，对涉及经济社会发展全局的重大事项，要面向社会广泛征求意见，不断扩大公众参与的范围和途径。

（二）建立健全党政信息公开制度

党政部门要落实党务政务信息公开的有关规定，依法主动向社会公开信息，增强信息发布的权威性和时效性，切实改变智库在信息收集上的不对称、不及时、不全面的状况。进一步完善市委、市政府新闻发布制度，加大新闻媒体传播党务政务信息的力度，不断增强信息发布透明度。完善智库向政府部门、行业协会申请使用规划、数据等相关资料的标准和程序，保障智库合法合规获得和使用数据资料的权利。

（三）建立健全智库成果传播推介机制

智库研究的最终目标，就是要把研究所提出的政策建言、对策建议

和操作方案提交相关领导和部门,最终进入党委和政府决策,如何能让研究成果迅速、直接进入党委政府的决策咨询视野,就必须健全完善快速的成果呈报制度,就目前来看,要充分发挥市委政研室、市政府调研室的内刊平台作用,畅通两研究室的成果上报渠道。对前瞻性、战略性的研究,除通过党委政府直通车外,智库还要通过服务社会、影响公众去影响舆论,进而影响政府决策。要充分运用新兴媒体和新型传播方式,传播主流思想价值,集聚社会正能量,建立智库成果新闻发布机制,通过专家访谈、研讨会、报告会、出版物、报纸、广播、电视、网络等,加大对智库及成果的宣传。

（四）建立健全成果评审机制

如何科学地评价一项智库研究成果,是当前深入推进智库建设所需要面对的重要议题。就目前我市研究成果评选部门看,有社科联组织的社科奖,市科技局的软课题,市委政策研究室和市政府调研室的优秀调研成果评选。社科奖和软课题均有资金保障,而党政优秀调研成果既没有资金奖励,又不能作为职能评审的依据,难以激励智库主动参与政策研究和决策咨询活动。对此,应设立政府决策咨询奖,以市级政府名义颁发,此奖项可作为市级职称评审的重要依据,参评成果主要来源于党政两研究室筛选出的优秀调研成果。要建立健全智库研究成果分类评价机制,对智库研究成果进行精准评价,评委由专家学者、优秀智库研究人员、党政部门领导、社会公众组成,评审标准为领导批示、进入决策情况、工作推进程度、社会认可度等,按不同层次、不同类别逐项进行赋分。

（五）建立健全政府购买决策咨询服务制度

决策咨询作为思想产品,应列入政府购买服务范畴,研究制定政府向智库购买决策咨询服务指导意见,明确购买方和服务方的责任和义务。

列入政府购买事项要注意四个关键点。一是建立专用的咨询服务预算资金。二是将咨询项目列入政府购买服务指导性目录，比如内容有咨询报告、政策方案、规划设计、调研数据等，购买形式可采用委托制，或对涉及面比较广、研究难度比较大的项目可采取公开招标的方式。三是制定落实决策咨询服务的政府采购限额标准体系。四是建立政府采购决策咨询服务评价体系。成立由市领导挂帅、市直有关部门主要领导组成的"威海决策咨询研究协调委员会"，具体委托一家市级重点智库进行管理，负责组织全局性咨询研究项目的拟定、招标、经费调配及项目推进等工作。并做好宣传，鼓励社会购买智库成果。

五、建设地方特色新型智库的政策建议

（一）营造良好的政治社会环境

一是社会需求是智库发展非常重要的土壤，各级党委政府要充分发挥智库的作用，坚决杜绝"拍脑袋"决策现象，凡是比较重大的决策，都要事前咨询事后评估，建立起政府决策与智库咨询的常态化和制度化的联系。二是创造良好社会舆论环境。要取消对智库有形或无形的限制，只要不违反宪法和法律，智库可自由开展学术研究、自由进行学术交流、自由发表意见建议，不要将智库观点意识形态化，将智库批评政治化。媒体在宣传报道时，要全面客观地反映智库的观点、评论和建议，努力发挥好智库在阐释党的理论、解读公共政策、研判社会舆情、引导社会热点、疏导公众情绪等方面的积极作用。三是坚持开放性智库运作模式，既要"请进来"，更要"走出去"，放宽智库人员出国（境）限制条件，从政策、资金上鼓励支持智库业务领导和科研人员走出去参加学术交流，提升研究人员国际视野和研究水平。四是鼓励各类智库合作与竞争。当前热点和难点问题都呈现出多样性、

复杂性和综合性，单凭某一家或者某一类智库的力量，往往不能很好地为党委和政府提供决策参考，应整合各类智库研究资源，形成研究合力，开展联合攻关，特别是要充分发挥党政研究室与决策层联系更紧密、沟通更便捷、决策需求把握更准确的优势，牵头组织建立智库联盟，带头开展政策研究和决策咨询，形成集体智慧精品成果。为促进智库的发展，也需要形成智库之间良好的竞争环境，努力为各类智库的发展创造公平竞争的市场环境，实现优胜劣汰。

（二）营造宽松的用人环境

人才是所有智库发展的前提条件，没有"智者"何来智库！目前，中国地方智库人员大都属于公务员或事业单位编制，是"终身制"，开放性、流动性较差，缺乏良性的竞争。地方智库要想大发展，就必须在人事制度上有所改进。一是形成灵活的用人机制。要改变"终身制"这一现状也不是一朝之功，可借鉴西方发达国家的用人经验，建立固定人员与流动人员合理配置的用人制度，注重智库中行政管理人员、高级研究人员与中低级研究人员的比例分配，对高级研究人员实行长期聘任制，对作为助手的中低级研究人员实行短期聘任制，聘任渠道有：名牌大学博士生、硕士生，大学、企业专家，吸收政府卸任官员，从其他智库招聘人才等。并采用行之有效的人员考核、晋升、淘汰机制，实现人力资源的合理配置。二是形成人员流动机制。美国在智库与政府机构之间采用"旋转门"式人员流动，我们可以根据自己的国情和地方实情，鼓励那些既有专业理论功底又熟悉决策过程的专家型官员或官员型专家进入智库，出台相关政策，在政治待遇和经济收入间有一个合理的转变；也可考虑推荐智库专家和研究人员到党政部门任职、挂职，确定一定的任职年限，然后再回到智库工作；也可以考虑让智库人士到公益性质的社会团体兼职，少量的也可到企业兼职，智库人士可通过兼职了解社会，更好地把握社会发展变化趋势。三是充分培养和挖掘现有人才。着力培养学科带头人和省情、市情专家；注重对青年人才的培养和锻炼，定期进行具体的科研培训，支持其参与重大课题的研究，选送优秀中青年人员到地方基层挂职，培养造就一批开拓创新、锐意进取的青年科研骨干；选配杰出的智库领导人，一个优秀的智库掌门人，是高端智库的催化剂，能最大程度地激发智库的潜力和活力，不断将智库带到更高的水平和境界。四是努力引进高端人才。从各国智库发展的经验来看，高水平智库除了要有自身的核心团队之外，关键是建立专家库，充分调动社会各方面的人力资源。对我市已引进的高端人才，要严格落实英才计划，使其得到应有的待遇，这对吸引外部高端人才可起到示范带动作用。要充分借助利用与省内外、国内外专家联合开展重大课题研究的机遇，借智成势，推动高层次、宽领域的人才为威海建设和发展"出智"。

（三）提供多元化资金保障

一是多渠道筹措资金。光靠政府补贴，资金有限，智库很难创新发展，所以既要学习西方经验，又要体现中国特色，逐步建立起多元化资金筹措机制。官方智库，因研究服从地方政府任务要求，经费来源主要是财政；专家咨询库和民间智库，资金来源要多元化，可通过政府购买委托、课题招标、企业和公众捐赠、智库举办公共活动吸引资金支持、允许智库销售自己的产品和服务、向特定用户提供定制服务获得部分收入等。要积极探索与社会各方合作开展课题研究的新途径，引导和鼓励社会各界对智库的投入，对于捐资支持智库发展的企业和个人，所捐资金额应该列入抵扣所得税范围。探索智库运营减免税措施，对智库为养活自己而开展经营性的咨询活动，应给予适当税收优惠。鼓励有条件的机构创办咨询性的、对策性的社会智库。二是提高资金使用效率。智库运行有其自身规律，科研专项经费使用管理不应简单参照行政机关使用管理办法执行。目前，科研经费使用普遍关注过程管理，如主要费用是人员工资、差旅费、办公经费等，却通常没有充分评估经费使用的实效，也就是科研成果，极大地影响了智库人员的创造力，所以要积极推进智库经费管理制度改革，探索建立符合智库运行特点的经费使用管理及报销制度，智库获得的资金除了日常开支外，资金分配要向研究经费和公益活动经费倾斜，充分发挥科研专项经费的激励作用，通过完善制度，使智库资金的使用更规范、更合理。三是设立智库发展基金，先期由财政注入发起资金，保障基金会的起步，落实公益捐赠制度，形成企业、社会组织、个人捐赠资助智库建设的良好局面，使智库发展有稳定的、充裕的资金来源，智库发展基金主要用于支持重点智库建设，使之能够没有后顾之忧，集中精力做好智库研究。

（四）优化信息服务载体

重点是突出"一网""六库"建设："一网"即依托威海市云计算中心，打造具有地方特色的网上高端"智库"平台。"六库"，就是按功能进行分区，智库通过这个平台能够及时了解党政决策需求以及经济社会发展动态，参与课题竞标，找到合作伙伴，展示研究成果，党政领导和决策部门能随时查阅各智库的研究成果，了解智库研究水平，收集社会反馈信息。一是建立需求引领库。反映全市短期决策咨询研究需求及中长期发展研究计划，形成在宏观层面能够寻到发展奇点、中观层面找到工作重点、微观层面发现社会热点问题进行研究的选题机制，为开展决策咨询研究活动提供方向性指引，克服研究与实际脱离的现象，不断提高智库的研究水平和服务能力。二是建立信息查询库。汇集全市经济社会发展及各区域、各行业相关信息，建立统一的威海智库信息共享平台，将原先面向部门业务的数据组织形式转变为面向社会，建成后将具备数据采集、数据整理、数据汇聚、数据存储管理、信息资源目录管理、数据接口管理等功能，有效解决跨部门信息共享问题。三是建立专家库。专家库成员主要是高校、科研院所、政界、企业界的专家、学者，须在相关领域具有较高学术研究水平和知名度，且熟悉关注我市经济社会发展，为市委、市政府提供决策咨询服务的高层次人才，实行聘任制，并进行动态化管理。四是成果展示转化库。各类智库均可将区域规划、行业研究、社会热点问题探讨等进行展示。由社会和专家评审组对展示的经济社会研究成果进行科学评价，择优向市委、市政府推荐，为优秀研究成果的转化与对接提供优质服务平台。五是建立成果应用情况反馈库。为促进市委、市政府决策与智库成果之间的良性互动，有关部门和单位要将成果名称、应用后产生的效果及时反馈。六是成立决策投资专家评审库。为提高政府公信力，由评审机构对政府投资项目在项目建议书及项目可行性研究阶段进行评审，随时向社会公开。

新形势下加强智库建设的实践与思考

日照市人民政府调研室

新型智库是科学民主依法决策的重要支撑，是国家治理体系和治理能力现代化的重要内容。《关于加强中国特色新型智库建设的意见》（以下简称《意见》）首次以中央文件对智库发展做出制度安排，这为智库建设注入"强心剂"。省委、省政府也及时出台了《关于加强中国特色新型智库建设的实施意见》（以下简称《实施意见》），要求各级各部门必须从全局和战略高度，把中国特色新型智库建设作为一项重大而紧迫的任务切实抓紧抓好。当前，日照市正处于奋力赶超改变"沿海后发展、欠发达"面貌的关键时期，积极适应、把握、引领经济发展新常态，全面提升日照综合实力、区域竞争力、创新能力、发展活力，加快建设海洋特色新兴城市，迫切需要健全决策支撑体系，增强决策咨询服务能力，推进治理体系和治理能力现代化。市政府调研室作为市委、市政府的核心智库，在新型智库建设中具有举足轻重的地位和作用，我们一定要以高度的责任担当，立足自身优势，积极当好市委、市政府的"思想库""点子库"。

一、日照市智库建设初见成效

日照市一直非常重视政府智库建设，各级党政研究部门与科研机构紧密贴近市委、市政府的中心工作，贴近领导的决策需求，贴近日照经济社会发展的重点、难点和热点问题，研究提出了一系列符合日照市情的战略发展思路与建议。特别是市政府调研室立足当前，着眼长远，深入调查研究，先后论证提出了以港兴市战略、陆桥区域共同发展战略、"港口立市、工业强市、科教兴市、生态建市"四大战略、"接轨青岛"战略、建设"水上运动之都"等重大建议，为市委、市政府科学决策发挥了重要的参谋咨询作用。

（一）战略研究主动有为

紧紧围绕事关日照经济社会发展的综合性、全局性、战略性等重大问题，针对领导关心、社会关注的重点、难点、热点问题，深入开展调查研究，起草了一批有重要参考价值的调研报告，一大批重要成果以不同形式进入了各级党委、政府的决策，为服务科学决策发挥了较好的参谋助手作用。特别是近年来开展的三项重大调研活动，成果丰硕，影响深远。一是认真开展了对江苏省支持连云港发展情况的跟踪调研，撰写了《关于加快日照桥头堡建设推动鲁南经济带发展的思路与建议》等材料。此报告引起省领导的高度重视，时任省长韩寓群做出重要批示："鲁南经济带应加快调研步伐，尽快形成意见，提交省政府研究，争取纳入第九次党代会报告。对日照港的建设给予更多的指导和帮助。"时任王仁元常务副省长批示："日照市政府的建议应予重视。鲁南经济带是我省经济社会发展的重要战略之一，像半岛城市群、胶东制造业基地、黄河三角洲高效生态区、济南省会经济圈一样，望列入今年区域经济发展的重点题目，组织得力人员认真研究。"时任省委书记李建国刚到山东任职不到一周就来日照调研，明确指出："日照与江苏接壤，与江苏有着良好的区域协作和发展关系。山东、江苏竞相发展、协作发展，是中央非常希望看到的局面，山东要按照不低于江苏支持连云港的政策支持日照的发展。"随后，省委、省政府启动了加快鲁南经济带发展专题调研，出台了《关于支持鲁南经济带加快发展的政策意见》，推出10个方面44条扶持政策。二是抢抓"一带一路"战略机遇，撰写了《山东暨日照参与"一带一路"建设研究》，夏耕副省长在报告上批示："请省商务厅、省外办要认真研究相关建议，使之成为明年的工作内容。"市领导杨军、李同道、钱焕涛、尹成基也在报告上做出批示。根据研究报告，市委、市政府出台了《关于发挥日照"一带一路"主要节点城市作用着力打造"五通"示范区的实施意见》。经过积极争取，日照被列入新亚欧大陆桥经济走廊主要节点城市。三是开展了青岛市规划建设董家口港对日照影响的调研，起草了《关于青岛市规划建设董家口港区与工业基地有关情况的调查报告》。引起市领导高度重视，时任市委书记李兆前批示："请立即组织人员起草文件，我也将在近期专门向省委、省政府主要领导汇报。"时任市长于建成批示："此事关系重大，应本着对日照负责、对历史负责的精神，以市委、市政府的名义向省委、省政府写出报告，争取省里帮助解决好此事。"另外，《关于加快推进鲁南经济带建设的调研报告》《关于加快蓝色经济发展的考察报告》《关于我市大宗商品物流交易平台建设的调研报告》《关于连云港在开展"学习山东赶超日照"活动的跟踪调研》等多篇成果荣获省政府调研成果一等奖。《山东暨日照参与"一带一路"建设研究》《日照市经济增长点研究》等多篇成果荣获日照市社会科学优秀成果奖一等奖；《日照重大战略回顾与分析》在庆祝地级日照市建立20周年理论研讨活动中荣获一等奖；《关于争取将山东暨日照纳入"丝绸之路"国家旅游线路的建议》的调研报告，在我市开展的"我为日照发展献一策"活动中，被评为优秀奖第一名。

（二）资政建议积极有成

调研的目的全在于应用。我们牢固树立"策为天下先"的指导思想，以更前瞻的视野、更前沿的选题，想领导之所想，谋领导之所谋，坚持问题导向，立足实际需求，对问题与趋势、机遇与挑战开展先导式预研、预判，创造性地提出应对的方案与谋略。近年来，先后为市委、市政府领导起草了向全国、全省"两会"的《关于抓住蓝色机遇促进陆桥区域发展的建议》《关于推动亚欧大陆桥地带区域经贸合作的建议》《关于建设新亚欧大陆桥中国境内港铁联运大通道促进钢铁丝绸之路的建议》《关于设立日照保税港区的建议》《关于将日照国际海洋城纳入国家发展战略中外合作项目并给予核准支持的建议》《关于赋予日照在"港铁联运、海陆一体"上先行先试政策的建议》《关于加快日照—潍坊城际铁路和日照—临沂—曲阜—郑州高速铁路客运专线规划建设的建议》《关于支持日照开展中日韩自由贸易区先行试点的建议》《关于加快建设陆桥沿线重点物流中心促进东中西区域经济联动发展的建议》《关于延伸山西中南部铁路通道至黄河"几"字湾地区的建议》《关于支持设立日照综合保税区的建议》《关于在日照建设国家石油战略储备基地保障国家能源安全的建议》《关于支持日照加快建设"一带一路"主要节点城市扶持日照港发展的建议》《关于支持设立中韩（日照）产业园并在日照设立中韩自由贸易区的建议》等多项建议。其中，《关于加快东方桥头堡建设更好地服务于鲁南经济带崛起的建议》《关于加快鲁南临海产业区规划建设的建议》，引起了省领导的高度重视，被省委确定为向全国人大提报的山东代表团重点建议。

（三）承办活动扎实有效

充分发挥和利用市政府大陆桥工作办公室的平台，多次参加国家新亚欧大陆桥国际协调机制、联合国驻华代表处（UNDP）、陇海兰新经济促进会、淮海经济区联络处组织开展的有关活动，搭建起集成果发布、思想交流、专家互动、对上争取政策支持等多种功能于一体的交流合作平台。成功组织了在我市举办的"联合国新丝绸之路明珠城市路演活动"，并乘"日照号"城市车全程参加了路演，扩大了日照东方桥头堡的对外影响力。具体筹备了由我市在北京承办的陆桥沿线部分城市领导第九次联谊会，时任常务副省长王仁元以及国家商务部、国家旅游局等部委的领导出席会议，陆桥沿线 17 个城市的书记、市长参加会议，人民日报、新华社、中央电视台等 20 多家媒体进行了采访报道。负责起草了我市向全国人大会议提报的"关于赋予日照在港铁联运、海陆一体上先行先试政策""关于进一步加强日照桥头堡硬件建设投入"等多项建议。参与筹备了第三届中国—中亚合作论坛，为省、市领导起草了在中国—中亚合作论坛、中国—乌兹别克斯坦经贸合作论坛开幕式上的致辞稿和发言稿等材料。积极筹备并参加了在韩国平泽举行的联合国第四届丝绸之路市长论坛，为市领导起草了"加强区域交流合作再创丝绸之路辉煌"主旨演讲稿。此外，我们还参与承办了中国物流万里行·对话新大陆桥、泛黄海中日韩经济技术交流会港口经济论坛、国际海滨旅游城市发展峰会、中国（日照）国际物流产业发展高层论坛、中意企业合作高层论坛、中国（日照）国际工艺品博览会、中美市长论坛、青岛日照合作峰会暨经贸洽谈会、孙冶方经济科学奖第 13 届颁奖大会暨蓝色经济发展论坛、东部沿海国际经贸论坛、韩国周、中国航海日论坛等重大活动，为市领导起草了《加快日照桥头堡物流中心建设为新亚欧大陆桥经济带的崛起服务》《加强物流信息化建设促进陆桥经济发展》《加强区域交流与合作繁荣新丝绸之路旅游经济》《加快蓝色经济区建设更好地服务于陆桥区域发展》等交流材料。

（四）研究水平得到提升

创新力是提高智库专业力、保持竞争力的根本。为此，我们创新调研形式，采取借力发展策略，主动加强与市内外有关部门、高校和研究机构的联系，积极借助"外脑"提升政策决策服务水平，有效地扩大了"朋友圈"，政策研究的专业力得到明显提升。我们充分利用与北京大学的良好关系，推动建立了北京大学日照发展高层咨询会制度，启动了北京大学日照发展"1＋8"课题研究项目计划，与北京大学联合开展了《日照市综合发展战略研究》课题研究。精心组织了中国社科院（日照）调研基地揭牌仪式，时任副省长李兆前、中国社科院学部委员汪同三共同为仪式揭牌，标志着我市正式加入中国社科院首批调研基地行列。"中欧环境合作计划日照经济开发区生态工业园项目""积极探索实践沿海循环经济型生态城市可持续发展模式成功争创首批国家可持续发展先进示范区""创新北大—日照高层咨询培训新机制"等三大创新成果荣获日照市"机关工作创新奖"。

（五）成果影响力不断扩大

智库的作用不仅限于对政府的直接出谋划策，重要的还在于向社会和政府贡献思想，通过加强与公众沟通，影响和教育公众，从思想上对社会产生广泛影响。近年来，我们非常重视宣传推介，充分利用报纸、刊物、论坛等形式，全方位进行成果传播。分别在《紫光阁》《华东经济管理》《理论学刊》《支部生活》《山东经济战略研究》《山东政报》《山东行政学院学报》《大陆桥视野》《中国日报》、香港《文汇报》等国内外媒体发表《精心打造"水上运动之都"品牌，全面提升日照城市竞争力》《加强经贸交流与合作，推动区域经济的繁荣发展》等文章40余篇，接受《经济日报》《大众日报》和山东电视台等新闻媒体访谈，与日照日报社联合开展了"一带一路"采访活动，带领采访组到乌鲁木齐、伊犁、喀什、大连、营口、秦皇岛、天津等城市进行实地采访，对相关研究成果进行推介报道，大大提升了调研成果的知晓度和影响力。

二、当前智库建设中存在的主要问题

近年来，我市各类智库通过政策研究、课题调研、战略规划、项目评估、信息服务、反映民意等形式，在服务市委、市政府决策、推动经济社会发展中发挥了重要作用。但是，智库建设中还存在着不少困难和问题，特别是研究力量薄弱、研究成果质量水平不高以及针对性、及时性不强等问题，严重制约着智库作用的发挥。

一是整体力量薄弱。从目前市级研究机构来看，尚未建立形成政府"智囊团"的统一协调工作体系，与日益增长的决策咨询需求相比还存在不少差距，远远不适应新形势、新任务的要求。特别是市政府调研室承担着本应由行政机关承担的职能，但因受行政编制的限制，目前仍是事业单位，急需的文字起草人员不容易引进，严重影响了服务决策作用的发挥。驻日照的高校中面向地方应用的政策研究队伍比较薄弱。从事信息服务、咨询服务、技术服务、培训服务等类型的"软企业"和"智慧企业"发展滞后，更是缺少有影响力的民间智库型企业。县区一级政府研究室有名无实，有关人员往往仅为挂名，基层调研成果不高，未能发挥应有作用。县区一级的党校科研力量薄弱，提供科研、调研成果数量少、质量低，造成本来应该是县区智库主力军的县区党校发挥作用非常有限。

二是资源交叉重复。我市五大班子都设有研究室，在职能上具有很大的交叉性和重复性，有限的政策研究资源高度分散，各自为战，重复劳动，不能发挥政策研究队伍合力，重大决策咨询课题推进时则缺乏核心载体。决策咨询机构之间缺乏有效沟通、协调、管理机制，调研项目选题、信息共享、决策评估、成果转化等一系列决策咨询环节都亟需完善。

三是政策研究与决策咨询存在"两张皮"现象。近年来，市级政策研究需求旺盛，每年均需要组织上百个重点调研课题，研究经费也有所增长。但是，通过政策研究和调查研究而转化形成的决策成果相当少，出现明显的政策研究与决策咨询严重脱节的"两张皮"现象。究其原因：一是研究成果脱离实际，政策建议比较务虚，对领导决策缺乏咨询价值。二是决策部门与决策咨询机构之间沟通联系缺乏固定、快捷、通畅的信息传递和成果转化渠道。

三、新形势下的智库建设的指导思想和应处理好的关系

新型智库建设的指导思想是，全面贯彻党的十八大和十八届三中、四中、五中全会精神，以邓小平理论、"三个代表"重要思想、科学发展观为指导，深入贯彻习近平总书记系列重要讲话精神，紧紧围绕协调推进"四个全面"战略布局和"一个定位、三个提升"，坚持创新、协调、绿色、开放、共享的发展理念，以服务市委、市政府决策为根本目的，以开展政策研究咨询为主要任务，努力建设独具特色、优势突出的新型智库体系，打造一批直接为市委、市政府决策服务、在市内外有较大影响的高端智库，造就一支善于理论与实践结合、富有创新精神的政策研究和决策咨询队伍，形成一批具有前瞻性、战略性、可操作性的研究成果，为加快建设海洋特色新兴城市、提前全面建成小康社会提供智力支撑。

建设新型智库具有以下三个方面的要求：一是要突出"中国特色"。中国特色新型智库不同于西方智库，不能完全脱离中国的制度实际，作为党委、政府的思想库和智囊团，必须以最广大人民的根本利益为出发点和落脚点，紧紧依靠党委和政府的力量，不断优化智库的组织体系架构，形成科学管理、运行有效的制度体系，来探索、研究中国特色社会主义建设中需要解决的突出问题。二是要充分体现"新型"。要有新的发展理念，围绕新时期党委、政府对智库建设的新要求科学定位，突破

原有的体制障碍，探索新型智库的管理体系，形成具有前瞻性的发展理念，结合"新情况"、研究"新问题"、形成"新思路"、探索"新路径"、提出"新对策"，真正起到资政启民、研判趋势、推进改革的作用。三是要重视影响力。包括科研成果被决策采用情况；书刊、文章的出版发表、引用的情况；媒体、网络的曝光度和影响力；研讨会、论坛、讲座等方面的影响情况。这就需要围绕多出成果、出好的成果，影响政府决策、影响人民思想等方面入手，健全各项制度，通过对原有制度体系的创新，有力地保障和提升调研成果的形成机制。为此，需要重点处理好以下七个方面的关系，努力实现创新发展。

（一）有位有为与有为有位的关系

作为服务决策的机构，智库本身是非营利性组织，大部分智库生存发展的资源主要来自于党委、政府。因此，党委、政府对智库的决策需求、经费保障和政策支撑对智库发展繁荣至关重要，应当高度重视智库、充分信任智库、大力扶持智库，为智库发挥作用提供有力保障。另一方面，"打铁还需自身硬"，智库要靠自身的出色作为，拿出质量过硬、经得起考验的成果和服务，才能持续获得党委、政府的激励扶持。

（二）策略研究与战略研究的关系

经济社会发展中有很多常规性、技术性、阶段性的具体问题，需要智库提供即时性、手段性、执行性的咨询服务，围绕疑点、热点，做好有针对性的研究和有说服力的阐释。但是，当今世界正处于大发展、大调整、大变革中，我们面临的情况之复杂、矛盾之综合、变化之突然前所未有，要有效规避风险、赢得战略主动、精准把握大势，就必须高度重视研究那些事关党和国家前途命运、事关经济社会安全的全局性、前瞻性、方向性战略问题，要求智库大力提升战略设计能力，注重立足前沿、设计顶层、预测趋势，更好彰显智库谋大、谋深、谋远的独特价值力量。

（三）严格管理与适度灵活的关系

智库从事的是资政建言、理论创新、舆论引导、社会服务等高端智力活动，事关重大、影响面广，需要加强指导与规范，确保所从事的各项活动符合党的路线方针政策，遵守国家法律法规。但另一方面，智库活动具有高创新性、高开放性、高智能性特点，有其独特的运行规律，对智库的管理不能过于刻板僵化。如在课题经费管理方面，就应该从制度上对研究者个人在课题项目中应获的智力报偿作出合理安排，并简化过于繁杂的报销手续。对参照公务员管理的智库，应赋予其研究人员承接横向课题的合法性。又如在人事制度上，应尽快破除阻碍智库延揽优秀智库人才的学历、身份等制度门槛；研究人员赴境外从事学术交流访问的审批规定也应切实放宽、放活。

（四）鼓励竞争与稳定支持的关系

竞争带来繁荣。在智库建设中，要善于运用竞争的思维和方法培育智库市场，做好智库间适度竞争的机制安排，如建立政府课题项目的公开申报、公开招投标机制，按照"竞争入选、动态管理、末位淘汰、以评促建"的原则确定党委、政府重点支持的智库对象等。通过竞争机制把各种智库资源要素充分调动起来，把智库研究人员的智慧潜力激发出来，倒逼智库提升成果质量与管理水平。同时，现代决策咨询面临许多综合性、复杂性、动态性都很强的问题，需要长期广泛深入调查和持续滚动研究，在这些领域就不宜采取竞争的方式，而适宜通过单一来源的方式，稳定支持一批有实力的智库开展长期跟踪研究，保证决策服务的全面、完整、深刻。

（五）肯定论证与否定论证的关系

对决策项目进行预警、提出科学分析意见与独立见解是智库的责任之一，如果做不到这一点，必将影响决策质量，给公共利益带来损害，伤及智库自身的声誉。因此，智库对党委、政府的决策议题既要开展可行性研究，也要开展不可行性研究。要大力加强政策制定前的风险评估及政策执行中的绩效评估，以理性、求真的精神为提升决策质量尽力担当，以专业、中肯的意见赢得决策者的由衷认同。

（六）决策咨询与公共服务的关系

为决策者提供决策信息、政策建议是智库的核心功能，必须将其作为智库建设的重中之重。同时，要避免出现智库功能配置失衡的情况，充分重视发挥智库在舆论引导、社会服务与公共外交等方面的重要作用。如就重要政策、重大突发性事件以及群众关心的社会问题进行解读分析；指导和参与社会组织的良性发展，促进社会治理水平的提高；对民生问题进行公开呼吁，推动问题解决；传播先进理念，启迪民智，促进社会进步等。

（七）成果研究与营销推介的关系

提供高质量的决策服务是智库发展壮大的王道，任何时候都要把回答和解决好经济社会发展中的重大理论、实践问题作为智库建设的主攻方向，力求站在前沿、重在前瞻、走在前列。但是，"酒香也怕巷子深"，要使智库形成与自身实力相匹配的社会影响力与资源附着力，就必须高度重视智库的机构传播。要注重期刊、研究报告、专著的出版发行，定期举办论坛、研讨会、纪念会、报告会、培训班、讲座等，积极主动在公众媒体现身亮相，精心打造智库形象识别系统，大力强化智库成果，充分展示智库实力，不断扩大智库影响，为智库履行使命创造良好外部条件。

四、加强智库建设的对策建议

当前，日照发展正处于重要战略机遇期，要想抓住历史机遇而不是错失机遇，有效化解风险迎接挑战，实现全市跨越发展，更加迫切地需要充分发挥智库的作用。我们应该借鉴外地智库的经验，结合自身实际，认真贯彻落实中央《意见》和省委、省政府《实施意见》，大力加强智库建设，进一步提高服务科学决策的水平，切实当好市委、市政府的参谋助手。为此建议：

（一）加强智库建设的统筹规划与领导

根据中央《关于加强中国特色新型智库建设的意见》和省委、省政府《关于加强中国特色新型智库建设的实施意见》要求，结合我市目前研究机构力量分散、职能交错等实际，建议设立日照市决策咨询委员会。市决咨委设主任1人，副主任4人，秘书长2人，专家委员若干人。市决咨委主任由市级领导担任，副主任分别由市委政研室主任、市政府调研室主任、市委党校副校长和市社科联主席担任，秘书长由市委政研室副主任、市政府调研室副主任担任。专家委员由市委、市政府聘任。主要职责：（1）为全市经济社会发展重大战略提供指导、咨询和风险评估。（2）对涉及全市长远发展的重大问题组织开展前瞻性、针对性、储备性研究，提出专业化、建设性、务实管用的政策建议。（3）围绕市委、市政府中心工作，对重大项目和突出问题进行专题调研、研讨论证。决策咨询委员会下设办公室，负责市决咨委的日常工作。根据市决策咨询的工作需要，市决咨委设一个综合智库小组和经济、政治、文化、社会、生态、党建六个专业智库小组。综合智库小组由市委政研室、市政府调研室牵头，市委党校、市社科联相关人员为成员；专业智库小组分别由市发改委、市人大、市委宣传部、市人社局、市环保局和市委组织部牵头，相关部门单位、高校与科研机构、企业及民间的专业人员（主要是决咨委专家委员）为成员。

（二）实施外脑智库计划，建立政府决策咨询专家委员会

充分发挥北京大学日照发展专家咨询委员会、中国社科院中国经济

分析与预测中心日照调研基地和桥头堡与鲁南发展研究中心的作用，构建一个高端有效的专家库，在此基础上建立政府决策咨询专家委员会，特别是聘请省内外知名专家为市政府特邀咨询。专家委员会不仅参与重大决策，还承担评估政府在社会公共事务中的运作效率或检验政府的运作是否达到预期目标的功能，并提出改进建议；开展政策评估功能，针对政府出台的重大政策，开展政策评估，适时调整决策，使决策更为科学；开展重大项目前期评估工作，通过组织专家对重大项目前期进行综合评估，使项目投资和建设更合理。

（三）完善智库参与决策的机制

当前，日照市很多重大事项的调查研究、综合规划、方案论证、咨询建议等前期工作由职能部门全权负责，其结果是部门利益往往会自觉不自觉地影响重大事项的决策和执行。此外，研究机构一般除领导交办的少量任务外，大部分时间都是自找研究题目，由于不能准确、及时地掌握领导的意图或对全市情况缺乏全面深入的了解，所以调研成果很难转化为决策，没有很好地发挥参谋助手的作用。公共决策是一门科学，需要科学对待；随着现代决策的科学性、专业性、系统性的增强，迫切需要将谋与断分离开来。因此，应完善智库参与决策的机制，使决策咨询论证成为重大决策程序的必经环节，在制度上明确政府决策前必须通过智库进行调研，未经调研的问题不提交会议研究，让智库真正参与到决策中来，提升决策的科学化民主化水平。建议出台《重大政府决策论证办法》，完善相应的程序规定，对政府公共决策特别是重大决策过程进行严密、科学的规范化设计，充分发挥智库作用，提高科学决策水平。同时加强与专业机构的联系合作。采取购买服务的方式，制定系列调研课题，委托专业权威机构限时完成。

（四）建立完善支持智库发展的体制机制

目前，由于缺少完善的智库人才培养机制，人才的"请进来"和"走出去"落实不到位，导致人员的整体素质难以满足工作的需要，作用难以发挥。对于现有智库人员，没有系统有效的培养机制和经费保障，造成研究人员的自身研究能力不强，国内外学习提升机会少，与专家学者沟通能力欠缺，无论是自主研究还是为咨询研究服务的水平都有待提高。因此，应该尽快建立完善支持智库发展的体制机制。一是完善智库人才培养交流机制。参照国外智库的建设经验，把调研岗位培训作为人才培养的必经途径，使智库成为全市政府公务人员的培训基地，成为向全市各部门输出具有丰富专业知识和综合能力后备人才的培养基地；加强智库人员交流，推进研究人员到部门或区县挂职锻炼，提高研究人员结合实际的研究水平；积极采取干部培训、外出考察、交流挂职等措施，提高调研工作人员研究能力和服务调研的水平，使他们掌握更为科学合理的决策思想和方法，成为高层次的决策参与者或决策者。二是完善激励机制。制订奖励办法，鼓励积极开展决策研究活动，注重研究的实效，不作书斋式或纯理论式的研究，注重对具体的、与经济社会生活密切相关的实际问题进行调查、分析、研究和判断，提高智库咨询的针对性、实用性、有效性，使高质量、专业化的研究成果服务决策。对政府当前面临的较为复杂、棘手的问题进行分析，提出政策建议和寻求解决方案；对长远问题进行深入思考和系统分析研究，提出前瞻性、战略性的思路，构筑知识与行动间的桥梁，为科学制定公共政策奠定基础。对创新性强、切合实际、已被采纳或部分采纳的决策研究与咨询成果，经评审给予物质奖励。三是搭建成果发布平台，探索转化机制。通过建立统一的智库网站、举办高层次论坛和演讲活动、出版系列智库研究报告和著作等多种方式，及时发布和交流研究成果，积极为政府和社会各界服好务。四是完善保障机制。要改善研究机构工作条件,保障好研究经费。设立全市智库建设专项经费,用于全市决策咨询研究。同时,鼓励民间社会力量参与新型智库建设。

加强新型智库建设的思考

莱芜市人民政府研究室

智库在英语里的意思是"思想的坦克"。美国著名智库兰德公司创始人科尔博莫说：智库就是一座"思想工厂"，是一所"没有学生的大学"，是一个"头脑风暴中心"。当前，智库是影响政府决策和推动社会发展的一支重要力量。

智库的历史十分悠久。智囊机构在我国萌芽较早，可追溯到夏商的家臣和两周的"命士"，如辅佐商汤之伊尹、辅佐周文王之姜子牙。春秋战国时期，诸侯纷纷招揽"门客"，"养士"蔚然成风。秦、汉时期逐步确立起幕僚制度，此后发展到唐代的"幕僚"，宋代的"幕职官"，清朝"师爷"等。现代智库产生于西方，英国是其最早的发源地，代表性组织是1884年成立的左派思想库费边社。20世纪20年代，西方国家应对经济危机、化解社会矛盾的实践有力地推动了智库的发展，美国正是在这个时期成立了享誉世界的布鲁斯金学会。二次世界大战以及"冷战"的爆发让国际安全形势严峻复杂、竞争愈显激烈，西方国家的智库开始雨后春笋般涌现，在内政、外交方面的作用越来越凸显。如，美国兰德公司就曾成功预测中美建交、美国经济大萧条和德国统一等事件。

我们党历来注重开发和利用智力资源，重视汇聚各方面的智慧来推动革命、建设和改革事业的发展。党的十八大以来，党中央从推进具有许多新的历史特点的伟大斗争的战略高度，做出了加强新型智库建设的重大决策。习近平总书记深刻指出："智力资源是一个国家、一个民族最宝贵的资源。改革发展任务越是艰巨繁重，越需要强大的智力支持。要从推动科学决策、民主决策，推进国家治理体系和治理能力现代化、增强国家软实力的战略高度，把中国特色新型智库建设作为一项重大而紧迫的任务切实抓好。"2014 年 10 月和 11 月，习近平总书记先后主持召开中央深改组会议、中央政治局常委会议，审议通过了《关于加强中国特色新型智库建设的意见》。中央专门就智库建设出台意见，在党的历史上是第一次，充分体现了中央对智库建设工作的高度重视。

一、莱芜"智库"发展现状

目前，莱芜智库建设还处在起步阶段，各类研究机构比较缺乏，智库建设跟不上时代发展步伐，服务经济社会发展的能力亟需加强。主要表现在以下几个方面：

（一）决策咨询机构散而小，整体实力较弱

从市级层面看，除市委政策研究室、市政府研究室是作为党委政府的重要部门单独设置外，大多数机构是各部门的内设机构，机构小，有些甚至与办公室合并了。市社科联、党校、职业学院及各类协会学会组织，只有少数人零星、偶尔参与决策咨询研究。从各区来看，只有莱城区党委政府设立了研究室，其他党政机构都没有设立专门的决策咨询机构。可以说，莱芜各决策咨询机构各自开展研究，不能形成合力，整体实力较弱。

（二）机制不完善，资政作用发挥有限

一是信息沟通机制不健全。缺乏信息交流机制，各机构在政策研究资源占用上不对等，特别是社科联、党校、职业学院等部门与党委、政府之间缺乏顺畅的信息沟通渠道，科研人员难以直接、及时掌握党委、政府关心的重大问题，政策建议比较务虚，对领导决策缺乏咨询价值。二是成果评估转化机制不完善。很多研究成果很难让决策层知晓，决策咨询机构的产品成本、效益难以量化，评价方式不完善，还缺少成果推介上报机制、转化应用等机制。

（三）研究人员不足，人员结构不合理

一是研究人员少。大多数研究室只有5—8人，不仅人数少，能从事决策咨询研究的人员更少。现实中这些人员更多的承担了部门各类文稿的起草撰写任务，真正从事政策研究的人员较少。二是人员引进难。各机构人员主要来自于招考，渠道狭窄。三是人员协调难。很难跨单位、跨领域、跨学科将研究人员组织起来，各委员会存在专家成员重复、难以组合起来等问题。四是人员学科结构不合理。多数研究人员是文科背景，且偏重于文史哲等传统人文学科，缺乏社会科学、自然科学尤其是数学、统计学等方面的研究人才。

（四）投入保障不足，经费使用管理不科学

一是投入少。莱芜市对地方智库基础设施建设、智库人员引进、智库课题研究经费等投入尚未有统一的规划，决策咨询研究缺乏物质保障。莱芜市全年用于社会科学研究的项目经费不足百万元，占财政预算支出的比例极低。二是脑力劳动成本考虑较少。现行财务管理体制偏向于调研差旅费、资料费等直接成本考核，较少考虑脑力劳动成本。但决策咨询成果、"金点子"往往更多来源于脑力劳动，脑力劳动的报酬难以用符合审计标准的票据体现，大大制约了科研人员的工作积极性。

二、当前智库建设需要把握的方向

政府决策咨询研究机构作为直接为政府决策服务的重要智库，在新的时期，面对新的形势背景和新的目标任务，既要遵循智库建设的一般规律，又要彰显政府智库的基本特性，在推进现代智库的建设和发展中必须认清和把握好六个基本导向。

一是必须把握政治纪律的导向。政治纪律是政府研究机构建设现代智库的首要导向，要突出讲政治、守纪律、聚共识。要突出讲政治。作为政府决策咨询研究部门，要高举中国特色社会主义伟大旗帜，坚定理想信念，强化大局意识，贯彻落实党的路线、方针、政策，坚持用马克思主义的立场、观点、方法和中国特色社会主义理论体系武装头脑、指导实践、推动工作，与党中央保持高度一致。当前要着重深入学习贯彻党的十八大、十八届三中、四中、五中全会精神和习近平总书记系列重要讲话精神，以此为指针，做好决策咨询研究工作。要突出守纪律。智库部门相对独立，但此"独立"主要是指独立思考，绝非率性而言、随意而行。要强调"研究无禁区、发表有纪律"，学术探讨要提倡自由研讨，鼓励百花齐放、百家争鸣，不能划框框、划禁区，但发表观点、对外宣传、发布成果则要守原则、讲纪律。这是政府研究机构建设现代智库必须牢牢把握的不可丝毫动摇的一条政治纪律原则。要突出聚共识。政府决策咨询研究机构应主要开展建设性、务实性对策研究，而不是与党委政府唱对台戏、唱反调，研究成果结论要与党中央的精神和地方党委政府重大决策部署保持高度一致，能够起到凝聚共识、凝聚人心、凝聚力量的作用。

二是必须把握聚智辅政的导向。聚智辅政是政府研究机构建设现代智库的核心功能，要紧扣领导决策、科学发展和工作全局的需要。紧扣领导决策需要。现代政府研究机构的主要职责是紧扣党委、政府中心工作，站在全局的高度为领导决策出思路、谋举措。从某种意义上来说，想领导决策所想的，做领导工作想做的，谋领导需要而未谋的，都是政府决策咨询研究的主要研究对象。紧扣科学发展需要。决策研究工作要围绕主题主线开展，明确事情，立足实情，了解国情世情，把握要情，着重对经济建设、政治建设、社会建设、文化建设、生态文明建设和党的建设等领域进行深入研究，总结科学发展新经验、好做法，分析科学发展新形势、新问题，提出推进科学发展新思路、新举措。紧扣工作全局需要。政府研究机构要从服务决策、参与决策、支撑决策、引领决策、跟踪决策等方面开展全方位研究工作，为改革发展大局、各项工作全局服务。比如，对前瞻性、超前性课题研究，要做到"谋"在"断"前，少当"事后诸葛亮"；对党委政府的重大战略部署、重大政策等解读性研究，做到先学一拍、深懂一层、早行一步，并就其重点、亮点和创新点作出深入解读，研机析理，解疑释惑，凝聚全社会的共识，使重大决策部署能顺利推动落实。

三是必须把握决策研究的导向。决策咨询研究是政府研究机构建设现代智库的基本职能，要着力开展领导重点课题、战略性课题、专题性课题和学术理论创新等研究。着力抓好领导重要课题研究，将贴近领导决策需要的重大课题、重要文稿和政策文件作为重中之重，及时保质保量完成党委政府布署的和领导交办的重大课题研究任务。着力抓好重大战略性课题研究，着重围绕领导最需要、决策最贴近、发展最前沿，开展国民经济、社会发展和改革开放中的全局性、综合性、战略性、前瞻性和系列性课题的研究。着力抓好重点专题性课题研究，围绕为基层和群众服务，就事关经济社会发展和人民群众切身利益的热点、难点和重点问题以及新情况、新问题开展专题性、务实性研究，提出切实有效的解决办法和措施。着力抓好学术理论创新研究，根据决策咨询研究需要，注重前沿理论、基础理论研究创新。理论是对实践经验的总结，在正确理论的指导下推进改革发展，可以使改革发展实践少走弯路、少付代价。

要更加注重结合实践的理论创新和学术创造。

四是必须把握开放合作的导向。开放合作是政府研究机构建设现代智库的有效途径，要强化资源整合、交流合作、载体阵地和工作创新。强化资源整合。建设现代智库，很重要的一条就是组织研究资源、协调研究机构。这就要求研究机构善沟通、重合作、能协调，把各类智库资源和优势有效整合起来，通过合理分工、强化合作、集中力量，就重大课题进行研究攻关。强化交流合作。坚持开放式研究，加强与省、兄弟城市、县（市、区）研究机构，以及高校、企事业单位的交流合作，通过建立外联所、研究基地、调研网络、信息网络等平台载体，以课题为纽带，以资料交换、人才交流等方式，强化开放合作，充分利用外部研究资源，善于借用"外脑"，构建起决策咨询研究网络体系和合作机制。强化载体阵地。办好各类论坛、研讨会、研修班、座谈会等重大活动，建好报告、刊物、网站等展示平台，拓展研究和服务新阵地。强化工作创新。现代智库建设，必须适应领导决策新需要和形势发展新情况，创新研究方式，拓展研究渠道，推动工作创新。比如，开展系列课题研究、研究成果转化应用以及信息情报工作等。

五是必须把握能力建设的导向。能力建设是政府研究机构建设现代智库的基础支撑，要加强研究能力、人才队伍和基础条件建设。加强研究能力建设。研究能力决定着研究工作水平，研究成果决定着智库和研究部门作用。要加快转变工作作风，加强深入基层、深入群众、深入实际的调查研究，不断提高综合研判和战略谋划的能力，不断提高善于发现问题、敢于提出问题、研究分析问题、治理解决问题的能力和本领。加强人才队伍建设。加强领导班子和干部队伍建设，建立健全对年轻干部的"传、帮、带、学"工作机制，通过培训、轮岗、挂职、走出去等方式，加快建设一支接地气、聚人气、长锐气、扬正气的高素质干部队伍。加强基础条件建设。比如改善办公软硬件条件，加强资料、数据的收集积累，建设专家库、图书资料库和专业数据库等。

六是必须把握改革创新的导向。改革创新是政府研究机构建设现代智库的根本动力，要完善工作决策落实、内部管理、外部合作等体制机制，以高效有序的组织体制和运行机制，提升单位建设和发展的科学化、规范化水平。完善工作决策落实机制。对领导决策制度、议事规则和重大事项决定、执行、落实机制等，都要根据不断变化的新情况，不断深化完善和落实。完善内部管理机制。当前要着重强调建立完善考勤制度、激励制度、人才培养使用制度、工作量考核制度、会议制度、财务制度、学习研讨制度、廉政建设制度等。完善外部合作机制。着重完善与外单位人员交流机制、资料交换机制、课题合作研究机制，优化决策咨询研究网络运行机制，建立外部支持机制和要素保障机制等。

三、对加强莱芜"智库"建设的具体建议

（一）顶层设计，构建新型智库的发展框架

根据我市实际，立足全面整合，建议设立莱芜市决策咨询委员会，充分发挥市几大班子政研室（研究室）以及市委党校、社科联、山东财经大学莱芜校区、职业学院、技师学院等方面研究力量和资源，在国家层面、省层面分别聘请各行业优秀专家，组成莱芜市决策咨询委员会。决策咨询委员会由市级领导担任主任，市委、市政府、人大、政协研究室主任担任副主任。同时，制订出台智库建设发展规划，按长期、中期、近期的分级分类规划，加强智库基础设施建设，逐步打造富有莱芜特色的专业型智库。

（二）建章立制，规范新型智库的组织管理

一是协调联络机制。对内建立全市决策咨询联席会议制度，联系市

委党校、山财大莱芜校区、职业技术学院、社科联以及有关市直部门和企业，对外加强与市外智力机构、研究机构和专家学者的沟通联动。决策咨询委员会每年至少召开一次全体会议，每季度进行一次工作联系，定期组织开展决策咨询学术交流和研讨活动。二是分组管理机制。根据工作需要，分别设立宏观经济和战略发展、产业经济和科技创新、公共服务和社会管理、城市建设和管理、生态环境与循环发展五个决策咨询组，每组选聘 10 名左右的市内外专家，并设 1 名牵头召集人，具体负责本组决策咨询活动。三是项目化运作机制。决策咨询委员会每年组织一批重大课题，委托委员及相关研究机构公开招标进行研究，课题结题后组织开展评审工作，并根据评审结果进行奖励。

（三）健全保障，搭建新型智库的发展平台

一是建立信息共享平台。在莱芜电子政务网络中建设政策研究信息库，打造信息共建共享数据平台，实现跨领域、跨部门、跨智库的信息互通、成果共享。二是建立智库专家信息库。由市决策咨询委员会统筹管理、协调补充智库专家，委员实行聘任制，任期一般为两年，可以连聘连任，在届期中可酌情增减。咨询专家人选面向市内外公开选聘。主要包括：中央、省直部门现任领导和离退休老领导；在某一专业领域具有权威性或有较大影响的专家学者；在市场竞争中能有效进行管理和资本运营的企业家；熟悉莱芜市情，并在某一领域有深入研究或独到观点的部门领导干部、中层干部和科研院所工作人员。三是加大资金投入。建立政府购买智库服务机制，为智库发展提供必要的资金支持；设立政策研究基金，逐步加大政策研究课题的比重，支持智库开展适度超前的研究。同时，积极探索与社会各方合作开展课题研究的新途径，引导和鼓励社会各界对智库的投入，逐步建立多元化资金筹措机制。

努力把新型智库打造成为地方
党委政府决策的重要支撑

临沂市人民政府研究室

智库是从事公共政策研究和决策咨询的重要机构，也是规范化、科学化服务现代公共决策的"思想工厂"。建好、用好新型智库，对于推动地方政府科学决策、民主决策，推进治理体系和治理能力现代化，提升区域创新力和软实力，都具有十分重要而深远的意义。特别是当前，经济发展进入新常态，增长速度换档、结构调整阵痛、前期刺激政策消化等"三期叠加"影响加剧，深层次矛盾集中凸显，尤其需要集中各方智慧、凝聚广泛力量，为破解地方发展难题、加快推进转型升级，提供智力保障和重要支撑。

"凡事预则立"。党的十八大以来，新一届中央领导集体高度重视智库建设，中办、国办专门印发《关于加强中国特色新型智库建设的意见》（以下简称《意见》），将建设中国特色新型智库上升至国家战略，这为各级谋划新型智库建设、助推经济社会发展指明了方向。作为地方政府，在推进新型智库建设中，必须全面贯彻中央部署，大胆探索，务实创新，着重做到"四个坚持"：

一、坚持把科学规划作为地方智库建设的重要前提

规划是龙头，是做好智库建设工作的引领和前提。当前，地方新型智库建设缺少科学规划、总体布局，推进政府智库建设的统一协调体系、决策咨询体系也还不够健全。中央《意见》指出，"要统筹推进智库协调发展，形成定位明晰、特色鲜明、规模适度、布局合理的中国特色新型智库体系。"在地方智库建设中，必须把加强顶层设计、科学制定规划作为首要任务，着眼统筹管理、协调合作、各负其责、资源共享，着力构建以一个决策咨询委员会为统筹、五类智库建设为主体、四种服务平台为支撑、N个智库联盟为协调的"1＋5＋4＋N"特色新型智库体系，为加快地方智库长远发展"谋好篇、布好局"。

"1"，即"一个市政府决策咨询委员会"。研究制定临沂市《智库建设工作方案》，成立"政府决策智库专家咨询委员会"，面向市内外公开、严格遴选产业转型、商贸物流、文化旅游、金融创新、城市建设、环境保护、社会管理、体制改革等领域的知名专家，以市政府名义印发聘任通知、签订聘任合同；"委员会"将依托和广泛联系各类专家、学者，遵守客观公正的原则，积极参与有关决策研究和咨询活动，为全市经济社会发展提供智力支持和咨询服务。

"5"，即政府系统智库、科技智库、企业智库、高校智库和社会智库等"五类智库建设"。一是发挥政府系统智库核心主导作用。围绕全市工作大局与重点工作，着力做好政策研究、决策评估、政策解读等工作，推动政府核心智库建立权威引导机制，使之成为政府依法决策、科学决策、民主决策的核心平台，强化对政府系统智库建设的工作理念、专业定位、研究特色、品牌推广等方面的宏观引导。同时，促进政府智库与市直智库联动发展，围绕市委、市政府重大决策，打破部门、单位

壁垒，不断畅通与党委、人大、政协等方面的联系，强化共同研究和决策咨询功能；加强与社科院、党校等单位沟通，通过跟踪政策调查研究、参与课题招标、开展对外交流等方式，注重加强以影响决策为目标的深入研究。二是引导科技智库发展。发挥政府科技部门在推动科技创新方面的优势，在科技战略、规划、布局等方面，引导科技智库围绕实施创新驱动发展战略，开展科学研究；鼓励市内科技智库机构与国家和省内高水平智库机构联合开展软科学研究，提升地方科技创新智库的整体水平。三是支持企业智库建设。支持大中型企业兴办"产学研用"紧密结合的新型智库，重点面向行业产业，围绕企业改革发展、产业结构调整、产业发展规划、产业技术预见、产业政策制定、重大工程项目等开展决策咨询研究。四是推动高校专业智库发展。发挥临沂大学、临沂医专等高校基础研究实力雄厚、学科门类齐全、人才密集、对外交流广泛等方面的优势，加强联系沟通，整合优质资源，针对社会热点、难点问题开展研究。五是规范社会智库发展。简化社会智库注册登记手续，拓宽社会智库建言献策渠道；加大政府向社会智库购买服务的力度，营造有利于社会智库发展的良好环境。

"4"，即需求库、信息库、专家库、成果库等"四种服务平台"。一是着力搭建"需求库"。积极反映临沂决策咨询研究需求，为相关智库开展决策咨询研究活动提供方向性指引，及时对外发布研究需求或建议课题。二是着力搭建"信息库"。充分利用互联网和大数据资源，建立统一的临沂特色新型智库信息共享平台，汇集临沂经济社会发展及各区域、各行业相关信息，为开展决策咨询研究活动提供信息支持。三是着力搭建"专家库"。强化专家动态管理，与市内外高端人才库双向对接，由决策咨询委员会统筹组织管理，整合专家资源，切实发挥专家库在重大决策咨询中的重要作用。四是着力搭建"成果库"。持续跟踪反映临沂决策咨询研究项目推进情况，集中汇总决策咨询研究成果，分送相关领导或有关部门决策参考，必要时对外发布。

"N"，即"N个智库联盟"。去年，临沂市政府研究室创新方式，会同江苏省徐州、连云港、宿迁以及省内的济宁、枣庄、日照等地市，成立"鲁南苏北政府智库联盟"，签订战略合作协议，为区域智库联盟建设做出了初步探索。今后工作中，要在进一步加强鲁南苏北智库建设的同时，积极探索建设一批新的跨部门、跨领域、跨地区的智库联盟，协调各智库建设之间具体业务，互通有无、共同研究、共享资源，努力使智库由"孤岛"变为"群岛"，全力服务各级党委政府决策。

二、坚持把服务决策作为地方智库建设的根本方向

当前，不同的智库有不同的研究方向和研究重点。从各地情况看，由于研究机构的职能设置不同、发展定位不一以及研究目标不明确，多数存在着课题多头组织、重复研究、实效不高等现象，加上机构资源没有实现有效整合，致使信息共享的及时性、针对性也还不强。智库是决策方案的"建言者"、社会舆论的"引导者"，必须紧紧围绕协调推进"四个全面"战略布局，贯彻落实"五个发展理念"，以服务党委和政府决策为根本目的，把握正确导向，明确目标定位，统筹有序推进。具体目标定位中，要注重"三个导向"：

（一）要注重当好党委政府科学决策的"参谋"

智库要当好科学决策的"参谋"，既不能脱离实际习惯于搞"经院式"研究，也不能被动应付满足于做"传声筒"，更不能落后发展热衷于当"马后炮"。必须有大局观、战略视野和政治定力，以服务党委政府决策为天职，抓住党和政府决策亟需解决的重大问题，开展针对性、前瞻性、储备性政策研究，提出专业化、建设性、切实管用的政策建议，

着力提高综合研判和战略谋划能力。要以市情为依据，以问题为导向，立足临沂、关注临沂、研究临沂，推出有价值的智库成果，为促进各级党委政府科学民主依法决策提供智力支持。从当前看，最紧要的是围绕实施"八大战略"、打好"六场硬仗"，加快建设"大美新"临沂这一目标搞好深入研究。比如，如何适应和引领经济新常态，推动产业转型升级；如何深度融入国家"一带一路"战略，推动临沂商城国际化；如何加快"两型社会"建设，推动环境生态保护再上新台阶；如何打好精准扶贫"攻坚战"，推动老区人民生产生活水平持续改善，等等。这些都是关系临沂发展全局的重大问题，也是需要深入研究的时代课题。

（二）要注重当好引导社会舆论的"向导"

近年来，在各地暴露的众多热点、焦点问题中，相关媒体先后开设专家访谈、智库连线等节目栏目，促进了正面舆论导向，收到了很好的社会效果。专家学者是权威人士、公众人物，对社会热点问题、社会敏感思潮和重大突发事件，专家学者说话份量重、权威高。特别是当前改革发展任务繁重，各类问题日益凸显，尤其需要智库专家发挥好引导社会舆论的"向导"作用。在智库建设中，要坚持"向理论要钥匙、向实践要智慧"，自觉以引导社会舆论、弘扬主流价值为己任，敢于发声、科学发声、有效发声。一方面，既要积极配合"官方舆论场"，围绕临沂经济社会发展重大战略规划、重要公共政策、重大工程项目等，开展对策研究，提出对策建议，并对其执行情况及效果进行跟踪研究和客观评估。另一方面，又要适时调控"民间舆论场"，发挥智库在阐释党的理论、解读公共政策、研判社会舆情、引导社会舆论等方面的宣传引导功能，弘扬沂蒙精神、讲好临沂故事、传播临沂声音，着力提升临沂对外影响力以及新思想、新观点、新理论的生产能力和传播能力。

（三）要注重当好服务经济社会发展的"助手"

随着经济社会深刻转型，推进政府治理体系和治理能力现代化的任务越来越紧迫。去年，市政府研究室以服务党委和政府决策为根本目的，以开展政策研究咨询为主要任务，全面开展了23项重大课题研究和59项专项课题研究，推出了一批重要研究成果，提出了一批有份量的意见建议；同时设立20处调研基地，点对点、面对面地为有关部门、县区出主意、想办法，成为智库服务经济社会发展的一种创新方式。面对新的发展形势，地方政府智库要进一步以服务社会发展、推动社会进步为追求，将经济社会发展和改革开放中的全局性、前瞻性、战略性、综合性、长期性问题研究以及当前热点、难点问题研究有机结合，主动了解社会矛盾，深入研究社会矛盾，积极化解社会矛盾，从思想观念、发展理念、管理方法等各层面助力社会发展，努力为培育良好社会心态提供思想"养料"，为地方和企业破解发展难题开出"良方"。

三、坚持把创新创优作为地方智库建设的有效手段

智库研究的根本目的，既要解决"是什么"和"为什么"的问题，又要在"怎么办"上提出新思路、新对策。目前，有的智库建设理念陈旧、方式落后，创新手段不多，习惯被动答题，满足于应付任务；有的从部门利益出发，缺乏对社情民意的了解，提出的建议质量不高、创新性不强；有的管理创新不够，体制机制不健全，在服务评价、绩效激励等方面缺少有效办法；有的缺乏知名智库和领军人才，智库综合实力和影响力还较弱，等等，这些都是制约智库创新发展的问题所在。因此，加快建设地方政府智库，必须着眼创新创优，找准工作抓手，提出对策建议，为加快经济社会发展、实现"走在前列"目标不断注入新的动力。工作中，要着重在四个方面抓好创新。

（一）要创新课题研究，提升智库创造力

智库建得好不好，主要体现在决策咨询成果上。课题研究是智库的"主业"，智库如果不搞课题研究，就会丢了"饭碗"。要把课题研究作为推进地方智库发展的重要抓手，不断把智库的"主业"做大做强，提升智库的创造力、竞争力和影响力。一方面，要"出新题"。党委政府在一个时期最关注什么问题，经济社会发展在一个阶段最需要解决什么问题，就是智库研究的中心所在。要强化课题抓手，注意围绕党委政府最关注的事情、围绕改革发展最需要破解的难题、围绕人民群众最关心的热点，多出研究题目，特别是直接参与和服务市委市政府决策的有关部门以及经济社会发展综合部门，更要多出题目、出好题目。"题好一半文"，在"出好题"的同时，智库本身还要着力做好"选新题"的问题，切实选好、选准最有决策价值的新课题，以及关乎经济社会长远发展的新课题。另一方面，要"答好题"。答好题一靠深入调查，二靠深入研究。任何浮光掠影的调查和浅尝辄止的研究，都不可能提出有真知灼见的思想和观点，更不可能提出解决问题的方案，这样的研究成果也进不了决策、形不成政策。因此，智库要有"不畏浮云遮望眼"的创新意识，紧贴党委政府的中心工作、围绕区域经济社会发展的实际问题开展研究；智库人员要多接"地气"，经常深入实际、深入基层，坚持不懈地做艰苦细致的调研、脚踏实地的深耕，广泛征求群众意见，找到事物发展的症结和规律，提出新的思路、新的见解和新的对策。

（二）要创新平台建设，夯实智库竞争力

研究平台是地方智库建设的重要基础，是推进智库发展的重要"跳板"。要着力创新研究智库平台建设，打造一批知名论坛、品牌刊物和重点基地，为智库开展研究创造良好条件。一要打造知名论坛。在巩固提升"鲁南苏北智库战略论坛"的同时，加快打造"全国革命老区发展论坛"以及"临沂融入'一带一路'蒙山论坛""海州湾地区发展高层论坛"等一批新的品牌论坛,培育形成具有一定区域影响力的高端智库品牌。二要打造品牌刊物。重点打造《每日专报》《临沂经济》《决策参考》《重点工作参阅》等反映智库研究成果的专业刊物,定期汇集各类智库的研究成果和政策建议,及时、畅通地供领导决策参考;定期开展优秀调研成果评选及优秀研究成果发布会,出版智库成果专集。同时,强化与《沂蒙社会科学》《临沂大学学报》等一批智库刊物的联动,更好发挥智库刊物服务党委和政府决策的载体功能。三要打造重点基地。加强决策咨询研究基地建设,着力向县区延伸智库网络,加快打造一批重点决策咨询研究基地,全力建设一批县域区情调研基地。围绕重点基地,要积极开展经常性调查研究活动,强化有关工作剖析挖掘,着力构筑上下联动、涵盖广泛的智库研究网络。同时,成立临沂智库协会,充分发挥协会在决策部门与智库之间的桥梁纽带作用,推动智库研究与全市经济社会发展方向相结合、与重大决策需求相结合、与决策部门重点工作相结合,做到供需对接、供适所需。

(三)要创新成果应用,彰显智库公信力

推进智库建设,既要解决好"最先一公里"课题对路的问题,又要解决好"最后一公里"成果应用的问题。要完善以质量创新和实际贡献为导向的评价办法,构建用户评价、同行评价、社会评价相结合的指标体系。建立智库成果报告制度,拓宽成果应用转化渠道,提高转化效率。完善成果交流评议机制,加快构建"智库谋划、部门决断"的合理分工决策平台。对市委、市政府将出台的重大决策,由市决策咨询委员会组织不同智库、不同领域专家进行论证,全面评价决策的正面和负面影响。对完成后的全市重大课题,由智库组织有关专家对研究报告进行评议。完善成果转化和激励机制,实行研究成果分类送审制度和质量把关制度。

凡是向市委、市政府直报的研究成果，必须精益求精，严把质量关，并视情况为社会民间智库的研究成果搭桥铺路，搞好服务。同时，对党委和政府委托研究的课题和涉及国家安全、科技机密、商业秘密的智库成果，未经允许不得公开发布。要加强智库成果知识产权创造、运用和管理，加大知识产权保护力度；加强对各类智库决策咨询类研究成果进行评定，对创新性强、切合实际、已被采纳或部分采纳的决策研究咨询成果引入第三方评价机制，将评价结果作为职称评聘的参考。

（四）要创新队伍建设，增强智库影响力

人才是智库立身之本。要把智库打造成为吸引一流人才的洼地，建立健全科学的选人引人机制，树立"不求所有、但求所用"的理念，采用国际通行的"小机构、大网络"做法和"旋转门"方式，储备优秀人才，努力培育好智库这个"梧桐树"，把更多的一流专家学者吸引过来。要完善决策咨询委员会委员选拔机制，制定科学选人标准和遴选程序，按照少而精、专业合理搭配的原则优化专家智库结构。认真挑选领军人物，把政治嗅觉敏锐、思维开放活跃、学术功底深厚、在社会上有影响力的专家学者吸纳到智库中来。创新人才管理和培养机制，探索实施智库人才专项支持计划，着力引进和培养造就一批具有创新能力的理论人才和重点学科骨干人才。深化人事管理、岗位聘用、职称评定制度改革，探索将民间智库纳入职称评定序列的办法，完善以品德、能力和贡献为导向的人才评价和激励制度；遴选对市委、市政府决策服务做出突出贡献的专家，建立资深研究员制度以及整合社会学术资源的"特约研究员"制度。适当提高高级职称评聘比例，为高学历人才晋升职称开辟通道。加强智库与党政部门人才交流合作，积极探索党政机关与各类智库之间人才有序流动，定期安排智库人才到县乡挂职，提高智库人才实际操作能力和领导干部科学决策能力。

四、坚持把完善制度作为地方智库建设的有力保障

智库建设是一项复杂的系统工程，既需要借鉴国际成熟的经验，更需要系统性构建相关体制与机制，为推动智库健康发展提供制度条件及环境。

一是要建立健全高效的组织保障制度。加强智库建设必须强化组织领导，营造良好氛围，形成工作合力。要引导各级充分认识新型智库的地位和作用，加强规划，统筹部署，把智库建设作为推进科学执政、依法执政、增强政府公信力的重要内容，列入各级决策的必要环节，善用、善待、善管智库。要创新支持、服务、协作、激励等体制机制，把临沂智库做大做强，把智库的作用发挥好。要搭建"智库网络"，强化市政府研究室在政府智库建设的中心作用，使之成为全市政府系统各方面智库的平台；加强与政府各部门、企业、高校、各类科研单位和智库机构的联系交流。要强化新型智库建设服务，从准确把握决策需求、快速组织调研、提高成果质量、加强政策建议的及时性和管用性等方面，建立起完善有力的服务保障程序。

二是要建立健全开放的公共决策制度。随着现代决策的科学性、专业性、系统性的增强，迫切需要将"谋"与"断"分离开来。因此，要完善地方政府智库参与决策机制，使决策咨询论证成为重大决策程序的必经环节，在制度上明确政府决策前必须通过智库来调研，让智库真正参与到决策咨询，建立起公开、透明、开放的公共决策制度，提升决策的科学化民主化水平。要及时出台重大政府决策论证办法，充分发挥智库作用，对政府公共决策特别是重大决策过程进行严密、科学的规范化设计，重大政策措施、重大改革方案、重大工程项目等决策事项出台前，要进行可行性论证和社会稳定、环境、经济等方面的风险评估，提高科

学决策水平。完善重大决策意见征集制度，涉及群众利益的重要公共政策和决策事项，都要通过听证会、座谈会、论证会等多种方式，广泛听取智库的意见和建议，增强决策透明度和公众参与度。

三是要建立健全有序的投入保障制度。建立健全规范高效、公开透明、监管有力的资金管理机制，提高资金使用效率，形成适合智库运行特点和科研规律的经费管理制度。按照"分项核算"的原则，加强经费使用管理和监督；按照科研规律和智库运行规律，制定科研经费管理使用办法，建立专家咨询劳务报酬制度，尊重智力劳动，体现思想价值，激发创新活力。科学合理编制和评估经费预算，支持研究人员按研究方向持续研究。制定有别于自然科学经费管理的智库课题与合作项目经费专项管理细则，规范直接费用和间接费用支出管理，充分体现科研人员的创新价值。加强资金监管和财务审计，加大对资金使用违规行为的查处力度，建立预算和经费信息公开公示制度，健全考核问责制度，不断完善监督机制。鼓励智库通过为企业、社会等方面服务增加收入，对智库服务性收入参照高技术服务业有关税收优惠政策给予减免。

四是要建立健全规范的成果购买制度。探索建立政府主导、社会力量参与的决策咨询服务供给体系，稳步推进提供服务主体多元化和提供方式多样化，满足政府部门多层次、多方面的决策需求。研究制定政府向智库购买决策咨询服务的指导实施意见，制定政府购买指导性目录，明确政府购买决策咨询服务的种类、性质和内容，明确购买方和服务方的责任和义务，明确政府购买决策咨询服务机构，建立按需购买、以事定费、公开择优、合同管理的购买机制。对纳入政府采购范围的智库咨询报告、政策方案、规划设计、调研数据等，采用公开招标、邀请招标、竞争性谈判、单一来源等多种方式购买，通过竞争择优的方式选择智库思想产品。智库通过政府购买决策咨询服务取得的收入列入智库服务性收入，用于弥补相应的智库产品生产成本、支付专家智力劳务报酬和智库建设。建立健全政府购买决策咨询服务信息管理平台，依托信息网络技术，开展需求调查、计划发布、政策宣传、数据统计等工作。加强购买服务监管，保证购买服务质量，实现政府购买决策咨询服务的规范化、市场化、持续化。

五是要建立健全积极的舆论引导制度。着眼于传播主流思想价值，集聚社会正能量，发挥智库宣传引导功能。支持与市内外高水平智库开展合作研究，举办各类高层论坛，打造高端引领、集中发布、影响广泛的智库成果发布品牌，增强智库的传播能力。充分利用传统出版媒介和现代网络媒体宣传推广智库成果，鼓励各类智库通过各种媒体、论坛发出临沂好声音，支持善于研究、阐释政策的人才走向社会，为他们充分展示才华提供机会、搭建平台，有效引导社会舆论。坚持"研究无禁区、宣传有纪律"，加强对智库主办的研讨会、报告会、论坛、出版物以及微博、微信等公共账号的管理。注重加强地方政府智库专家职业精神、职业道德建设，引导其主动服务党委政府决策，为开创临沂经济社会发展新局面贡献聪明才智。

对基层研究室发挥智库作用的实践与思考

德州市人民政府研究室

近几年，德州市政府研究室认真贯彻落实中共中央办公厅、国务院办公厅《关于加强中国特色新型智库建设的意见》和省委办公厅、省政府办公厅《关于加强中国特色新型智库建设的实施意见》的文件精神，结合工作实际，着力推进政府研究室新型智库建设，初步形成了一系列行之有效的工作措施和支撑体系，提高了决策咨询能力和水平，较好地完成了服务领导、服务决策的工作任务。

一、把智库建设作为提高辅政水平的战略举措

高水平的智库是一个国家、一个区域软实力的集中体现和重要标志。从国家或城市发展到政府能力建设，再到国际战略、地方决策，智库的作用日渐凸显，不同程度地影响着经济社会的发展进程，不仅成为影响政府决策的重要力量，也成为衡量一个国家或城市软实力的重要尺度。

（一）建设新型智库是增强"看齐意识"的重要体现

2013年4月，习近平总书记首次提出建设"中国特色新型智库"的目标，并将之提升到国家战略的高度。同年11月，党的十八届三中

全会通过的《中共中央关于全面深化改革若干重大问题的决定》明确提出"加强中国特色新型智库建设，建立健全决策咨询制度"，这是首次由中共中央文件提出"智库"概念。2015 年 1 月，中办、国办出台的《关于加强中国特色新型智库建设的意见》明确提出："各级党委和政府要充分认识中国特色新型智库的地位和作用，把智库建设作为推进科学执政、依法执政、增强政府公信力的重要内容，列入重要议事日程。"省委办公厅、省政府办公厅《关于加强中国特色新型智库建设的实施意见》提出："重点加强落实政府信息公开制度、完善重大决策意见征集制度、建立政府购买决策咨询服务制度、建立智库成果传播推介机制、建立智库成果交流与运用机制、建立健全政策评估制度、建立政策研究咨询激励机制等 7 个方面制度机制。"习近平总书记的指示和有关文件，为我们推进市级政府研究室系统新型智库建设指明了方向、明确了路径。

（二）打造政府核心智库是政府研究室服务转型的重要标志

市政府研究室作为市政府主要智囊部门，打造政府核心智库是义不容辞的责任，必须坚持政治性、体现区域性、把握创新性。政治性是中国特色新型智库的首要特性，必须坚持党管智库，坚持政治立场、价值追求，以科学咨询支撑科学决策，以科学决策服务科学发展。区域性是市级政府智库的服务特色，要立足地方、研究地方、服务地方，着力研究和把握好地方经济社会发展的规律和特点，着重回答好当地干部群众关心的重大理论问题和实际问题，坚持一切从实际出发，把推动和促进地方发展作为研究的出发点和落脚点，着重加强发展重大问题研究，为市委、市政府科学决策提供参谋意见。创新性是新型智库建设的内在要求。在市级智库建设层面，普遍存在信息不对称、研究碎片化、针对性不强、管用性不够等突出问题，必须创新体制机制，优化研究力量，加强统筹协调，健全决策咨询工作机制，形成科学合理的决策咨询制度。

（三）搞好调查研究是发挥核心智库作用的重要手段

推进政府核心智库建设，最根本的任务就是要深入开展重大问题研究，及时提出思路和对策建议。按照中央、省关于加强调查研究的有关要求，结合市政府研究室自身特点，坚持问题导向，深入分析问题形成机理，努力提高解决问题措施的政策性、对策性、针对性和实效性，不断提升调研质量和水平。围绕市政府领导下达的重点课题开展调研，在深度、广度、效度方面下功夫，为领导决策提供权威参考。围绕全市经济社会发展重大现实问题开展调研，在产业发展、环境保护、社会治理等方面提出针对性措施，为市政府工作研究出台政策提供具体支撑。围绕群众关注的热点难点民生问题开展调研，深入实际、深入基层，接地气听民声，察真情出实招，真正地解决问题。

二、打造新型智库建设的工作平台

市政府研究室作为市级政府的核心智库，必须立足新常态，牢记新使命，不断加强人才队伍建设，不断提升研究能力和研究质量，多出思想、多出成果、多出人才，为全市经济社会发展做出新的更大贡献。在工作中，我们着力打造"四大平台"，夯实新型智库建设基础。

（一）学习培训平台

建设新型智库的关键在于人才，特别是培养一些在专业性上有独到之处的人才，增强专门、专注研究谋划工作的能力。为此，我们建立全员学习制度，研究上级政策，重点把握理论特征。组建专题学习小组，重点把握行业特点和地域特色。加强人才培训，安排人员进修、参加学术活动，到基层挂职锻炼，开展传帮带，提升干部队伍的决策咨询服务能力，努力打造一支政治坚定、学术精湛、学风优良、勇于创新的智库人才队伍。

（二）交流研究平台

研究平台是政府核心智库建设的中心环节，是服务领导决策的基础。坚持上下贯通，结合各地产业特色与县域经济发展实际，与县市区政府研究室共建区域研究中心。注重横向打通，分别与市直有关部门合作共建了系列专业化的研究平台。加强外向联通，与周边城市研究室开展合作，就共性问题开展协同研究。按照"总体布局、分步推进、讲求特色"的工作方针，深入推进多领域、多层次合作，努力形成具有德州特色的专业化研究平台体系。

（三）成果展示平台

研究成果展示平台是政府核心智库发挥作用的重要窗口。认真总结已有经验，不断创新现有《政务通讯》《数据解读》等办刊形式，进一步提升政研信息工作水平。拓展报送内容，高度关注并及时反映中央、省政策的新动向、外地市特别是沿海发达城市的新举措、全省各地的新经验、各有关方面研究的新成果。强化报送特色，着力报送课题研究成果转化成的原创建议、对上级宏观政策的研究解读、对全局具有普遍意义的典型经验。改善报送形式，力求个性化服务与统一化服务相结合，努力提高为领导服务的针对性和有效性。

（四）评价转换平台

通过开展"全市政府系统优秀调研成果评选"等活动，以更宽的视野运作、更广的范围评价，建好、用好调研成果评价平台，使之成为激励广大政策研究工作者的重要载体，把各地各部门的创新典范总结好、推介好、宣传好，充分激发创新热情，大力推动创新实践，推动各级领导大兴调查研究之风，促进各级政府科学决策。遵循"研有所获、研以致用"的方针，大力推动研究成果转化为工作性成果，及时体现到政府决策和工作部署中去。加强研究成果的系列开发，拉长政研"产业链"，促进研究成果的综合运用，努力形成"研究一个课题、部署一项工作、出台一个政策、推动一个领域发展"的工作格局。

三、系统性推进基层智库建设

德州市政府研究室的智库建设始终围绕服务领导决策，以业务工作为主线，以政务服务标准化为总目标，以"走（基层）、读（经典）、看（先进）"为总抓手，主要体现在学理论、写讲话、编动态、搞调研、抓内务、出文件、整纪要等方面。

（一）加强学习，提升素质

始终把学习放在首位，成立读书会，开展"读经典、提素质"系列活动，不断提升全员素质。主要加强四个方面的学习。一是政治理论学习。建立"三重讲堂"（附件1），对上级重要会议、重要文件、重要政策，组织集体学习讲解，并实行"三定"：定时，三天之内必学；定人，每次一名同志任讲解人；定样，每份文件要找出关键词、重点句，做到熟烂于心，原话使用。系统学习习近平总书记系列重要讲话精神，深入研究上级一系列重要会议精神，增强党性修养，提高政治素质。在此基础上，每年选择一个专题，编印红色经典进行集体学习。2012年以来，先后编印了《共产党宣言》《法兰西内战》《国家与革命》《毛泽东著作选编（关于调查研究）》《之江新语》等红色经典著作，追本溯源，从思想上走进马克思主义的根据地。当前，正结合"两学一做"学习教育，系统学习习近平总书记系列讲话，阅读《习近平谈治国理政》，力求原原本本学习讲话精神，深刻把握中央新精神、新理念、新要求、新措施。二是专业书籍学习（附件2）。克服面面俱到的阅读模式，注重精研深读，分线跟踪研究理论前沿、专业知识，每人每年自选一个专业学习方向，自行安排时间学习，定期进行学习情况交流，着力提高专业素质。三年来，累计购置经济、社会、规划、建设、金融等方面专业书籍200余册。包括《政府论》《国富论》《资本主义、社会主义与民主》《大国地权》《改造传统农业》《明日的田园城市》《互联网金融模式与创新》等经典著作以及最新理论成果。采取研究室全体人员会、读书会、研讨会等形式，定期交流学习研究成果，通报阅读心得，阐述专业书籍核心思想，努力实现一人阅读、全员提高的目标。三是专题读书会。围绕全市重点工作，瞄准世界先进理论，组织专题学习调研活动。2015年，以德国工业4.0为专题（附件3），系统研究了德国工业4.0的形成背景、战略目标、基本内容、实施路径、组织方式和进展情况，为新常态下德州工业转型升级提供参考。整个活动分三个阶段进行，每个阶段都明确学习篇目、延伸阅读内容、参观考察企业、交流研讨，课堂搬到了工厂车间，教材扩展到无字之书。活动由一名副主任统筹，实行全员参与、小组负责的方式，读书会成员划分三个小组，每个小组负责1个阶段活动的组织实施。这次学习既有理论，又有实践，既有书本学习，又有现场参观，形式灵活多样。比如，为了探寻德州工业发展的脉搏，先后到德州机床厂、齿轮厂博物馆参观，对手工作业、半机械化、自动化、信息化等发展阶段有了深刻认识，初步掌握了工业演进历程和发展方向。另外，组织人员到青岛海尔、红领等企业，学习他们工业4.0方面的探索实践，对互联网、物联网、线上线下互动等新经济形态有了更为直观的印象。四是报刊杂志学习。常规学习以报刊杂志和内部资料为主，研读时政动态，设立"报长"，每名同志锁定1—2份报纸、1本杂志，形成跟踪机制，大大提高业务工作能力。连续订购《人民日报》《经济日报》《光明日报》《深圳日报》《新华日报》《辽宁日报》以及《财经》《中国新闻周刊》《今参考》等50余种报刊杂志，掌握理论动态、先进经验。

（二）深入基层，摸准实情

每年制定"走基层、接地气"活动方案（附件4），保障"重点工作、区域、人员"三个全覆盖，深入基层实地调研。实行一线工作法，坚持情况在一线掌握、问题在基层发现、方法在民间获取，了解基层情况，找准存在问题，集中群众智慧，提供大量一手资料。及时发现总结各领域的基层工作亮点和先进经验，提高研究室工作人员对政策理论和市委、市政府重大战略部署的理解、认识和把握程度，促进研究室整体服务效能的提升，更好地服务于领导决策。五年来，开展基层调研600多人次，新型农村社区建设、科技金融融合创新等一批专题调研成果为领导决策提供了重要依据。比如，两区同建工作是德州首创，为了更好地了解情况、发现问题、辅助决策，我们精心设计了调研提纲，包括家庭人口、收入来源、就业情况、社区建安成本、财政补贴、群众承担资金、配套设施等内容，围绕社区怎么建、钱从哪里来、运行怎么办等关键问题，组成多个调研组，分赴具有代表性的县市区，进村入户深入调查，与乡镇干部、社区书记、党员群众等不同层次人员座谈交流，掌握了大量鲜活资料，受到了市政府主要领导同志的高度评价，在推动两区同建工作中发挥了重要作用。运用网络思维，建立"点线片"调研交流机制（附件5），定期和县市区、部门对接，分项对重点区域、重点领域作深度延伸，打造市县之间、市直部门之间的工作通道，做到人熟、事熟、工作熟，确保市域运行立体全覆盖、亮点工作全链条掌控。

（三）借鉴先进，开阔眼界

读万卷书，行万里路，绘长征图。每年制定"看先进、开眼界"活动方案，追踪"制高点"，针对当前我市改革发展进程中具有全局性、战略性和前瞻性的重大问题，筛选确定4—5个重点课题，制定专题调研方案，规范细化调研内容、组织形式、操作步骤，力求形成高质量的研究成果。五年来，先后赴粤浙苏辽皖赣甘陕等 14 个省 42 个地市和省内地市进行学习考察，了解掌握先进经验。比如，为了提升德州经济开发区建设发展水平，经新华社山东分社推荐，赴我国改革开放的最前沿广东省进行考察，先后到广州经济开发区、佛山南海经济开发区、东莞松山湖高新技术产业开发区，就园区规划、企业创新、投资强度、转型升级等问题进行了专题学习，许多工作建议通过会议讲话等形式进入了市政府决策，德州经济开发区、高新区相继晋升国家级开发区。德州县域经济实力相对薄弱，是发展短板之一，为此赴辽宁沈阳、铁岭等县域经济有特色、发展快的地区进行取经，提出了以特色经济为主线、以产业集群为实现形式、以开发区为主要载体的县域经济特色、集约、集聚发展路径，推动了县域经济快速发展，实现了财政收入三年翻番，齐河县进入全国百强县。加强与周边地区的横向分析、比较、学习，与衡水、沧州、聊城、滨州等地建立了交流沟通机制，随时掌握周边工作动态。

（四）编辑刊物，深化信息服务

在互联网背景下，信息碎片化的问题越来越突出，海量信息的筛选、梳理、编报显得尤为重要，提供信息服务是智库建设的重要内容。为服务领导决策，结合市政府中心工作，2014 年 6 月，创刊了领导参阅刊物《浏览 online》，每周一期，共编印了 29 期。《浏览 online》内容有四大板块：省级动态、周边关注、聚集京津冀、一周专题，主要从网络上搜集整理省级领导政务活动，省内及周边地市工作情况，京津冀协同发展地市动态以及热点理论和先进实践解读。2015 年 5 月，根据形势变化，将《浏览 online》升级为《外情动态》，在内容格式上做了改进，并增加了国内热点关注，现已编印 75 期。这两本内部刊物为领导掌握上级工作部署、借鉴外地经验、了解重大理论和现实问题提供了重要参考。发挥《政务通讯》的工作指导、典型引导和经验交流平台作用，认真筛选，严格把关，刊发领导讲话以及县市区、市直部门工作经验，累计编辑刊发106期。

（五）关注热点，深入剖析

随时关注国内热点新闻，广泛搜集有关资料，进行归纳分析，为领导提供参考。比如，今年4月份，深圳市开展"禁摩限电"源头治理专项集中整治行动，实施最为严厉的"禁摩限电"政策，一时成为社会高度关注的热点民生问题，我们通过搜集有关资料，将深圳"禁摩限电"的来龙去脉、主要原因、采取的工作措施、进展情况、社会反映、其他地市动态等进行梳理，报领导参阅，最短时间内为领导提供全面准确信息。

四、加强智库建设的保障措施

从业务能力、装备环境、人才队伍三个方面下功夫，健全运行机制，搭建智库建设的支撑体系。

（一）加强业务能力建设

构建标准化的业务规范，按照"标准事项＋标准责任"的要求，健全完善日志编印、业务研讨、年度总结、文件传阅、档案整理、内务管理等运转机制，定人、定事、定责任、定时限，事事有人管，确保常规工作运转有序。实施流程再造，创新文稿生成模式，实行小组运转、分头负责的工作机制，分领域跟踪研究，小材料分组作战、大材料集团攻坚，增强文稿的深度精度。优化起草流程，事前充分讨论酝酿，事中分头负责组织，事后及时整理归档。

（二）加强装备环境建设

根据工作岗位需要，不断更新升级电脑、打印机、复印机等电子设备，按照每个办公室4张办公桌、2套办公橱柜的标准配备硬件设备，保障办公条件。加强机关文化建设，推行人性化、柔性化管理模式，打造"温馨机关",切实解决生活难题,解决同志们的后顾之忧。根据研究室经常加班加点的实际情况,在办公楼设立一间休息室,保障同志们加班到深夜之后能够及时休息调整。按照安全、就近、方便原则,集体租房集中居住,解决了单身人员居住问题。

(三)加强人才队伍建设

通过遴选、帮助工作、交流岗位等方式,每年充实智库队伍,保障有人干事。推行人员轮岗制,传帮带结合,多岗位锻炼,全方位发展,并为省级以上部门推介干部,确保智库队伍"有进有出",形成人员流动、共同成长进步的氛围和机制。先后有 3 名同志考入全国总工会、省纪委、省文化厅,有 4 名同志交流到市内其他工作岗位。结合岗位需要,加强全员日常教育,强化洁身自好,提升境界修养,打造忠诚可靠、扎实工作、甘于奉献、不涉俗务的团队文化。加强研究室党支部建设,规范党建阵地、组织制度、工作机制、档案管理和党建活动,发挥战斗堡垒作用,被评为市级优秀机关党支部。强化敬业奉献,全年加班率在 60% 以上。坚持高标准、严要求,筑牢防线、守住底线、耐住寂寞、挡住诱惑,时时处处维护和展现良好形象。

附:1."三重"讲堂学习资料 2016(01)

2.研究室"读经典 2015"活动实施方案

3."德国工业 4.0"专题读书会实施方案

4.研究室全年"走基层、接地气"活动方案

5.关于建立"点线片"调研交流机制的意见

附 1

"三重"讲堂
学习资料 2016（01）

中央经济工作会议精神

主讲人：×××

关键词：供给侧结构性改革、"五大政策支柱""五大任务"、中国特色社会主义政治经济学

重点句：1.认识新常态、适应新常态、引领新常态，是当前和今后一个时期我国经济发展的大逻辑。

2.推进供给侧结构性改革，是适应和引领经济发展新常态的重大创新。

3.要在适度扩大总需求的同时，着力加强供给侧结构性改革，实施相互配合的五大政策支柱。

4.战略上要坚持稳中求进、把握好节奏和力度，战术上要抓住关键点，主要是抓好去产能、去库存、去杠杆、降成本、补短板五大任务。

5.坚持中国特色社会主义政治经济学的重大原则。

附：中央经济工作会议新华社通稿

附 2

研究室"读经典 2015"活动实施方案

根据办公室党组总体部署要求，为进一步推动学习型机关建设标准化，在总结近年"读经典、提素质"学习活动经验基础上，特制定本年度活动方案。

一、书目

按照"服务工作需要、提升理论素养、兼顾兴趣偏好"的原则，确定学习方向，选择读书篇目。

1. 专业理论。围绕 8 个重大调研课题，每人选择 1 个专题研究方向，阅读相关理论著作。

2. 红色经典。编印学习革命领袖关于调查研究方面的经典论述和经典著作。

3. 文件讲话。跟踪学习上级和市委市政府重要文件和重要会议精神。

4. 个性拓展。培养健康有益的个人爱好，系统阅读有关经典书目。

原则上，每名同志完成"3 + N"阅读学习书目，"3"即"1 本专业理论书籍，1 本红色经典著作，1 本个人兴趣书籍"；"N"即学习时事文件、重要讲话等。

二、阅读

以自主阅读为主，辅以必要的集体学习，做到"读、思、写、用"相统一。

1. 深阅读。对经典著作，要静下心来，钻研揣摩，达到与作者对话交流的境界，体会读经典的乐趣与享受，实现由"浅看"到"深读"的转变。

2.善思考。开动脑筋，活跃思维，边读、边思，有所感、有所悟，取得"读一本经典著作，增一分思想厚度"的收获。

3.即时写。倡导"眼到、心到、手到"，阅读中产生的顿时感悟，掩卷后萌生的思想火花要随时写下来，或在书上做批注，或专门记笔记，以求"书读过、有痕迹"。

4.善于用。读书要与时代和实践相结合，学以致用，善于把学习成果运用到实际工作和现实生活，提高文稿服务水平，提升自身修养和品位。

三、交流

采取制度化、多样化、轻型化的交流方式，培养读书习惯，增强阅读能力，分享学习成果。

1.即时交流。开展"我读书，共分享"活动，根据读书学习进度情况，每月安排1—2名同志作简短演讲。不单独组织，融入研究室例行工作会议，作为一项内容与会议一并进行。

2.沙龙交流。每季度召开一次专题"读书沙龙"活动，不设指标和任务，营造轻松自由的气氛，畅谈阅读的收获和体会。

3.工作交流。完成每一次重要文稿、重大会议和重大调研活动后，参与者及时总结得失，交流学习成果运用情况。

4.平台交流。通过政府办公室政务外网办公系统、QQ、微信等多种渠道发布读书成果和信息，鼓励在适宜媒体或《灯火阑珊》等内部刊物发表读书心得。

5.总结交流。年底，研究室对全年度读书学习活动进行专项总结。

四、实施

1.明确责任。活动由×××同志统筹，全体人员参与，秘书科具体负责。

2.书目采购。采取"自选公买""精选自印""即时自编"三种方式，采购、编印阅读书目和学习材料。

　　3.加强调度。建立调度制度，每月调度通报读书学习篇目及进度，并据此安排有关活动。

　　4.表彰奖励。根据读书交流、实际运用、发表文章、读书总结等情况，综合评定，对读书活动进行表彰奖励。

2015 年度个人读书学习计划汇总表

姓　名	年度方向	阅读书目
于××	产业转型升级	《来自竞争的繁荣》（艾哈德）、德国工业 4.0 计划实施建议、《营造法式》（李明仲）
许××	现代农业	《改造传统农业》（舒尔茨）、《旧制度与大革命》（托克维尔）
盖××	制度经济学	《自由、市场和国家》（布坎南）、《经济、行为与制度》（埃格特森）
周××	科金产融合创新	《大数据时代》（舍恩伯格）、《科技金融：理论与实践》（李心丹）、德国工业 4.0 计划实施建议、《管锥编》（钱钟书）
鞠××	城市文化	《城市发展史：起源、演变和前景》《城市文化》（芒福德）
邢××	农村土地制度改革	《区位和土地利用》（威廉·阿郎索）、《中国农村土地制度变迁和创新研究》（钱忠好）、《瓦尔登湖》（亨利·梭罗）
李××	城市开放空间设计	《有心的城市》（潘德明）、《平易近人—习近平的语言力量》
陈　×	产业转型相关理论	德国工业 4.0 计划实施建议、《历代经济变革得失》
付××	现代农业	《孤立国》（范·杜能）、《现代农业理论与实践》（习近平）、《台湾工业化过程中的现代农业发展》（单玉丽、刘克辉）
常××	新型城镇化	《明日的田园城市》（霍华德）、《中国新型城镇化：道路、模式和政策》（国务院发展研究中心课题组）
赵　×	金融发展与创新	《科技金融：理论与实践》（李心丹）、《互联网金融模式与创新》（胡世良）、《历代书法论文选》（上海书画出版社）
张××	社会主义市场经济下的中国农村改革问题研究	《经济分析史》（熊彼特）、《农业与工业化》（张培刚）
韩××	高端服务业发展	《中国高端服务业发展研究》（原毅军、陈艳莹）、《中国宏观经济丛书：中国服务业发展现状问题思路》（任旺兵）
李××	现代城市规划	《美国大城市的死与生》（简·雅各布斯）
刘××	经济学	《经济学原理》（格里高利·曼昆）

附 3

"德国工业 4.0" 专题读书会实施方案

一、主要目的

系统研究德国工业 4.0 的形成背景、战略目标、基本内容、实施路径、组织方式和进展情况，为新常态下德州工业转型升级提供参考。

二、组织方式

1. 自主学习。编印学习资料专题研读与自主搜集资料延伸阅读相结合。

2. 参观考察。选择部分有代表性的企业参观学习，增强感性认识，深化对相关学习内容的理解。

3. 交流研讨。分阶段交流学习体会，展示学习成果，相互促进提高。

三、活动安排

分三个阶段，自 7 月中旬至 9 月底结束，共计 11 周。

第一阶段：全面了解历次工业革命的发展演进，掌握工业发展的基本脉络，为研究工业 4.0 奠定基础。

1. 自主学习：①指定篇目：《德国工业 4.0》"编者按""执行摘要""引言""德国如何与世界其他国家竞争""展望"等部分内容。②延伸阅读：自选工业发展史类文献资料。

2. 参观考察：德城区德州齿轮公司，市经济技术开发区联合石油公司，陵城区力驰科技公司等企业。

3. 交流研讨：全员参加，许××同志主持并做综合发言，其他同志条目化谈感言。

4. 资料整理：将延伸阅读篇目、参观考察情况、交流研讨记录等相关资料汇总整理归档。

第二阶段：了解掌握德国工业 4.0 项目的具体内容。

1. 自主学习：①指定篇目：《德国工业 4.0》"愿景""双重战略"等内容。②延伸阅读：自选关于德国工业 4.0 的各类论述、解读。

2. 参观考察：宁津电梯生产企业、临邑兰剑物流公司、汽车 4S 店等。

3. 交流研讨：全员参加，周××同志主持并做综合发言，其他同志条目化谈感言。

4. 资料整理：将延伸阅读篇目、参观考察情况、交流研讨记录等相关资料汇总整理归档。

第三阶段：了解掌握德国工业 4.0 的实施路径、推进措施和战略保障等。

1. 自主学习：①指定篇目：《德国工业 4.0》"需求研究""优先行动领域"等内容。②延伸阅读：自选德国工业 4.0 推进的新动态，同时对比研究中国制造 2025、美国再工业化、日本再兴战略、新工业法国等相关情况。

2. 参观考察：德州职业技术学院（或华宇工学院）、部分孵化器等。

3. 交流研讨：全员参加，鞠××同志主持并做综合发言，其他同志条目化谈感言，于××同志做专题读书会总结讲话。

4. 资料整理。将延伸阅读篇目、参观考察情况、交流研讨记录等相关资料汇总整理归档。

四、组织实施

由周××同志统筹，实行全员参与、小组负责的方式。读书会成员划分三个小组，每个小组负责 1 个阶段活动的组织实施，包括集体活动的协调组织、参观学习、资料整理、成果展示等有关事宜。

德国工业 4.0 专题读书会活动配档表

时间		主要活动	活动内容	完成时限	责任小组	责任人
第一单元	7月13日至7月31日	1. 自主学习	德国工业 4.0 编者按、执行摘要、引言、6、7 和背景资料，延伸阅读工业发展史	7月13日—26日	第1小组	许××韩××
		2. 参观学习	德城区齿轮厂、开发区联合石油公司、陵城区力驰科技公司	7月20日—26日		许××付××
		3. 座谈交流	许××同志主持，其他同志条目化发言	7月27日—31日		许××常××
第二单元	8月1日至8月23日	1. 自主学习	德国工业 4.0 的 2、3 部分，延伸阅读德国工业 4.0 相关论述、解读	8月1日—16日	第2小组	周××李××
		2. 参观学习	宁津电梯生产企业、临邑兰剑物流公司、汽车 4S 店	8月10日—16日		周××邢××
		3. 座谈交流	周××同志主持，其他同志条目化发言	8月17日—23日		周××赵 ×
第三单元	8月24日至9月23日	1. 自主学习	德国工业 4.0 的 4、5 部分，延伸阅读工业 4.0 推进举措、中国制造 2025、美国再工业化、日本再兴战略、新工业法国等	8月24日—9月16日	第3小组	鞠××刘××
		2. 参观学习	德州职业技术学院（或华宇工学院）、部分孵化器	8月31日—9月16日		鞠××陈 ×
		3. 座谈交流	鞠××同志主持，其他同志条目化发言，于××同志总结讲话	9月16日—23日		鞠××张 ×

（2015 年 7 月 10 日）

附 4

研究室全年"走基层、接地气"活动方案

为进一步改进工作作风，巩固和提高党的群众路线教育实践活动成果，特制定 2014 年度"走基层、接地气"调研工作方案：

一、活动目的

通过深入基层实地调研，向实践学习、向基层学习，听取基层建议，促进政风转变，增进同群众的感情，发现总结各领域的基层工作亮点和先进经验，提高研究室工作人员对政策理论和市委、市政府重大战略部署的理解、认识和把握程度，促进研究室整体服务效能的提升，更好地服务于领导决策。

二、总体原则

全年下基层实地调研工作总体安排，体现"三个全覆盖"：

重点工作全覆盖，紧紧围绕市委、市政府中心工作，对"一圈一带一区"战略、培植十大产业集群、推进城乡建设、民生重点工程和重点领域改革等重点工作实现全覆盖。

区域全覆盖，年内，到每个县市区调研两次以上。

人员全覆盖，统筹安排，全员参与，每名工作人员每月都到基层调研。

三、组织方式

（一）统筹协调，排好计划

制定年度调研计划，统筹考虑调研内容、时间和人员，强化调研针对性、计划性。调研时间注重与工作推进节点、工程进度有序衔接；调研人员分组注重与研究室日常工作统筹衔接，排出配档表，落实到地点、到人员、到时间。

（二）点面结合，选好样本

按照市委、市政府确定的年度工作要点，重点列出涉及十大产业集群、城乡建设、民生工程的具体调研清单，以县市区为单元，安排调研点。调研样本确定，兼顾全面性和代表性，每次调研实地观摩企业项目确保3个以上。既要选择1—2个工作领先、处于制高点的样本，同时又要选择1—2个能够反映面上普遍状况、代表性强的样本。

四、相关要求

（一）做好调研前准备工作

提前拟定具体调研方案，列出调研主题、对象、时间、人员和实施步骤，制定详细方案，提前向县市区发预备通知，配合做好准备工作。参加调研人员，要提前认真收集、学习有关资料，了解掌握相关情况，做到心中有数。

（二）制定调研中现场座谈规范

围绕调研主题、重点和难点，调研组拟定规范的座谈提纲，与基层干部群众面对面讨论交流中问什么、如何问，事先理解透、把握准，做到让大家畅所欲言，又避免偏离主题，使座谈有效率、有收获。

（三）建立调研后讨论交流机制

每次调研返回后，调研组及时汇总梳理获得信息，召开集体会议，指定专人汇报调研成果，讨论撰写调研报告。

（四）搞好调研内部责任分工

每次调研活动，都由一名县级干部带队，负责牵头组织。内部要有明确分工，座谈了解提问、发言记录、整理汇总和交流汇报等具体任务都指定专人负责。全年活动方案由×××同志负责具体组织实施，×××同志负责调研资料的整理归档。

（2014年5月4日）

附 5

关于建立"点线片"调研交流机制的意见

为促进全市政府系统调查研究和综合文稿起草工作制度化、标准化建设，提升以文辅政能力和水平，现就建立"点线片"调研交流机制提出如下意见。

一、编亮点图

编制全市亮点工作运行图，以动态、即时的形式，全面体现各领域、各系统重点任务、创新工作开展情况，拓展和增强掌握情况的覆盖面和均衡性。编制集成方式：

（一）分系统采集

根据市政府领导分工，建立市政府研究室对接政务科室和市直有关部门"1＋2"交流机制，研究室每位副主任负责联系 2 个系统，制定交流运行方案，形成信息对称、高效对接的互动通道。

（二）即时性提报

各县（市、区）政府办公室、各部门落实有关科室和人员，可根据重点、亮点工作开展情况，随时提报续报相关情况和信息，第一时间更新补充，实现与实际工作进度同步。

（三）专题化座谈

对具有重大创新性和突破性工作，通过开展现场联合调研或召开座谈会的形式，进行延伸挖掘，全面深入了解情况。

二、排会议线

以重点会议和年度调研课题为载体，按照时序要求串连成线，组织各县（市、区）和市直有关部门深度参与，加强纵向、横向沟通交流。

重点建立两条线：

（一）重要会议线

把每季度经济运行分析会、全市经济工作会、市人代会、全市科学发展现场观摩会等年度固定召开的重要综合会、专题会和例会，按照召开的时间先后顺序串连起来，编制成贯穿全年的配档表，会前召开预备会沟通相关情况、研究组织相关文稿起草，会中现场感受会议情景，会后对会议资料开展"对标"业务研讨，通过比照分析，促进共同提高。

（二）调研课题线

实行调研课题制，编制市县一体化年度调研工作方案，以重点调研课题为切入点，与重要会议文稿起草融合，按照调研课题相似度和工作衔接性，对市县调研参与单位人员进行混合编组，形成全市调研工作一盘棋。采取四步工作法：

第一步，充分务虚找方向。以调研小组为基本单元，围绕课题统一组织理论学习，系统掌握基础知识、前沿理论、一般规律及先进做法，从而确定调研工作方向和需要研究解决的问题。

第二步，带着问题下基层。践行一线工作法，深入基层和现场对接交流，深度研究了解我市相关工作情况、主要做法、存在的问题及影响程度。

第三步，外出考察开眼界。根据调研课题的实际需要，选择不同层次、不同特点的工作制高点地区实地学习考察。

第四步，有的放矢写报告。以小组的形式，集体讨论，集思广益，总结提炼，形成高质量的调研报告，为领导决策、解决问题提供理论依据和科学方法。

三、建交流片

以召开季度性片区业务研讨、情况交流会为平台，建立县（市、区）

定期横向交流机制，提高人员、业务和相关工作熟悉程度。按照区域相邻的原则，全市划分为四个交流片区，即：中心城区片（包括德城区、陵城区、德州经济技术开发区、运河经济开发区），西片（包括平原县、武城县、夏津县），南片（包括禹城市、齐河县、临邑县），东片（包括乐陵市、宁津县、庆云县）。片区交流会，实行每季度县（市、区）轮流承办制，市政府研究室和有关部门派员参加，精心设计每次会议的主题、内容和形式，排出全年片区交流时间、地点配档表，形成业务交流、成果共享制度。

智库建设情况调研报告

聊城市人民政府调研室

新型智库是党和政府科学民主依法决策的重要支撑，是国家治理体系和治理能力现代化的重要内容，是国家软实力的重要组成部分。当前，聊城市正处于科学发展争先进位的关键时期、与全省同步全面建成小康社会的攻坚阶段，破解改革发展稳定难题的复杂性艰巨性前所未有，迫切需要大力加强新型智库建设，健全科学决策支撑体系，增强决策咨询服务能力，推进治理体系和治理能力现代化。在多年探索和实践中，我市智库建设积累了一些经验，形成了具有聊城特色的新型智库建设思路，同时就如何进一步加强新型智库建设进行了一些思考。

一、新型智库建设基本情况

近年来，我市深入贯彻党的十八大和十八届三中、四中、五中全会以及习近平总书记系列重要讲话精神，按照中央和省加强中国特色新型智库建设的总体部署，不断完善新型智库组织架构，推进体制机制创新，努力打造党委、政府信得过、靠得住、用得上的思想库和智囊团。2015年12月，市委、市政府联合出台《关于加强聊城新型智库建设的实施意见》（聊办发〔2015〕41号），从目标要求、功能定位、方式途径、体制机制、组织领导等五个方面，对我市今后一段时期智库建设工作进行了全面安排部署。经过近几年努力，我市智库通过政策研究、课题调研、战略规划、项目评估、信息服务、反映民意等形式，在服务地方党委政府决策、推动地方发展中发挥了重要作用。

（一）聊城大学

聊城大学服务"四个全面"战略布局，加强整体规划，创新组织形式，整合优质资源，着力打造了一批"社会亟需、特色鲜明、制度创新、引领发展"的专业化智囊团队，逐步形成了以问题研究为导向、结构合理、特色鲜明、制度先进的智库体系，2011—2015 年，陆续成立了聊城大学运河学研究院、太平洋岛国研究中心、中国智慧城市研究院、聊城质量发展研究中心等 8 个学校智库。学校智库自成立以来，面向国家和省尤其是聊城改革发展新情况、新问题、新要求，把研究、回答、解决重大现实问题作为主攻方向，全面参与地方经济社会建设。

1.聊城大学运河学研究院。成立于 2012 年 6 月，是全国首家以运河学为研究对象的独立科研单位，主要研究成果：一是出版运河学研究丛书。计划在 3—5 年内出版运河学研究著作 10 部左右，2015 年为出版的第一年，其中郑民德著《明清京杭运河沿线漕运仓储系统研究》已于 2015 年 7 月份出版。今年将陆续有运河区域社会研究、运河河工组织研究、运河环境变迁研究的著作出版。这些成果丰富了中国大运河申遗成功后的学术研究，扩大了运河文化的社会影响力。二是与山东省政协、聊城市政府、聊城市政协、市文物局、市水利局等单位建立了密切联系，为聊城市运河文化保护与开发提出了诸多科学、合理的建议。三是对聊城市的阳谷、临清、高唐等地进行了数次小规模的运河田野考察，获取了大量第一手研究资料。

2.太平洋岛国研究中心。成立于 2012 年 9 月，以建设成为在太平洋岛国研究领域具有专业优势和重要影响的国家智库为目标，以斐济、巴布亚新几内亚、瓦努阿图、萨摩亚、密克罗尼西亚、汤加、所罗门群岛等为重点，进行太平洋岛国历史文化与社会形态、对外关系、政情政制、经济贸易等方向的深入研究，全力创建教育部国别和区域研究培育基地。目前，太平洋岛国研究中心与深圳市联成远洋渔业有限公司达成合作意向；为山东蓝山集团论证、撰写海外投资风险报告，对蓝山集团进行海外市场决策参谋；每年向教育部、中联部、外交部等国家部门提交研究成果和咨询报告。

3. 中国智慧城市研究院。成立于 2014 年 9 月，由聊城市政府、国家测绘地理信息局和聊城大学合作共建。该院围绕推进"智慧聊城"项目进展、申报国家级研究机构、培养产业人才、打造地理信息产业发展高地、建设"聊城市软件产业园"等开展具体合作，就空间信息共享与社会化应用、智慧城市时空信息云平台构建、智慧城市管理与应用系统研发等，开展联合攻关。2015 年 5 月，中国智慧城市研究院发布第一批智慧城市研究开放课题。

4. 聊城质量发展研究中心。聊城市高度重视质量强市工作，于 2015 年开始，全面实施质量强市战略。为顺利开展质量研究，探索建立有聊城地方特色的质量管理理论、方法和技术体系，满足聊城质量强市对质量人才、决策咨询的需求，2016 年 1 月，中国检验检疫学会、聊城市政府、山东省质量技术监督局、山东出入境检验检疫局、聊城大学等五方合作，成立了聊城质量发展研究中心。中心派出团队赴国内质量培训的标杆机构——武汉大学质量院学习，为做好聊城市质量工作相关人员的培训奠定基础。

（二）聊城社科院

聊城社科院以应用对策研究为中心，紧扣市委、市政府关注的重点、改革发展进程中的难点、人民群众关心的热点，扎实开展社科重点课题研究、专项应用对策研究和决策咨询服务。2011 年以来，共组织市级重点研究课题 82 项，众多成果进入市委、市政府决策；共完成专项应用研究约计 10 余项。例如，为服务市委、市政府"加快中心城区建设，打造人口过 100 万、面积过 100 平方公里的'双百'大城市"目标任务，完成了《我市打造百万人口城市的措施建议》研究报告；就我市"党的群众路线教育实践活动"开展情况，进行了一系列调研，并将成果在《聊城日报》刊登，为教育实践活动提供了有力的理论支持；共组织开展了 5 次"我为聊城发展献计策"活动，征集到 570 余项建议，对建议进行甄别筛选后，将科学合理的建议，报送市委、市政府及有关部门参阅。

2013 年 10 月，山东社科院与聊城市政府签署战略合作框架协议，山东社科院鲁西发展研究院在聊城社科院挂牌成立。两年来，鲁西发展研究院就聊城如何利用政策叠加优势实现跨越式发展，如何利用国家宏观调控政策，解决经济结构不合理、产业层次低、竞争能力差、重点企业产业链条短等问题，进行了深入研究，提出科学合理的对策建议，为聊城经济社会发展增添了助力。

（三）聊城市委党校（聊城行政学院）

聊城市委党校按照"研究机构"和"智库"双重要求，主动调整优化科研组织形式和人员结构，将科研工作的重心由基础理论研究转向应用对策研究，紧扣党委政府关注的重大课题进行专题研究，为党委政府献计献策。2012—2015 年，共发表省级以上论文 189 篇，立项各级各类课题 65 项，结项课题 39 项。其中，《美国市政债券的运行设计》一文获全省党校系统 2015 年优秀科研成果论文类一等奖，《新提拔县级领导干部综合素质调查分析》获得 2014 年山东省党建研究会一等奖，《加强和改进我市干部培训工作的调查思考》受到市委常委、组织部长杜昌伟同志的批示，并进入市委组织决策参考。

（四）聊城发展研究院

聊城发展研究院成立于 2011 年 1 月，下设区域发展研究中心、经济管理研究中心和综合研究部，分别从事区域经济课题研究、企业管理课题研究和学术交流、培训等方面工作。区域经济课题研究方面，完成了聊城经济技术开发区委托的"聊城开发区建设国家级开发区的路径与对策研究"，2013 年 3 月，聊城经济技术开发区成为山东省第 13 家国家级经济技术开发区，双方合作研究为此起到了重要推动作用；完成了莘县政府委托的"莘县经济实现跨越赶超的路径与对策研究"，报告提交莘县党委、政府，并在全县范围内印发参阅；此外，还完成了对莘县、高唐等县的区域经济课题研究，对当地政府及部门的决策发挥了重要参考作用；受聊城市委组织部、聊城市商务局和江北水城旅游度假区委托，为上述单位编制了"十三五"规划。企业管理课题研究方面，研究院在聊城市内优选了两家企业作为试点，开展了企业运行模式研究，"机制＋文化"的新型企业管理模式得到企业认可。研究院企业管理研究的部分成果获得了 2011 年山东省政府企业管理创新成果奖。

此外，我市正在积极筹建聊城市重大决策咨询委员会、聊城市法律顾问委员会两家智库。

二、新型智库建设主要特点

纵观近年来我市新型智库建设工作，主要体现出以下四个特点：

（一）突出重点

本着从严掌握、逐步发展的原则，从现有智库中选择综合研究能力较强、组织机构健全、研究团队完备的，作为重点智库，优先进行发展，以点带面，最终带动地方新型智库建设能力普遍提高。聊城大学、山东社科院鲁西发展研究院、聊城市委党校（聊城行政学院）、聊城市重大决策咨询委员会、聊城市法律顾问委员会、聊城市社科院、聊城发展研究院被确定为聊城市首批7个市级重点智库，优先进行扶持发展。

（二）重视人才

各级党委、政府的决策科学化、民主化，对新型智库人才队伍建设提出了明确要求和新的挑战。我市各家智库一直高度重视人才队伍建设，将其作为首要工作来抓。一是建立人才库。聊城社科院建立了聊城市社会科学人才库，64名专家学者担任成员，同时，发展各类学会、协会、研究会26家，吸纳会员近3000人，成为为党委和政府决策提供智力支持和科学依据的中坚力量。二是加强人才培训。聊城发展研究院与国际知名管理咨询机构——迪拓国际咨询集团通力合作，共建"聊城——迪拓（中国）组织学习与发展促进中心"，对智库人才进行高端培训、培养。三是注重高端人才引进。例如，聊城社科院邀请15名国内外专家作为特邀研究员；聊城发展研究院邀请国务院发展研究中心原副主任侯云春，中国国际共运史学会副会长程玉海，青岛大学党委书记范跃进，长江学者、山东发展研究院副院长黄少安等专家，担任顾问；聊城大学运河学研究院注重从国内重点高校引入明清经济史、历史文献学等专业的博士，优化学科人才结构。

（三）丰富载体

我市智库积极建设信息发布平台，定期发布报告或信息简报，并提交给党委、政府及相关部门，架起智库与决策层信息交流的桥梁。如聊城社科院编印的《领导参考》，供党委、政府领导参阅，及时为领导决策提供参考；聊城发展研究院每两年编撰出版的《聊城经济发展研究报告》蓝皮书，成为市委、市政府和各研究机构等系统全面了解聊城市经济发展状况的重要参考；聊城大学运河学研究院编印的《运河学研究通讯》，报送给政协、水利、文物等单位，为我市运河文化保护与开发提出了许多建议。

（四）力求实效

一是通过承担课题、在学术期刊上发表论文、出版学术著作等途径，提高智库学术影响力。聊城市委党校、聊城大学、聊城社科院等每年都承担各级各类课题；聊城社科院自 2011 年以来，先后出版了《聊城发展研究》《历史新起点与聊城新跨越》《聊城科学发展研究》《跨越赶超话实践》《新常态下话发展》等著作；聊城发展研究院成立以来，出版学术专著 3 部，在 CSSCI 期刊发表专业论文 15 篇，核心期刊与其他期刊论文 30 余篇。二是通过与主流媒体合作，面向群众发表研究成果或理论文章，提高社会影响力。如聊城市委党校经常在《聊城日报》发表政策解读文章或评论性文章，聊城社科院主办的《光岳论坛》杂志，截至 2015 年底，共出版 108 期，编发理论稿件近 3000 篇。这些文章成为普通群众进一步了解国家时局、大政方针、地方政策的重要载体，进而提高了智库在人民群众中的社会影响力。

三、下一步思路打算

我市智库建设经过不断摸索，思路越来越明确，主要包括指导思想、基本原则、发展目标、功能定位、发展格局等多方面内容。

（一）总体思路

我市智库建设的总体思路是：深入贯彻党的十八大和十八届三中、四中、五中全会以及习近平总书记系列重要讲话精神，按照中央和省加强中国特色新型智库建设的总体部署，紧紧围绕协调推进"四个全面"战略布局，以服务党委、政府决策和经济社会发展为宗旨，以开展重大现实问题和公共政策研究咨询为重点，以建立健全工作机制和保障制度为支撑，以改革创新为动力，不断完善新型智库组织架构，推进体制机制创新，加强成果供需对接，努力打造党委、政府信得过、靠得住、用得上的思想库和智囊团，为我市推进"四个全面"建设和科学发展、跨越发展提供智力支撑。

（二）发展目标

我市智库建设的主要目标是：在统筹推进各类智库协调发展基础上，到2020年，初步实现"五个一"目标：形成一个以市级重点智库为主导，以高校智库、科技创新智库、企业智库、社会智库为补充的新型智库体系；建设一批在全省乃至全国具有一定影响力的市级重点智库；推出一批具有决策影响力和社会公信力的标志性智库产品；造就一支坚持正确政治方向、具有高度社会责任、善于联系实际、富于创新精神的智库队伍；建立一套能够反映时代特征、彰显聊城特色的智库管理体制和运行机制。

（三）基本原则

一是坚持党的领导。遵循党管智库原则，始终以维护国家利益和人民利益为根本出发点，坚持用马克思主义立场、观点和方法分析解决问题，用习近平总书记系列重要讲话精神武装头脑、指导研究。二是坚持服务大局。紧紧围绕党委、政府中心工作，大力开展具有战略性、前瞻性、针对性对策研究，提出专业化、建设性、切实管用的政策建议，努力为党委、政府开展综合研判和战略谋划参好谋、服好务。三是坚持问题导向。注重理论联系实际，强化问题意识，把研究经济社会发展中的重大现实问题作为主攻方向，增强智库研究的针对性和实效性，不断推出提出对策、进入决策、形成政策的研究成果。四是坚持改革创新。努力在解放思想中大胆探索，大力推进体制机制创新，提倡不同学术观点、不同政策建议的切磋争鸣，努力营造有利于发挥智库作用的良好环境，推动我市新型智库积极健康、规范有序发展。五是坚持彰显特色。立足全市经济社会发展实际，加强智库建设顶层设计、统筹协调和分类指导，注重发挥人文优势和科技优势，努力走出一条彰显聊城特色的新型智库建设道路。

（四）功能定位

一是我市新型智库基本标准：具有已经被有关单位和部门批准成立的实体性研究机构；具有较强的综合研究能力或在某一领域的研究优势，并在长期研究中形成了有影响的研究成果；具有较强的服务大局意识，与实际工作部门和社会有关方面建立了广泛联系；具有较强的研究团队，有影响较大的研究带头人和一批专兼职相结合的研究人员；具有健全的组织机构和组织章程，研究实体内成立了党的组织并经常开展党的活动；具有稳定和可持续的经费来源；具有多层次的学术交流平台、成果转化渠道和功能完备的信息采集分析系统。二是我市新型智库重点任务：围绕关系经济社会长远发展的重大问题，开展前瞻性、预警性、储备性研究；围绕全市重大战略规划、重要公共政策、重大工程项目等，开展对策研究，提出政策建议，对其执行情况及效果进行跟踪研究和客观评估；对改革发展中的重大实践经验，进行总结提炼，形成规律性认识，推动上升为政策举措；坚持从实际出发，研究新情况、新问题，作出新概括、新表述，不断推进理论创新；加强思想舆论引导，阐释党的理论，解读公共政策，研判社会舆情，引导社会热点，疏导公众情绪；弘扬优秀文化，讲好聊城故事，服务对外开放，不断增强聊城对外影响力。

（五）发展格局

经过五年发展，争取到 2020 年逐步实现重点智库优先发展、市级研究机构决策服务能力增强、各类智库协调发展的格局。一是建好市级重点智库。本着从严掌握、逐步发展的原则，建设好市级重点智库。重点智库坚持高起点推进、高水平建设，加强整体规划和科学布局，主动适应党委政府发展战略需求，聚焦事关全局和长远重大问题，凝练主攻方向，突出专业特色，努力提高决策咨询服务的质量和水平。二是提高市级研究机构决策服务能力。市级研究机构要围绕全市中心工作，定期发布决策需求信息，引导相关智库开展政策研究、决策评估、政策解读等工作，当好党委、政府与智库的桥梁。市委政研室、市政府调研室要充分发挥服务市委、市政府重要决策的中枢作用，建立智库成果专报制度，完善决策部门与智库之间制度化、常态化联系沟通机制。市人大常委会研究室、市政协研究室要积极开展人民代表大会制度和中国特色社会主义法律体系理论研究，开展多党合作和政治协商制度、社会主义协商民主制度理论研究，鼓励人大代表、政协委员参与智库研究咨询工作。人民团体要发挥密切联系群众的优势，拓展符合自身特点的决策咨询服务方式。三是推动各类智库协调发展。在抓好市级重点智库建设的同时，大力支持高校智库、科技创新智库、企业智库、社会智库发展。发挥高校学科齐全、人才密集和对外交流广泛的优势，建设好高校智库；围绕建设创新型聊城和实施创新驱动发展战略，建设好科技创新智库；面向行业产业发展和国有企业改革，建设好企业智库；按照规范和引导相结合的原则，建设好社会智库。

四、加快新型智库建设建议

我市新型智库建设经过近年来的努力实践，建设思路逐渐清晰，智库决策服务能力不断提高，但是也存在不少薄弱环节，例如，参与决策的机制不完善，保障智库高效运作的体制机制不健全，研究成果转化率不高，智库专家咨询、参谋作用发挥不够等。为进一步加强我市新型智库建设工作，争取到 2020 年建成具有聊城特色的新型智库体系，我们建议：

（一）创新新型智库建设的方式途径

一是注重优化智库组织形式。各类智库要以现有的实体性研究机构为依托，以具备的现实优势为基础，对主体功能进行科学定位，明确发展方向和重点。在建设过程中，要以智库本身的研究机构为中心，整合本单位本系统有关科研院所、学术团体和高校协同创新中心、各类社科研究基地等资源，推动不同智库要素跨地区跨领域有效聚集，推动不同类型智库之间互动合作，防止智库建设"孤岛"现象，努力形成开放式智库组织结构。二是注重开展多种研究咨询活动。各类智库要注意面向实际，深入实践，不断畅通智库与党政机关及社会各方面的联系，围绕党委和政府重大决策、社会公共政策制定、社会治理与服务等，通过跟踪调查研究、参与课题招标、接受委托项目、实行对口服务、开展对外交流等方式，提出有创意有个性、具有真知灼见切实管用的对策建议，努力克服研究与实际脱离的"两张皮"现象，不断提高智库研究水平和服务能力。三是注重加强智库平台建设。把平台建设作为推进智库发展的重要抓手，努力为智库开展咨询研究创造条件。进一步加强信息共享平台建设，加快建立大型数据库和联机检索系统，重点建设好聊城市政府网络信息化办公系统等信息平台；进一步加强课题研究平台建设，完善课题发布制度，设立聊城市智库专项课题，建立市社科基金项目、市情和决策咨询课题与智库对接机制；进一步加强成果交流转化平台建设，开办聊城市智库论坛，开设聊城智库官网，定期举办优秀研究成果发布会，出版智库成果专集。四是注重智库成果认定与评价。完善成果认定机制，设立智库成果评审专家库，成立由专家和各方面代表组成的智库成果评审委员会，改变只注重同行专家评价的做法，更加注重政府和社会评价；完善成果激励机制，加大对优秀决策咨询成果的奖励力度，将智库优秀研究成果纳入市社会科学优秀成果奖、市科学技术奖等评奖范围；建立智库成果新闻发布机制，拓展多层次、多载体的成果传播渠道，充分利用新闻媒体、各种论坛、专家访谈等形式，加大对智库及其研究成果的宣传。

（二）健全新型智库建设的制度机制

一是落实党务政务信息公开制度。党政部门要落实党务政务公开有关规定，依法主动向社会公开信息，增强信息发布的权威性和及时性。完善智库向政府部门、行业协会申请使用相关资料的标准和程序，保障智库合法合规获得和使用数据资料的权利。进一步完善党委、政府新闻发布制度，加大新闻媒体传播党务政务信息的力度，不断增强信息发布的时效性和透明度。进一步加强党委、政府网站和政务微博、微信建设，充分发挥新兴信息发布平台的作用。建立完善政府信息公开保密审查制度，明确审查程序和责任，确保不泄露国家秘密。二是完善重大决策咨询制度。坚持把决策咨询作为党委、政府重大决策的必经程序，凡属经济社会发展的重大战略、涉及人民群众利益的重要公共政策和重大工程项目的决策事项，都要通过举行听证会、座谈会、论证会等多种形式，广泛听取智库的意见和建议，并作为决策的必要环节，发挥好智库在决策中的参谋作用。建立聊城市重大决策咨询专家库，为决策咨询提供可选择的专家人选。三是健全重大决策评估制度。除涉密及法律法规另有规定外，重大改革方案、重大政策措施、重大工程项目等决策事项出台前，要进行可行性论证和社会稳定、环境、经济等方面的风险评估，重视对不同智库评估报告的综合分析比较。加强对政策执行情况、实施效果和社会影响的评估，建立有关部门对智库评估意见的反馈、公开、运用等制度，健全决策纠错改正机制。探索政府内部评估与智库第三方评估相结合的政策评估模式，增强评估结果的客观性和科学性。四是建立智库成果购买制度。探索建立政府主导、社会力量参与的决策咨询服务供给体系，稳步推进提供服务主体多元化和提供方式多样化，满足党政部门多层次、多方面的决策需求。研究制定政府向智库购买决策咨询服务的指导意见，明确购买方和服务方的责任和义务。凡属智库提供的咨询报告、政策方案、规划设计、调研数据等，均可纳入政府采购范围和政府购买服务指导性目录。建立按需购买、以事定费、公开择优、合同管理的购买机制，依法采用公开招标、邀请招标、竞争性谈判、竞争性磋商、单一来源等多种方式购买，同时积极推进成果走向市场，鼓励社会购买智库成果。

（三）加强新型智库建设的组织领导

一是强化组织协调。党委、政府要将智库建设作为科学执政、依法行政的重要内容，列入议事日程。在市委、市政府统一领导下，建立市委宣传部牵头，市委组织部、市委政研室、市政府调研室、市发改委、市财政局、市民政局、市教育局、市科技局、市人力资源社会保障局、市国资委等部门参加的新型智库联席会议制度，研究重点工作，指导推动全市新型智库建设。二是强化规划管理。市委宣传部负责全市智库的综合管理和指导协调，有关部门和业务主管单位按照谁主管、谁负责和属地管理、归口管理原则，切实担负起智库管理责任。制定聊城新型智库建设整体规划，加强科学布局，优化资源配置，统筹推进各类智库建设。开展智库建设试点，在全市范围内遴选部分决策咨询机构，作为首批新型智库建设试点单位。加强对市级智库的科学管理，按照"竞争入选、动态管理、末位淘汰、以评促建"的原则，建立和完善市级智库申报和管理制度，根据实际需要定期对市级智库进行调整和充实。坚持内外有别，对党委和政府委托研究课题和涉密智库成果，未经允许不得公开发布。规范境外资金对我市智库的资助，制定专门管理办法。简化智库外事活动管理、中外专家交流、举办或参加国际会议等方面的审批程序，制定适应智库国际交流合作需要的管理服务办法。三是强化政策支持。制定规范和引导社会智库的政策举措，完善社会智库注册登记制度改革。在实力较强、特点鲜明、有示范带动作用的研究机构和高等院校设立市级决策咨询基地。充分尊重和合理评估智库工作者的智力劳动价值，在首批新型智库建设试点中，绩效支出可按不低于项目经费 40% 核定。探索设置智库孵化器，处于孵化期的智库享受税收优惠政策。研究制定具体办法，将党委、政府采纳情况，作为考核研究人员工作、晋升专业技术职务等的重要依据。四是强化资金保障。研究制定和落实支持智库发展的财政、金融政策，探索建立多元化、多渠道、多层次的投入体系，健全竞争性经费和稳定支持经费相协调的投入机制。财政部门根据不同类型智库的性质和特点，研究具体经费扶持措施，积极支持智库平台建设，鼓励对智库成果实行政府购买服务。落实公益捐赠制度，鼓励企业、社会组织、个人捐赠资助智库建设。探索设立新型智库发展基金。科学合理编制和评估经费预算，规范直接费用支出管理，发挥绩效支出的激励作用。加强资金监管和财务审计，不断完善监督机制。五是强化人才队伍建设。把人才队伍建设作为智库建设的基础工程，制定实施我市新型智库高端人才引进培养计划。分领域建设智库高端人才库，面向海内外引进培养高端人才，分期分批开展高端人才遴选认定。探索建立智库人才聘用、职称评定、薪酬等管理制度。建立完善高端人才引进的激励和淘汰机制，畅通人才流动渠道。推动党政机关与智库之间人才有序流动，有计划地推荐智库专家到党政部门挂职任职，支持有研究能力的党政领导干部、国有企业高管离任后经批准到智库从事研究工作。发挥首席专家和领军人才作为智库灵魂的独特作用，建立结构合理、优势互补的研究团队。从市外引进的和在我市全职从事政策研究的首席专家、领军人才，可优先推介泰山学者、省有突出贡献中青年专家、齐鲁文化名家、齐鲁文化英才等重点人才工程。加强智库专家职业精神、职业道德建设，引导其主动服务党委和政府决策，为协调推进"四个全面"战略布局、开创聊城经济社会发展新局面贡献聪明才智。

地方新型智库建设的几点思考

滨州市人民政府调研室

2015 年 1 月，中央出台了《关于加强中国特色新型智库建设的意见》（以下简称《意见》），将智库建设提到了新的高度。高水平的智库是一个国家、一个区域软实力的集中体现和重要标志。在全面建成小康社会决胜阶段，各地改革发展稳定的任务艰巨繁重，需要应对、破解问题的复杂性艰巨性前所未有。特别是在当今经济全球化和一体化的大背景下，影响地方发展和政府决策的因素越来越复杂多样，迫切需要大力加强地方新型智库建设，广泛集纳和充分利用社会智慧，为党委政府提供决策依据，以科学咨询支撑科学决策，以科学决策引领科学发展。

一、智库的社会功能及基本要素

智库作为一个源起西方的概念，其基本社会功能主要包括为公共决策提供思想和行动方案、评估政府运作效率、传播社会知识、引导公众舆论和社会走向，在国家决策体系中发挥作用。智库具有鲜明特点：相对独立运行，以增进公共利益为基本价值取向，以公共政策为主要研究对象，以为决策制定、实施、评估提供专业客观的意见作为基本使命。智库应具备以下基本要素：

一是人才。人才是智库的核心资产。智库是智力的集中地，并通过智力产生效益。智库最大的特点就在于"智"上，智库是不同类型的智力的集中地。智力就是智库的生产力，而智库也正是通过智力这种特殊的生产力来产生效益。因此，智库需要有物质资源，但一个成功的思想库最重要的资源是人才。智库的人才不在人数而在质量。

二是服务。智库以服务社会为宗旨，辅助决策为手段。并不是所有学术研究机构都可以称之为智库，只有那些对政府公共政策和社会公共生活产生影响的专业研究机构才称得上是智库。因此，尽管事实上任何思想库都难免受到某种利益和价值的影响，但一个合格的智库必须对社会发展担负起公共责任，智库的主要成员应当对社会进步具有强烈的责任意识。智库的宗旨应该是服务社会，不以盈利为主要目的，不是直接地去创造效益，而是通过自己的智力成果来帮助实现社会资源的有效分配和利用，使有限的社会资源发挥出最大的功效，并以这种间接的方式来创造效益。因为智库是一种具有公共性的机构，他们研究的政策真正的承受对象是民众，所以也就强调了智库要服务政府，但却不是政策与规划直接的领导者和执行者，或者说要避免成为利益相关者。

三是思想。思想和观点是智库的第一要素。智库是知识、智慧和思想的一个集散场所，最重要的是要产生出符合经济社会发展实际的新思想、新观点。政策建议并不是智库最重要的产品，思想和理论的影响，要比政策长久和深刻得多。一个智库如果没有独立的思想和观点，或者其提出的思想和理论没有产生广泛而久远的影响，也不可能成为一流智库。智库要以追求客观事实为己任，善于发现现实中存在的影响社会发展的真实问题，并且对这些实际问题做出令人信服的深刻分析，找到产生这些问题的深层原因，使提出的观点、思想和主张能引起社会的关注，对知识界和政府部门产生影响。

四是特色。即使规模最大的智库，也不可能对社会问题进行面面俱到的研究，而且各个智库之间应当有适当的分工。智库应突出其特色。纵观国内外的智库案例可以发现，所有成功的智库几乎都有各自的明显特色。这些特色包括研究的专长、影响的领域、价值的倾向等等。当智库这一群体在社会中取得了自己的生存空间之后，某个智库就需要依靠自身的特色在这个群体中创造出属于自己的生存空间，每个智库都应该具有些不可被其他智库替代的东西。

智库是生产和销售智慧型或思想型产品的服务组织。一个成功的智库应当满足"政策对路、理论创新、成果转化、领导重视、社会影响"等五个基本条件。一是政策对路。智库研究主要为领导提供研究咨询，解决"怎么办"问题。政策怎样落实而转化为实效，就需要有"怎么办"的良策。对政策认识高、领会透、能力强的智库，政策"对路"研究，往往最先出成果，最先受领导重视。二是理论创新。一个正确决策成果来源创新理论的支撑，没有理论就不能去梳理、提炼、整理，杂乱无章的材料，形成概念和规律性认识。智库成果生命力在于预测和朝前，正是这个提前量，才为决策者有所思考，有所布道，有所准备。三是成果转化。智库成果转化是多元的，不仅有媒体一种，还有自行转化方式等等。智库应找出自身的特点，扩大成果转化点和面，采取基层转化、实效转化、研讨转化、实验转化等创新转化。四是领导重视。一项智库研究报告，能否受到政府机构和领导重视，是衡量智库作用大小的重要指标。五是社会影响。对决策的影响力和民众的接受度，直接反映出智库成果质量的高低。

二、中国特色新型智库的特点

从党的十八大报告提出"坚持科学决策、民主决策、依法决策，发挥思想库作用"，到十八届三中全会提出"加强中国特色新型智库建设，建立健全决策咨询制度"，再到 2015 年《意见》出台，智库建设已在各个领域、各个行业蓬勃兴起，这是我国决策科学化、民主化的一场思想革命，标志着国家治理能力现代化已经进入一个崭新的历史时期。

"中国特色新型智库"最根本的是要体现中国精神、中国制度、中国道路，人民福祉为本、国家利益至上；"新型"就是智库的思想观念、组织形式、运行机制、管理方式、制度规范有别于外国智库，也有别于中国传统智库和现有体制内智库，应该是创新型、开放式、现代化的治理模式。中国"特色新型"智库，关键是有用、有效、有作为。中国特色新型智库的主要特点：

一是党管智库。中国智库要服务于中国共产党的领导，为中国特色社会主义事业服务，这是我们智库的最大特色。党管智库并不与智库成果的独立性相对立，相反是对智库成果的形成与转化的促进和推动。智库研究必须科学、客观、公正、实事求是。坚持正确的政治方向，坚持中国共产党领导，不是虚话，这是中国各类智库都必须遵循的基本原则，包括社会智库也是如此。坚持党管智库，就是坚持中国特色社会主义方向，遵守国家宪法法律法规，始终以维护国家利益和人民利益为根本出发点，立足国情，充分体现中国特色。党管智库，有利于全面准确地把党的理论、路线、方针、政策传播到人民群众中去，有利于把人民群众的思想统一到坚持中国特色社会主义共同理想上来，有利于最广泛地调动人民群众的积极性创造性，引导人们聚精会神搞建设、一心一意谋发展，有利于集聚推动科学发展、促进社会和谐的正能量。

二是服务大局。新型智库要有大局观、战略视野和政治定力，坚持服务党政与服务社会相结合，以高度的责任感和为民、为国献策为价值追求，紧紧围绕党和政府决策急需的重大课题，开展针对性、前瞻性、储备性政策研究，提出专业化、建设性、切实管用的政策建议，着力提高综合研判和战略谋划能力，实现政策参与的全程化。

三是求真务实。智库的核心价值观就是唯实求真，守正初心，坚持实事求是，追求真理。智库的政策研究要坚持科学精神、科学方法、坚持理论联系实际，着力提升新思想、新观点、新理论的生产能力和传播能力。智库要参与公共政策全过程，积极开展决策前的可行性论证、决策中的方案设计和决策后的绩效评估等工作。在服务党委政府的同时，坚持为社会公众服务，将社会民众的智慧吸收到公共政策建议中，将党委政府的政策精神传递给社会基层。

三、地方新型智库特点及服务的重点领域

地方新型智库建设要始终坚持《意见》中指出的"坚持党的领导，把握正确导向；坚持围绕大局，服务中心工作；坚持科学精神，鼓励大胆探索；坚持改革创新，规范有序发展"基本原则，要在深入贯彻落实上级政策的同时，更加紧密结合地方实际，开展各项工作。地方新型智库在具有智库共性特点的基础上，还具有自身特色。

一是有鲜明的地方特色和本土风格。地方智库在熟悉和了解地方与区域经济社会发展热点难点上，在分析和把握地方与区域经济社会发展的问题上，有着突出的优势。发挥地方特色和地域优势，是提升地方智库核心竞争力的内在要求，是地方智库具有影响力的关键因素。地方智库首先应加强本土化研究，即从区域和地方经济社会发展的现实出发，分析和把握区域经济发展中的热点难点问题，提出有针对性的对策建议。当然，在全面深化改革的历史条件下，任何地方的经济社会发展都不可能脱离全国大局，地方智库要建设现代新型智库，必须根据自身的地域和区位优势以及学科优势，将地方社会经济发展遇到的难点和问题放到

全国大局中来加以考察和研究，掌握话语权，形成影响力，赢得生存和发展空间。要在基础理论研究，以及在具有地方特色的历史文化研究领域走在前列，拥有一批地方优长学科，建设具有地域特色的学派。要突出应用研究，以探索地方的经济、社会和文化发展的规律为重点，为党和政府决策出主意、出好主意、出管用的主意，提供具有重要参考价值的对策建议。

二是在短期对策研究的同时更加注重中长期战略研究。能否为地方党委、政府提供高质量的决策咨询服务，能否对地方社会经济发展提出有效的对策建议，是衡量地方现代新型智库建设的重要指标。在新型智库建设发展中，地方智库更多地承接了党委政府交办以及实际工作部门委托的临时性、突发性的研究项目，即短期对策研究项目。但中长期战略研究和短期对策研究二者是相辅相成的，不能割裂开来。地方新型智库在发挥开展区域战略性、前瞻性研究特长的同时，应强化中长期战略研究，在科学总结过去、切实把握现状和理性预测未来的基础上，对区域经济社会发展的总体状况进行研究，并提出相应的发展战略和规划，做到既接地气又有适当超前。

"理论有效服务决策，突出学术研究的实践导向，强调学术成果的实际应用，并在实践中检验学术成果质量，进而修正理论、发展理论，是现代智库发展不可逆转的方向"。建设地方新型智库，主要是发挥聚智辅政作用，为党委政府科学决策、民主决策提供帮助，提升公共政策质量，增强政府软实力和影响力，取信于民，服务于民。要坚持更加灵活、更加实际、更加民主的原则，建立健全地方智库体系，重点研究设计好智库类型、性质、定位和关系等问题，优化研究力量，形成核心智库、功能智库、复合性智库、应用型智库、民间智库等结构体系，实现资源配置市场化、研究成果最大化。

　　智库的主要功能在于提供新思想、参与决策、提供方案、引导舆论，因而智库建设最关键的是智库产品的实战应用能力，有针对政府、企业急需的"快节奏"研究报告，也有政府、企业未来发展的"厚重型"专著与规划等，这些智库产品质量的高低是智库形象建立的标志。地方新型智库服务的重点领域：一是为党委政府决策提供参考依据。包括对经济社会发展中的问题提出前瞻性的探究；系统梳理国内外相关领域的研究成果，分析其利弊得失，为公共决策提供重要参考；参与党委政府重要文件、战略、规划草案的咨询。二是为政策执行提供分析和评价。在研究工作中，应高度重视政策执行状况的把握和动态研究，积极推进学术观点创新、学科体系创新和科研方法创新，不断开拓政策评价的视野，为应用对策研究和公共政策的执行、调整和完善，提供强有力的支撑。三是对社情民意进行调查研究。智库不仅服务领导，还要服务社会需求，能够引领思潮。通过加大调研工作力度、疏通调研渠道、规范调研活动，使研究人员深入基层、深入生活、深入实际，积累足够的研究素材，成为深谙社情民意的专家，从而搞好应用对策研究，为党委政府和有关部门掌握相关信息，做出科学合理的公共决策提供有力支撑。四是为区域发展提供交流合作平台。主动对接媒体资源，推出政学媒联动的系列活动载体，将智库的深度与媒体的广度结合起来，调动本地和外地知名研究者的积极性，推动专家学者的交流学习。主动与市内外、国内外智库机构建立广泛的学术联系，开展多种形式的课题合作研究，逐步建立和培育国内国际学术交流平台，使之系列化、规范化。

四、地方新型智库建设存在的问题

　　近年来，我国智库发展取得了一定的成果，作出了很多的贡献，但是地方新型智库建设与地方民主决策、科学决策还有很大差距，其决策智囊作用的发挥有着诸多制约因素，地方新型智库建设还面临一系列亟待解决的问题。

一是整体力量薄弱。目前，地方智库总体规模偏小、机构设置不尽合理、智力支撑质量不高，与日益增长的地方党委政府决策咨询需求相比，存在着明显差距。发挥决策咨询主体作用的研究室专职政策研究人员偏少，驻地高校中面向地方应用的政策研究队伍比较薄弱，从事信息服务、咨询服务等类型的"软企业"和"智慧企业"发展滞后，民间智库型企业更是缺少。规范型智库少，形成一定规模、能自主开展研究、有一定影响力的社会智库凤毛麟角。

二是高质量成果少。智库的使命就在于服务决策，而不仅仅是纯粹的理论研究。当前不少智库缺乏对社情民意的了解，缺乏对政策的掌握，研究成果与实践有脱节，与党委政府工作衔接不够，对决策影响力与作用力不够。一些智库存在重社会活动，轻潜心研究；重追赶热门，轻专业深耕的现象，资政建言的智库主体功能体现不够，缺少精品力作。对决策者提供全局性、综合性、战略性、前瞻性的高质量成果较少，在研究内容上存在着碎片化问题，部门研究带有较强的部门利益，不能适应决策需要。

三是智库与党委政府之间、智库之间沟通不畅。地方智库机构与党委政府之间沟通渠道不够顺畅，党委政府与智库之间缺乏经常性的联系机构和联系机制，科研人员难以直接、及时掌握党委政府关心的重大问题。官方智库和民间智库缺乏总体统筹协调，缺乏相互融合，导致各方研究成果要么不深入、要么不全面，难以有效发挥各方面尤其是民间智库方面的优势。不同类型的研究机构针对同一个研究课题，分别组织力量研究，之后又分别送至决策层，造成成果多有雷同，导致了智力和物质资金的双重浪费。

四是决策咨询渠道不规范畅通。长期以来，智库是否参与决策咨询，并没有制度上的规定和要求，是否参与决策往往取决于决策者选择的偶然，而未被列入决策法律程序。科学的决策咨询要依靠咨询程序的规范性，没有完备的制度作保障，单纯依靠决策者和咨询专家的素质，其作用是有限的。政策研究与决策咨询存在"两张皮"的原因，一方面是研究成果脱离实际，政策建议比较务虚，对领导决策缺乏咨询价值；另一方面是决策部门与决策咨询机构之间沟通联系缺乏固定、快捷、通畅的信息传递和成果转化渠道。

五、地方新型智库建设的几点建议

当前，我国正处于深化改革的攻坚期、经济增长动力转换的过渡期以及经济结构全面优化的"新常态"时期，对政策的科学性、精准性提出了更高要求，智库肩负的任务更加艰巨、责任更加重大。中国智库产业的发展需要官方智库的改革提升、民间智库的发展壮大、外国智库的引进合作三股力量的共同推进。对于地方新型智库的建设，当前紧要的是融合提升官方智库，发展壮大民间智库，形成以党政智库、科研院所智库、高校智库及社会智库协调发展的地方智库格局。

一是决策参与方式要实现从"政谋合一"到"问计于智"的转向。智库的决策咨询功能要逐步实现"政谋合一"到"问计于智""问计于民"的转向，不断提升决策的科学化、民主化与法治化程度，充分发挥智库在"以智资政"方面的作用和广阔空间。

二是作用发挥方式要实现从"班子写手"到"政策推手"的转向。建立开放的决策体制在某种程度上就是把"谋"和"断"分开的过程。一般而言，"谋"与"断"合二为一的决策咨询体制，往往会诱使研究主体越界，导致研究的独立性、自主性与主动性不足，久而久之形成制度惰性和路径依赖，使得智库更易沦为决策的"应和者"或是领导班子的"写手"，从而失去决策咨询应有的价值。随着现代决策的科学性、专业性与系统性增强，需要充分发挥智库资政的独立性，将"谋"与"断"分离开来。建立决策信息、数据等公开发布制度，完善项目招投标甄选制度、决策咨询研究成果评估制度，在制度上确保将"体制外"智库纳入制策流程，打破思想市场的"体制内"垄断，为各类地方智库释放出更广阔的生存与发展空间。

三是研究方式要实现从"封闭式内部研究"到"开放式决策咨询"的转向。制定完善研究项目的公开竞标、合同管理、流程控制与评估等方面的规范和程序，促进决策的专业化、客观化和公开化。制定职业能力、社会责任和道德操守等方面的行业标准，以确保提升智库综合素质和保证智力产品的质量，促进智库的研究方式从"上级指派任务"和"内部封闭式研究"，逐步转向智力产品的开放式社会市场竞争。扩大决策咨询成果的传播，提升重大决策的公众参与度。

四是选题方式要实现从"自上而下"到"上下结合"的转向。智库要始终坚持人文取向，"为政献计、为民解忧"，关注民生问题和弱势群体，把求解重大现实问题与前瞻性战略思考结合起来，发挥智库在参与重大决策提供咨询意见的作用，提升决策咨询的研究质量。

将地方智库建设成为地方党委政府决策的高质量、高水平智库，是一项重大的系统工程，需要采取得力举措才能取得成效。

一是坚持高标准建设。建设立足本地、面向全国、放眼世界的新型智库体系，必须有能够代表本地在国内、国际"发声"的专业化高端智库。重点高端智库建设是新型智库建设的"牛鼻子"，也是"重头戏"，承担着推进本地新型智库建设的重要任务和重要使命。高端智库建设应坚持宁缺毋滥的原则，坚持高标准、高规格、高起点建设。要顺应智库分层化、分众化、分业化发展趋势，突出地域、领域特色，找准功能定位，实行错位发展。要从实际出发，善于在专业化细分领域持续耕耘，作全面研究、系统研究、长期研究，做到"专、精、深"，努力形成自己的特色和品牌，打造非对称核心竞争力。智库研究要鼓励竞争，形成优胜劣汰的生态。要推动信息公开，为智库开展研究提供必要的资料。要将政策性和学术性相结合。要借助媒体资源扩大影响力，充分利用报纸、刊物、网站、微信、论坛甚至网络电视等形式，全方位、实时对智库进行传播，向受众及时传递声音。

二是整合资源提升智力。建立开放式的服务平台，实现研究资源共享，整合高校、党校、学会与机关研究机构等资源，共同开展对本地发展重点问题的研究，优势叠加产生"乘积效应"，避免各敲各的锣、各打各的鼓，形不成"主旋律"。强化开放搞科研，协作搞科研的理念，对重点课题，在方式上走联合攻关的路子，加强党委政府调研室、部门和县区、乡镇甚至企业的联合，组建智库建设"联军"，形成联合调研的强大合力。借助学术资源提升专业力，与大学、科研机构紧密联合已成为智库克服专业性不足的重要策略，可定期针对教授、学者的科研成果进行智库成果转化。坚持"一切从群众来，到群众中去"的调研方法，吸纳社会智库参与调研，使社会智库在实践中遇到的问题成为推进智库研究选题的方向，使社会智库在实践中积累的经验成为理论创新的基础，使社会智库对咨政研究的有效参与成为智库建设的新常态。

三是紧紧围绕经济社会发展大局选题。课题选择要紧紧围绕党委政府的中心工作和重大决策部署，选择与经济社会发展、人民群众切身利益相关的问题。尤其要将新形势下经济社会中的热点、难点等作为决策咨询工作的重点，展开深入细致的调查研究，深入分析原因背景，提出具有针对性和可行性的建议和对策，充分发挥智库的咨政建言作用。要研究经济社会发展规律，从纷繁复杂的经济社会中发现苗头性、倾向性的问题，特别是针对党委政府中心工作中的新情况、新问题、新特点、新方法、新经验等进行前瞻性、储备性的研究，及时反映重要思想理论动态，使调研工作把握主旋律、体现时代性、把握规律性、富有创造性，充分发挥智库为党委政府决策提供服务的职能。

四是重视高质量成果产出及转化。智库扮演的是智囊角色，提供的是智慧产品。这些智慧产品虽然具有务虚的特点，但其产出、研究和应用则不能不强调求实。智库对更高层面的影响力是建立在对现实或前沿重大问题的精准解读和深入研究上。只有扎扎实实做好最基础的工作，拿出过硬成果，智库才能真正体现出其应有价值。要聚精会神做好宏观战略研究，以引领性战略方案提供具有启发性的前瞻概念、思路与框架。要专心致志做好跟踪研究，在政策评估、预警与纠偏方面填补党委政府政策观察盲点。要脚踏实地做好微观调查研究，持续为党委政府提供客观真实的事实、数据来源，成为党委政府不可替代的第三方信息源。要精益求精做好问题研究，对当下急需解决的现实问题，及时提出于法周延、于行有效的解决方案。应注重研究成果转化应用，智库研究成果不仅要体现高质量，还要体现多样性和时效性。一项有价值的研究成果，如果不能实时地为决策提供参考，其价值作用就会大打折扣，所以智库研究成果应该以多种形式及时提交给决策者参考。

五是建立健全各项机制。智库自身应优化内部管理，搭建现代化组织结构，形成功能完善、运转高效的组织体系；建立精确的选题策划与问题识别机制，搭建供需直通车平台；实施严密高效的项目研究组织管理，确保成果的高质量。要尽快制定智库管理办法和评价标准，搭建起党委政府规范和引导社会智库发展的法治框架。建立智库成果评价鉴定制度，在智库成果甄选与评价方面，推行评审专家的利益无关原则和双向盲审、结果公开等制度，构建公开、公平、公正的绩效考核体系。建立智库协作交流制度，构建智库成果信息共享机制。搭建有力平台，打通研究报告及时报送的最后一公里，为领导决策提供参谋咨询。通过制度建设，实现地方新型智库决策咨询工作的制度化、规范化和科学化。

加快新型智库建设的思考

菏泽市人民政府研究室

党的十八大以来，习近平总书记高瞻远瞩，从推进国家治理体系和治理能力现代化的战略高度，多次对智库建设作出重要指示，强调"智库是国家软实力的重要组成部分，要高度重视、积极探索中国特色新型智库的组织形式和管理方式，为中央科学决策提供高质量的智力支持。"党的十八届三中全会通过的《中共中央关于全面深化改革若干重大问题的决定》提出了"加强中国特色新型智库建设，建立健全决策咨询制度"这一重要任务，"中国特色新型智库"首次在中央的文件中被明确提及，将在全面深化改革过程中扮演越来越重要的角色。2015 年初，中央印发了《关于加强中国特色新型智库建设的意见》。省委省政府紧密结合省情贯彻中央精神，出台了《关于加强中国特色新型智库建设的实施意见》，就新型智库建设提出了明确工作要求。市政府研究室围绕全面推进我市智库建设，就如何认识智库、如何认识我市智库建设的实践与探索、如何提高各级加强智库建设的自觉性、如何搞好智库建设等，进行了深入研究，提出了意见建议。

一、智库的基本特征

（一）智库的定义

世界上的智库千差外别，各有不同定义，一般是指以重大战略问题和公共政策为主要研究对象，以服务政党、国家、社会、集团为宗旨，汇聚人才，整合资源，为治国理政提供理论、决策、方案、政策成果等的研究咨询机构。智库根据不同属性有不同分类，按照组织属性可划分为官方智库、半官方智库、民间智库，以及国家级和地方级之分；按照专业属性可划分为综合型智库和专业型智库；按照功能属性可划分为政府决策的咨询机构、技术转让为主的咨询机构及为企业服务的盈利性咨询公司等。

（二）智库的由来

智库由来已久，在中国，智囊是智库的雏形，可追溯到《史记》的记载，历史上的门客、师爷、军师等等均为专门开展智囊事务的人才。而现代意义上的智库兴起于 20 世纪中期，随着二战结束，国际环境相对稳定，科技突飞猛进，经济秩序发生重大调整，国际贸易急剧增多，国际关系日益复杂，迫切需要涵盖多领域人才的研究机构为决策者提供专业咨询，以应对新情况、新问题、新矛盾。这时，服务政府决策的智库应运而生，影响力不断扩大。其中具有标志意义的是 1948 年 11 月美国兰德公司的成立，这个智库精准预言了"中共将出兵朝鲜"、推断出的前苏联第一颗人造卫星发射时间与实际发射时间仅差两周，以及对越战撤军、中美建交、古巴导弹危机等重大国际事件进行成功预测和战略研判，这些决策不仅影响了美国历史进程，甚至改变了世界，也让美国智库在全球声名大噪。到了七八十年代智库发展迎来高峰期，数量激增、类型多样、人才济济，研究方向多元，服务对象广泛。如今遍布全球，已经成为影响各地区政府内政外交决策、推动社会治理的重要力量，成为衡量国家软实力和竞争力的重要指标，甚至有西方学者把智库称作立法、行政、司法、媒体之外的"第五种权力"。

（三）智库的一般特征

由于各国政治体制、经济水平、民族禀性各有差异，智库的结构与发展模式也不尽相同，但放眼全球，研究分析知名智库的成长轨迹和运营机制，也可发现诸多共同之处，可资借鉴：一是坚持独立客观。强调自身研究的独立性，不因为服务对象的立场要求而预设价值判断，研究成果都努力做到基于事实来说明问题，不被政治态度所左右。在具体研究中，强调借助公认的科学研究方法、工具模型进行研究，从而得出中立、公正、客观的研究结论。二是畅通人才渠道。坚持严格选人用人，注重人才的培养，打造人才洼地，建立与政府间人才交流"旋转门"机制，官员与学者之间角色经常互换。如，美国布鲁金斯学会现任200多名研究员中，一半具有政府工作背景，担任过驻外大使的就有6位之多。三是多元化筹资。为保证独立性和权威性，运作资金主要靠政府支持、基金会支持、个人捐赠、公司赞助等筹资模式。如，德国慕尼黑经济信息研究所每年1600万欧元经费中，来自联邦及州政府的拨款占到50%，还同时接受欧盟以及马歇尔基金会、贝塔斯曼基金会等的资助。四是追求成果应用。智库都高度重视研究成果的转化、传播和推广，普遍认为如果研究成果只停留在研究的层次，研究机构就称不上智库，研究成果必须要让政治家了解、让社会了解。各智库对自己的研究成果，一般都通过电视和网络等现代传媒传播、发行出版物、举办研讨会等形式，向社会和公众公开。通过传播研究成果，服务社会，影响政策走向，使自己成为与学术界、新闻界、实业界、广大民众以及政府官方联系的纽带，以此来进一步扩大智库的社会影响，提高智库的声誉。

二、我市智库建设的实践与探索

近年来,市委、市政府对政策研究、调查研究等党政智库工作高度重视,工作上予以指导,政策上大力支持,人才上及时引进,经费上全力保障,为多出成果、多出好成果创造了条件,促进了党政智库建设上台阶、上水平。

(一)着力提高服务重大决策的能力水平

近年来,我市党政智库紧密围绕中心工作,不断强化服务意识和服务能力,在重大决策的制定上充分发挥了党委、政府的智囊作用。市委政研室、市政府研究室等党政智库起草了历年来的党代会、人代会报告,参与了国民经济发展规划起草,为菏泽不同阶段、不同时期构思发展战略、出谋划策。2013年,组织了优化审批服务规范涉企收费的市内调研、五省七市考察活动,形成了《关于五省七市优化审批流程规范涉企收费情况的考察报告》,得到市委、市政府主要领导批示,促进了市政府服务中心建设,并荣获2013年全省政府系统优秀调研成果一等奖。2014年参与起草的《关于泰州无锡芜湖淮南四市高新区发展情况的考察报告》《江浙皖部分市开发区建设发展的经验与思考》两个调研报告,为市高新区、开发区理顺管理体制,增强发展活力作出了积极贡献。2015年初,市委政研室、市政府研究室联合市扶贫办、市委督查室、市政府督查室对全市各县区扶贫工作开展情况进行了摸底调查,并在此基础上研究起草了《关于大力实施扶贫攻坚工程的意见》,拉开了全市精准扶贫的序幕,2015年全市实现脱贫40万人,相关做法受到省、中央领导的认可。菏泽党政智库还在推进牡丹产业发展、打造四省交界区域交通枢纽城市、发展"一村一品"、打造生物医药产业高地、发展电子商务等多方面形成了一大批战略性、前瞻性、推广性的研究成果,较好地发挥了以文辅政的作用。

（二）努力为经济社会发展提供智力支持

我市党政智库紧紧围绕全市中心工作，加强调查思考，及时发现问题、提出对策、总结经验，为各级党委政府提供决策依据，发挥了参谋助手的作用。一是主动对焦社会关切。对经济社会发展中的扶贫攻坚、环境治理、安全饮水、全面改薄等热点难点问题开展深入调研，形成专业成果，提出解决方案，引起领导关注，推动问题解决。如，针对群众反映强烈的安全饮水问题，市政府研究室组成专题调研组，深入10个县区平原水库建设现场，详细查看安全饮水工程配套管网建设进度，针对存在的突出问题提出了可行性的意见建议，促成了全市平原水库现场观摩会的召开，鼓励了先进，鞭策了后进，推动工程建设进度加快。二是善于发现推广经验。近年来，我市经济发展中涌现了一批在全国、全省领先的好经验好做法，我市党政智库立足可复制可推广、有针对性的进行总结提炼，有效地促进了相关工作开展，实现了点上开花面上结果的好效果。如，2014年对曹县大集镇"淘宝村"电商发展模式和成功经验进行了挖掘推广，引导支持广大群众开设网店、销售特产。目前，曹县大集镇及周边涌现出4个"淘宝镇"、34个"淘宝村"，形成了淘宝村集群，仅演出服饰销售就超过30亿元，带动10万多人就业、2万多人脱贫致富。配合省政府研究室，总结了玉皇化工"走出去"的成功做法，调研报告得到郭树清省长、孙伟常务副省长、夏耕副省长批示，其公司董事长于去年9月份随习近平总书记赴美访问，推动玉皇化工位于美国路易斯安那州的甲醇项目。三是及时研判经济形势。市政府研究室为及时全面掌握全市经济运行情况，有效规避潜在风险，做出科学预警研判，建立了综合经济运行分析定期咨询机制，每季度组织召开三个层次的专题会：①由市发改委、经信委、统计局、五大主导产业领导小组办公室等市直部门参加的"上情"分析会，各部门分析国际、国内、省内有关经济发展形势，研判我市经济走势；②由各县区政府研究室主任参加的"下情"调度会，各县区汇报本地经济运行中出现的新情况、新问题，提出需要全市层面帮助解决的重大事项；③由市人大研究室、市政协研究室、市委党校、市社科联、菏泽学院等研究机构参加的"市情"座谈会，针对我市经济社会发展，各位专家学者代表委员谈认识、谈问题、提建议。为市委市政府准确判断形势、做好应对措施起到了重要作用。

（三）大力宣传解读中央和省市重大政策文件

每年中央省市都会召开各类会议、出台重要文件，这些会议、文件对促进地方经济社会发展具有重要的指引作用，宣传好、解读好其中传递的信息是党政智库的重要职责。我市党政智库借助自身优势，通过宣讲会、研讨会、交流会等多种有效形式做好了政策解读释疑工作，扩大了决策的影响力，传播了正能量，集聚了新动能。市委宣传部组织讲师团专家学者组成宣讲团，对党代会报告以及市委市政府重大决策部署进行巡回宣讲解读，把全市上下的思想和行动统一到上级的要求部署上来。对事关我市发展的重大战略、重大政策、重要文件和重要法规规章出台，如，突破菏泽、西部经济隆起带发展规划、四项工程等，市委政研室、市委党校、市政府研究室、市社科联等党政智库积极配合进行政策宣传解读，凝聚共识，引导社会正面舆论，形成了全市上下干事创业、推动发展的良好氛围。

近年来，尽管我们在智库建设方面进行了一些有益的探索和尝试，但是对照新型智库建设的要求和标准，我市智库建设差距依然很大。

（一）认识不到位

虽然党中央已经把新型智库建设提升到国家战略层面，中央、省都已制定了相关支持发展的具体意见，但由于我市尚属于欠发达地区，经济社会发展任务繁重，人力财力精力都相对有限，地方智库作用和影响还不够大，全市上下对智库的定位和作用的认识更未上升到提高决策科学化、民主化、制度化、法制化水平的高度，尚未研究出台支持智库发展的相关意见、总体规划等政策性文件，支持研究智库建设的氛围不够浓厚，较之东部发达地区，智库建设水平偏低，发展速度较慢。

（二）定位不准确

目前我市的智库多数属于体制内研究机构，有些本身就是党政部门的下属企事业单位，行政化依附性强，缺乏独立性，对自身发展的定位认识不准，官本位色彩浓厚，这直接导致了研究机构的发展方向与新型智库的要求相悖。如，党政智库大多承担的是文件、文稿起草工作，主要居于参谋助手的位置，智库功能不明显。即使开展调查研究，也以接受官方和半官方的工作任务为主，许多研究成果前瞻性不够、针对性不强，主要扮演了各级党委、政府政策的解读者、宣传者和诠释者的角色，发挥了"喉舌""幕僚"的作用，并未真正定位为"智囊团""思想库"。

（三）发展不平衡

一是智库类型单一。我市智库总体规模偏小，机构设置不尽合理，大多是官方、半官方性质的智库。本科院校仅有两所，而且其中一所齐鲁工业大学菏泽校区尚在建设中，民间智库更是屈指可数。二是县区发展滞后。除去县区委、政府研究室外，能称作智库的研究机构几乎仅剩社科联和党校，而县区一级的社科联负责人多为宣传部领导兼任，县区委党校更多以承担党员干部培训为主，智库作用发挥十分有限。三是研究水平不一。几种类型的智库之间反差较大，党政智库无论是信息来源、经费保障、人才力量、成果影响等方面，都远远超过其他智库。高校智库虽具有较强的研究能力，但其研究方向往往局限于学术领域，对焦全市经济社会发展的热点问题不准，难以进入决策层的视野。而协会、商会性质的民间智库基本上没有实质性的研究成果。

（四）体制不健全

从管理体制上来看，智库之间缺乏统一领导，智库与智库之间，智库与党委政府之间均未建立有效沟通的平台和桥梁，导致智库各为其主、各自为战，力量分散、目标不清、研究重复、资源浪费等问题突出。从运行机制上来看，一些研究机构官本位现象严重，体制内智库的人才引进、激励机制以行政职务和级别为导向，缺乏灵活的经济杠杆，对部分专业性强的高素质智库从业人员缺少吸引力，也缺少招引的灵活渠道。同时，对于现有智库研究人员没有建立起系统有效的培养机制，造成研究人员知识更新慢，对外情掌握不全面，自身研究能力不强。从经费制度上来看，缺乏支持智库发展的财政、金融政策，智库发展面临政府资助和社会捐助双重不足的突出问题。

三、加强地方新型智库建设的重要意义

智力资源是一个国家、一个地区最宝贵的资源。从全球发展历史看，无论是大国崛起，还是地区发展跨越，背后始终都有智库力量的影响。尤其在当前世界经济增长乏力、我国发展进入新常态的形势下，我市经济发展、社会建设都面临着一系列的矛盾和问题，如何充分发挥新型智库作用，集思广益、共谋发展，推进"科学赶超、后来居上"奋斗目标早日实现，显得尤为重要。

首先，加强地方新型智库建设是落实中央决策部署的客观要求。我们党历来都高度重视智库建设和决策咨询工作，将其作为加强民主政治建设、提高决策科学化水平的重要举措来抓。尤其是党的十八大以来，习近平总书记在多个场合就我国智库发展工作专门作出重要指示。十八

届三中全会明确提出，要建设中国特色新型智库，建立健全决策咨询制度。2015 年 1 月，中共中央办公厅、国务院办公厅印发了《关于加强中国特色新型智库建设的意见》，进一步提出了发展目标和具体要求，为下步工作指明了方向。可以说，建设中国特色新型智库是新一届党中央，着眼长远发展、全局发展，作出的一项重大战略决策，是基于对我国目前发展实际的科学考虑。我们必须充分认识加快新型智库建设的重要性和紧迫性，自觉担当起建好用好特色新型智库的责任，切实将中央决策部署落到实处。

其次，加强地方新型智库建设是实现决策民主、科学的现实需要。近年来，我市智库建设事业发展较快，优秀成果不断涌现，为各级党委、政府决策提供了有力的智力支持。但随着经济社会发展步入新常态，新矛盾、新问题不断涌现，我们面临的决策环境日趋复杂，对智库建设提出了更高的要求。在新形势下，地方新型智库不仅要承担着学术创新和理论创新的重要使命，还要肩负咨政、启智、创富、聚才等重要功能，充当经济社会健康长远发展的重要助推剂。总体来看，我市智库建设虽然取得了一定的成就，但与先进发达地区相比，与当前经济社会发展面临的严峻形势和政府对智库参与决策的要求相比，还存在不小的差距。突出表现在：智库资源整体不足，组织形式和管理方式陈旧，真正有影响的智库机构缺乏，高质量的研究成果不多，参与政府决策的能力和水平较低等。现有智库力量已经远远不能适应当前发展的需要，迫切要求大力加强地方新型智库建设，以科学咨询支撑科学决策，以科学决策引领科学发展。

第三，加强地方新型智库建设是增强地区文化软实力的重要支撑。文化软实力是地区综合实力的一个重要方面，往往在支撑地方经济社会发展和展示对外形象方面发挥着不可替代的作用。智库作为高端人才和精英智慧的聚集地，作为一个地区软实力的重要载体，已经越来越成为影响区域核心竞争力的重要因素，受到人们的重视。在当前经济下行压力加大、资源约束加剧的客观条件下，加强新型智库建设，既可以把解决实践问题同理论创新紧密结合起来，为全市经济社会发展注入强大动力，又能为社会变革进步创新理论指导，形成独特的文化软实力，不断增强地区影响力和话语权。

最后，加强地方新型智库建设是欠发达地区实现科学赶超的智力保障。当前，经济社会发展正处于深刻变化时期，发展形势日益严峻复杂，但总体来讲，挑战与机遇并存，越是发达地区面对的挑战越大，而对于后发地区而言，机遇远远大于挑战。能不能真正抓住这个机遇，以科学的思维谋划发展，充分发挥自身比较优势，选择一条正确的发展路径，拥有一支本土化、高水平、懂经济的智库人才队伍至关重要。中共菏泽市委十二届十次全会提出了"科学赶超、后来居上"的宏伟奋斗目标，成为激励全市人民群众奋发有为的巨大精神力量。梦想非常美好，但任务十分艰巨。要实现这一目标，需要谋划的方向性问题和亟需研究的专业课题很多，仅仅依靠行政力量远远不够。特别是一些专业性问题，必须充分发挥党政研究室、党校、社科联、高校专家学者等智库团体作用，畅通民间智库参政议政渠道，为政府决策提出科学有效的对策及建议，"科学赶超、后来居上"的宏伟目标才能早日实现。

四、加强我市新型智库建设的几点建议

（一）进一步明确智库的功能定位

智库是智囊团与思想库的结合，是产生信息、知识、智慧和思想的地方。因此，智库不仅出文章，也要出思想、出理论；不仅是政策的阐释者，更要是战略的分析家；不仅是成绩的事后点评和总结，更要是决

策的事前论证和咨询导引。只有如此，才能凸显其完整的智库功能。借鉴国外智库建设经验，立足我市实际，智库建设当在政策阐释与战略预测中寻找最佳结合点，在有服务性的同时突出思想性，有解释力的同时注重引导力，切实使智库为经济社会发展提供有效的咨询服务、有力的理论支撑。既要论证决策思路和行动方案，又要提供战略设计和政策主张；既要有政治理性，又要有理论勇气。特别是市委政研室和市政府研究室作为市委、市政府的智囊，要加快从单一的职能向多元化的职能转变，强调在领导重要文稿优先的前提下，做到文稿起草、调查研究、决策咨询和绩效评估四位一体，努力成为党委、政府重要文稿的主创，政策研究的主谋，总结反思的主导和绩效评估的主体。

（二）切实加强智库建设的统筹与领导

一是加强组织领导。建立由市级领导挂帅，市委政研室、市政府研究室、市社科联等市级有关调研机构主要负责同志组成的"菏泽市决策研究协调委员会"，对全市的决策咨询研究工作实施统一领导和管理，形成务实高效、协调有序的大调研格局。二是全面梳理整合市级智库资源。加强市委政研室、市政府研究室等主要党政智库同市直各部门、各区县研究机构的沟通联系，建立有效调研考核机制，最大限度地整合研究力量，产生更多优秀的调研成果，形成多点联动的工作格局。以市社科联为纽带，充分调动驻菏高校、科研院所等研究机构的积极性，利用他们的专业优势为菏泽科学决策服务。三是加快制定出台市委、市政府《关于加强菏泽新型智库建设的实施意见》。建议由市委宣传部牵头，召集市委政研室、市委组织部、市委党校、市政府研究室、市财政局以及部分研究机构，立足菏泽实际，对照中央、省关于支持智库发展的意见、通知，将上级文件精神中的任务要求逐一细化，形成有针对性、可操作性的意见，打造智库建设"菏泽版"。

（三）加快构建协调全面发展的智库格局

一是完善智库建设规划。不断健全合作机制，探索建立以服务党委政府决策为中心，以保证政策研究的相对自主性和独立性为前提，行政体制、研究机构体制和市场机制相结合的新型管理制度，努力形成党委政府研究部门、高校科研院所、民间智库等多方参与的智库体系。二是推动高校智库发展完善。充分发挥菏泽学院、菏泽职业学院、菏泽医专、菏泽家政职业学院、齐鲁工业大学菏泽校区等高校学科齐全、人才密集和对外交流广泛的优势，制定菏泽高校智库建设发展计划，推动高校智力服务能力整体提升。深化高校智库管理体制改革，创新组织形式，整合优质资源，建设一批社会科学专题数据库和实验室、软科学研究基地。三是鼓励支持民间智库发展。民间智库研究的课题、方法、手段和立场相对都有较强的独立性，其研究成果不容忽视，要采取多种扶持措施，建立民间政策咨询机制，更好地收集民情、反映民意，更好地凝聚社会共识、团结各方力量。同时，要努力建立民间智库成果向决策者提交和交流的畅通渠道，确保他们也能参与政府决策，能够及时获得政府的信息和数据，平等地承担政府研究课题。

（四）健全完善智库参与决策的体制机制

随着现代公共决策科学性、专业性、系统性的增强，迫切需要将"谋"与"断"分离开来。目前，市委、市政府很多重大事项、重点工程的调查研究、综合规划、方案论证、咨询建议等前期工作由职能部门或者县区自行负责，其最终论证结果难免会存有部门或县区利益的影子。此外，官方或半官方智库还算活跃，民间智库接受的决策咨询任务极少，大部分时间都是根据个人判断，自定调研课题，由于不能准确、及时地掌握领导的意图或对全市情况缺乏全面深入的了解，调研成果很难转化为决策。因此，建议研究建立智库参与决策的机制，出台《重大政府决策论证办法》，在制度上明确政府决策前必须通过智库进行调研，未经调研的问题不提交会议研究，使决策咨询论证成为重大决策程序的必经环节，让智库真正参与到决策中来，提升决策的科学化民主化水平。同时，加强与专业机构的联系合作。采取购买服务的方式，制定系列调研课题，委托专业权威机构限时完成。

（五）研究制定支持智库发展的政策措施

一是完善智库人才培养交流机制。借鉴国外智库的建设经验，把调研岗位培训作为人才培养的必经途径。加强智库人员交流，推进研究人员到部门或区县挂职锻炼，提高研究人员结合实际的研究水平。积极采取干部培训、外出考察、交流挂职等措施，提高调研工作人员研究能力和服务调研的水平，使他们掌握更为科学合理的决策思想和方法，成为高层次的决策参与者或决策者。充分利用省直九部门支持菏泽人才发展的重大机遇，加强与高等院校、科研机构等省级智库的沟通联系，提供战略合作平台，签订人才合作协议，组织专家学者针对菏泽发展进行调研。二是完善激励机制。制订奖励办法，鼓励积极开展决策研究活动，注重研究的实效，注重对具体的、与经济社会生活密切相关的实际问题进行调查、分析、研究和判断，提高智库咨询的针对性、实用性、有效性，使高质量、专业化的研究成果服务决策。对创新性强、切合实际、已被采纳或部分采纳的决策研究与咨询成果，经评审给予物质奖励。三是搭建成果发布平台，探索转化机制。通过建立统一的智库网站、举办高层次论坛和演讲活动、出版系列智库研究报告和著作等多种方式，及时发布和交流研究成果，积极为政府和社会各界服好务。四是逐步建立政府购买决策咨询服务制度。财政部门牵头研究制定政府向智库购买决策咨询服务的指导意见，凡属智库提供的咨询报告、政策方案、调研数据等，均可按照省政府有关规定，纳入政府采购范围和政府购买服务指导性目录。五是完善保障机制。要改善研究机构工作条件，保障好研究经费。设立全市智库建设专项经费，用于全市决策咨询研究。同时，落实政府信息公开，各级行政机关要按照政府信息公开条例的规定，依法及时向社会发布政府信息，拓展政府信息公开渠道和查阅场所，发挥政府网站以及政务微博、政务微信公众号等新兴信息发布平台的作用，方便智库及时获取政府信息。

后　记

　　当前我国处于全面建成小康社会的决胜阶段，改革已进入深水区和攻坚期，迫切需要健全中国特色决策支撑体系，大力加强智库建设，以科学咨询支撑科学决策，以科学决策引领科学发展。党的十八大以来，党和国家对智库建设日益重视，提出了加强中国特色新型智库建设这一重大理论和现实问题，掀起了我国智库建设发展的新高潮。各级党委和政府高度重视智库建设，把决策咨询作为推动科学民主依法决策的关键环节，纳入法治轨道，智库在我国经济社会发展中的地位和作用进一步凸显。作为政府决策服务咨询部门，全省政府研究室系统始终高度重视智库建设。2015年国家、山东省关于智库建设的意见和实施意见出台之后，各地进一步加强智库管理运行规律研究，总结当地智库建设发展得失，探索智库未来发展之路。在此过程中，形成了一系列关于智库建设发展的理论文章。现从中选取部分文章结集出版。由于水平有限，时间仓促，不妥之处，恳请指正。

山东省人民政府研究室

2016 年 10 月

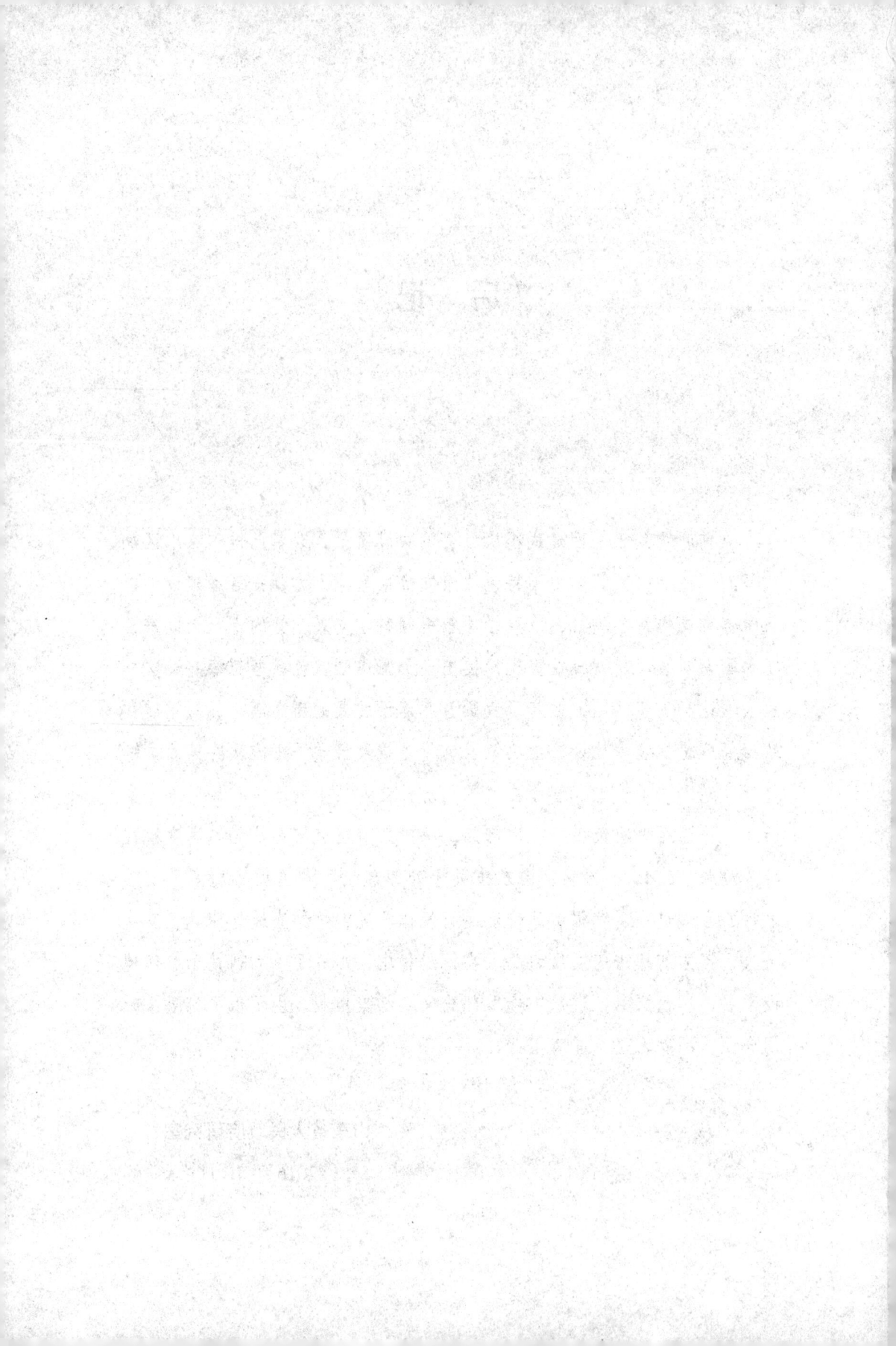

图书在版编目（CIP）数据

山东新型智库建设研究：基于政府决策服务视角/刘
险峰主编. —— 济南：山东人民出版社，2016.11
ISBN 978-7-209-10132-5

Ⅰ．①山… Ⅱ．①刘… Ⅲ．①咨询机构-研究-
山东 Ⅳ．①C932.82

中国版本图书馆CIP数据核字(2016)第282790号

山东新型智库建设研究

——基于政府决策服务视角

刘险峰　主编

主管部门　山东出版传媒股份有限公司
出版发行　山东人民出版社
社　　址　济南市胜利大街39号
邮　　编　250001
电　　话　总编室（0531）82098914
　　　　　市场部（0531）82098027
网　　址　http://www.sd-book.com.cn
印　　装　山东华立印务有限公司
经　　销　新华书店

规　　格　16开（169mm×239mm）
印　　张　17
字　　数　200千字
版　　次　2016年11月第1版
印　　次　2016年11月第1次
ISBN 978-7-209-10132-5
印　　数　1—1400
定　　价　48.00元

如有印装质量问题，请与出版社总编室联系调换。